本书的出版得到教育部哲学社会科学研究重大课题攻关项目"土耳其内政外交政策与'一带一路'研究"（项目号：17JZD036）经费资助及上海大学世界史高原学科建设经费资助。

王三义 ——— 编

土耳其的道路

中国学者的研究与评述（第一辑）

天津出版传媒集团

天津人民出版社

图书在版编目(CIP)数据

土耳其的道路：中国学者的研究与评述. 第一辑 /
王三义编. —— 天津：天津人民出版社, 2021.2
ISBN 978-7-201-16672-8

Ⅰ.①土⋯ Ⅱ.①王⋯ Ⅲ.①土耳其-历史-文集
Ⅳ.①K374.07-53

中国版本图书馆 CIP 数据核字(2020)第 228280 号

土耳其的道路:中国学者的研究与评述
TUERQI DE DAOLU : ZHONGGUO XUEZHE DE YANJIU YU PINGSHU

出　　版　天津人民出版社
出 版 人　刘　庆
地　　址　天津市和平区西康路 35 号康岳大厦
邮政编码　300051
邮购电话　(022)23332469
电子信箱　reader@tjrmcbs.com

责任编辑　金晓芸　　王小凤
特约编辑　燕文青
装帧设计　明轩文化·邵亚平
　　　　　TEL:23674746

印　　刷　天津新华印务有限公司
经　　销　新华书店
开　　本　710 毫米×1000 毫米　　1/16
印　　张　14.75
字　　数　255 千字
版次印次　2021 年 2 月第 1 版　　2021 年 2 月第 1 次印刷
定　　价　68.00 元

前　言

本书编选收录了 1908—1946 年国内报刊刊载的 46 篇文章，从中可以看到这一时期中国学者对土耳其的认识和了解。土耳其历史上从帝制到共和制的转变，因其与众不同的"成功模式"，曾引起世界各国的关注。清末至民国的学者被"土耳其道路"所鼓舞，撰写的关于土耳其成功经验，以及研究土耳其政治、经济和外交的文章，散见于《东方杂志》《新亚细亚》《新东方》《外交》《内外时报》等报刊上，有论文、演讲、政论、译文、短评、报道等不同形式，数量可观。

第一类文章是论文，基于学术研究，分析有理有据。例如，《论英以土耳其铁路赠俄》《最近土耳其革命之真相》《论少年土耳其党之困难》《和议中之土耳其处分问题》，分析具体历史事件背后的深层原因，表达作者的独立见解。而《土耳其之新经济建设及其经济富源》一文学术性较强，引用统计数据，从土耳其的实业(新兴工业企业)、农业、矿产资源、铁路和港口建设几方面，判断土耳其国民经济的发展状况。也有横向的比较研究，如《土耳其撤销领事裁判权之经过与我国今日情势之比较》等。

第二类是译文，主要译自英文(或日文)的论文、专题文章或著作的章节，论题宏大，见解深入。例如，《论土耳其革命后之时局》《土耳其加入战局之原因》是典型的国际政治题材，而《新兴土耳其之工业——土耳其的五年计划》《土耳其法律和法庭的新制度》《土耳其人口调查及其意义》《凯末尔——新土耳其的创造者》属于专题论文。至于《少年土耳其之妇女》《歧路上的土耳其》《亚洲土耳其之将来》《训政时期的新土耳其》《土耳其今后的政治经济方针》《德意志与土耳其》等，是从英文(或日文)书刊中摘录，并按作者的理解进行介绍，属于编译性质的文章。

第三类是史料及史事叙述，重点是对土耳其历史和外交的梳理和介绍。例如《土耳其革命史》《说土耳其》《土耳其与印度》《土耳其政变及巴土和议之决裂》《第二次大战中的土耳其》等，旨在向国民介绍土耳其国家的政治历史和现状，达到普及知识的目的。

第四类包括时评、演讲和随感，涉猎的话题很广泛。例如《土耳其政界之风潮》《土耳其的国防与外交》《举足轻重的土耳其》《土耳其何以要决意采用新字母》《土耳其和阿才培疆改革文字之得失》《土耳其民国十周年国庆纪念之感想》《土耳其废除回教教主》等，信息量大，深浅程度不一，本书只能选择其中有分量的篇章，一些相对简略的文章只好舍弃。

总体来看，以上各类文章所反映的内容涉及奥斯曼帝国与欧洲大国的关系、奥斯曼帝国的瓦解、1908年土耳其革命、青年土耳其党人、凯末尔领导的民族解放斗争、土耳其共和国的建立、凯末尔的改革成就、土耳其新兴工业、土耳其的人口调查、社会习俗改革、土耳其的国防和外交等，几乎囊括晚期奥斯曼帝国和现代土耳其早期历史的各个方面。

习惯上，"现代土耳其"一般会从1908年的土耳其革命（也称奥斯曼帝国第二次宪政）算起，历经1918年帝国瓦解、1919—1922年民族解放运动、1923年土耳其共和国建立、1923年之后凯末尔的改革，这一系列转变对土耳其而言是一场翻天覆地的巨变，也是一场取得成功的现代化运动。这一时期中国学者关注土耳其的变革，是因为中国也经历了从帝制到共和的转变，可惜中国陷于军阀混战，共和之路艰难曲折，相似的变动和转折带来的是不同的结局。清末及民国学者对比两国革命的成败，致力于探究土耳其成功的原因，甚至把凯末尔和伊诺努当政的时期称为"军政时代"和"训政时代"。按照当时的想法，"为求国家之独立自由平等，要是取法强国的强上加强，不如取法弱国的由弱而强。所以就远的将来说：苏俄固多少有我们应该借鉴之处。就近的现在说：土耳其的改革，我们应多所师法"[①]。土耳其的帝国曾与晚清中国有相似性，同受列强侵略，受恶邻宰割，但土耳其成功抵制列强，成功推翻帝制，建立共和国，而中国此时仍不能取消所有不平等条约，仍不能取得独立地位。因此，学者们的文章联系中国实际，把当时的中国与土耳其共和国进行对比，或把外国的论文翻译成中文，添加自己的评论，表达对中国时局的意见。

清末民国时期这些学者的研究和评述，秉持的基本观点是：第一，土耳其与中国有可比性；第二，土耳其革命是成功的，从宪政、推翻帝制到凯末尔改革，都是惊天动地的事业；第三，土耳其道路是可以模仿的，土耳其的经验是可以借鉴的；第四，土耳其成功经验中一些具体措施是可以为中国所用的，例如独立、废

---

① 彭家菜为王善赏的演讲稿《土耳其民国十周年国庆纪念之感想》作的序文。《土耳其民国十周年国庆纪念之感想》单行本，开封扶群印刷所印制，1934年，序第4页。

约、新制度、新法律等;第五,和土耳其相比,中国的革命和建设是任重道远的,国人尚需加倍努力。

前辈学者在土耳其的研究和评述方面产生这么多成果,是令人钦佩的。当然,他们研究土耳其的出发点是"学以致用",取法土耳其经验,所以在这些文章中,把土耳其和中国进行比较时只考虑可比因素,未考虑具体的前提和条件差异,得出的有些结论过于简单。而谈到土耳其革命和废黜苏丹绘声绘色的描述中,有不少猜测成分,显然是以中国古代宫廷政变的套路,来演绎奥斯曼苏丹宠幸奸佞、祸乱朝纲的故事。学术研究需要吸纳前人的成果,后辈的研究者必须重视前辈已取得的成就,这是编选文章、出版本书的初衷。

上海大学土耳其研究中心致力于学术研究和知识传播,旨在加强与土耳其相关机构,以及国内外土耳其研究机构的交流与合作,主要研究领域包括"当代土耳其政治与社会""土耳其历史、文化与宗教""土耳其对外政策与中土关系"等。自 2012 年成立以来,研究中心已在资料积累、学术研究、国际交流、成果推广等方面做了不懈努力。2017 年,"土耳其内政外交政策与'一带一路'研究"获得教育部哲学社会科学研究重大攻关课题立项(郭长刚主持)。作为子项目之一的"土耳其的内政研究",计划出版系列资料集,包括整理前辈学者对土耳其史研究的成果。

本书所收录的文章的搜集、下载、复印、翻拍和整理,起初主要依赖研究生靳雪梅。后来,研究生张文婷、单旭燕、徐城城协助她,四人共同完成了文字的录入和校对工作。因为所选的是 100 年前或至少 70 年前的旧杂志上的文章,又是半文言半白话,和我们今天的说话习惯不同,有的词语和电脑默认的词库不一样,很容易出错。每一篇的辨析、录入和多次校对,耗费她们很多时间和精力。考虑到书稿篇幅,有几篇小文章最后被舍弃,她们实际所做的工作,远比本书呈现的要多。本书保留文章发表时的表达方式,但不代表编者个人观点。人名、地名、专有名词的译法与通行译法有别的,可以参考书末译名对照表,方便阅读。

土耳其研究中心的负责人郭长刚教授、研究成员刘义教授、Tugrul Keski 教授、杨晨博士、王佳妮博士对本书的编辑出版十分关心,在此一并致谢。

王三义

2019 年 10 月

目录

论英以土耳其铁路赠俄[*]

自世界大通，五洲列国之关系，日以接近。于是外交政策，无不统全世界以为操纵。有甲乙两国之交涉，实缘丙国而设者，有甲与乙订一约，议一事，而实将为丙之用者，有故屈于乙，求伸于丙，或利用乙而使己与丙，得格外利益者。缭绕隐伏，不可致详，此主外交者之所以不易也。近日英国有以在土耳其贝格达（巴格达）之铁路，赠与俄国，使其在波斯湾有出口之地一事，颇足以供外交上之研究。此事关系颇大，吾国尚无考察及之者。论者谓此由英人欲破坏德国在小亚细亚之势力。吾意此事固然，特恐英人之心，尚不止此，其于东方亦必有极大之关系。兹概论以明之。

欧洲百年以来，列国期势力之平均，彼此相持。当视英俄以为离合，而英俄亦不相下，俄之侵略政策，辄为英所破坏，故俄之恨英尤深。近年以来，俄欲出黑海而英阻之，欲出波斯湾而英阻之，彼其祖宗雄略之遗谋，卒敛手而不能逞，不得已，乃改图远东。然俄志未厌。于中亚各方尚亟图振势力以为英敌。故近年之交涉，又以在波斯、阿富汗者为多。然英俄之猜忌，虽始终未改，而其起交涉之地，则逐渐改移。此由世界大势之变迁，故政策亦因之而变也。如最初为土耳其之交涉，英之制俄者不遗余力，所以阻其扰乱欧洲之平和。及俄转而侵略中亚，则英以保护印度之故，尤不能不出全力以持之。故中亚之交涉既繁，而土耳其之交涉渐减，盖俄以图中亚之故，不能兼顾土耳其，而英筹所以保护印度之方，亦亟于维持欧洲之均势也。及俄计不遂而谋远东，而中亚之经营，仍然不懈。英以远东之关系究轻于印度，故遂听俄之所为，亦以俄得成功于远东，可稍息侵略中亚之策故也。然终不欲俄势之大炽，以害彼在中国之权利，故联日本以为抵制及日俄开战。于是乘机而攫西藏，以固印度藩篱，揣英人之意，固以为俄而胜日，则中国将裂，择肥而噬。我亦不至后人。日而胜俄，则俄势顿衰，不至与我争霸，固

* 刊于《东方杂志》，一九〇八年第三期，作者、译者不详。

皆有利存焉。盖斯时英犹不能必信俄兵之败也。逮俄败矣，英于是知俄之不足深畏。然反顾其后，则欧洲列国之与俄有关系者，又拟利用俄之求助以伸其势力，于是不得不急筹抵御之策，务离间俄与与国之亲睦。法者，俄之与国，而其力稍逊，又与英有至切之关系者也。英则竭力联络之以为己用。德者，亦俄之与国，而向与英不睦者也，英欲联络之而不能，则务疏俄德之亲使之孤立。斯时俄无所倚，英则出而笼络之，使之自结于英。于是，百年相抗之俄，一旦将感其诚而听命英，于欧洲遂独操胜算矣。若其对于东方之事，则英俄相结后，必各认其势力之所至，协商而实行之。而俄既得大利于英，于东方之事，不得不格外让步。斯时英之东方政策，纵横无阻，南之法，东之日，北之俄，中部之美，皆其与也。独德人孤立，当亦不能为英患，斯其政策之收效，不言可知。试问为中国者何以堪此乎？由是言之，英之赠铁路于俄者，结俄以疏德也，结俄以疏德者，将以号令全欧而并力以图我也。原因在彼，而结果则在此。外交之捭阖，全神所注，固无全牛矣。我国人岂可等之隔岸观火乎？

至于此铁路之情势，与英俄德之关系，今亦略说明之。盖波斯湾者，英俄势力竞争之要地也。英植权于南俄，蓄势于北波斯。土耳其固坐视而不能问，而德人以国力充实，方竭力经营殖民之地。以小亚细亚，与之相近，故多方振其势力。方拟自小亚细亚，横断里海近傍，直趋中亚细亚而来。彼时与吾天山南路，相隔不过咫尺，其政策之伟大，不过以小亚细亚为发轫耳。近年德皇常宣言己当为回教之保护者，其意可知。故亚细亚之西方，此三国不免常相妒忌。俄之远东政策，既已失败，度无不欲向此为桑榆之收。英知俄虽得此必不能夺英之势，而又可藉以离德，而示德于俄，故毅然为之，俄败于日而无端得偿，累年宿愿于英固不可无以报也。而英人所愿俄之报己得与此铁道相抵，而有余者，度可不言而喻矣。所谓外交之策，失于甲而取之乙者此也。夫英人近日政策，锐厉风发，已一洗从前之态，其所以取胜者愈工，中国昔日借列强之互相牵制，以保其命者，至此恐将一变焉。呜呼危矣！

土耳其革命史 *

甘永龙 译

以今日观之，亚布都哈密特无上之皇权，殆已可谓告终矣！当一八七六年之十二月至一八七七年之正月，此一月中，正列强会议之时，而土帝即于其时许民以开议院。然至一八七八年之二月，即又从而解散之。嗣是三十年间，土国政治，无一不亲操于亚布都哈密特之手。土国人民，无日不颠连屈抑于专制政体之下。直至本年七月中旬，变乱猝起，如炸弹之暴发，而土帝全部分之压制政治，遂为之轰毁。

土帝施展其专制政体之初步，即为简用大臣。此大臣皆徒拥虚位，全无实权，且又择其著名与诸大臣反对者，一一分配于诸大臣之部下。以故所谓大臣者，仅成为土帝之书记员而已。余于十年前，与土之某大臣晤谈，据云土耳其政治之腐败，贿赂之流行，必待另易新君以后此风或可稍息。予当时即告以土太子之声名，亦殊平常，恐将来不足以副臣民之望。彼答曰："吾辈当收回国政，使操于诸大臣之手，而不令彼宫廷恶党，得以复操政柄如今日也。"

夫土帝既侮辱其大臣，而于大臣之纳贿以病国。则概弗加禁，一若默许其然。以自赎其侮辱之愆者，以故贪婪之风，所在皆是。海关税饷，则财政部与在事各人员共分之。欲得开矿之权利，则先须纳重贿于宫廷及矿务部人员。各地方之狱讼裁判，则等于买卖，亦有以情面请托而操必胜之券者。其各省之巡抚，均以纳资而获简任。到任后，并须出其俸金之一部分，以纳于宫廷中人。必如是而后能保其禄位，必如是而后能横征暴敛，滥取于民。而宫廷中人不加以诘责，凡一切公众之集会，无论在都会或各省，均悬为厉禁。甚至婚嫁时之集会，宴饮时之集会，亦须预先禀准于官吏。并须将请客之单，预行呈请查检而后可。以是欧洲各富室之旅居其国者，竟不能照欧俗，举行晚餐会及跳舞会，乃大为患苦。幸得驻土各大使之赞襄，要求土廷将此例革除，惟举行之时，由土国官吏派人驻扎

---

* 刊于《东方杂志》，一九〇八年第十二期，译自英国《时事评论报》。

于屋外,禁止本国人民,俾无由入内。至国内所有报馆,均须将发行各件,预呈检稿官查验,乃可出版,否则一字不准擅载。埃及国者,土耳其畴昔之领土,而一八七九年时,被夺于英人者也。土廷禁止报馆,凡政治上事实,有关于埃及者不得揭载。世有历史家,若仅取土国报纸,以为其记载之根据。则虽至今日,犹将以埃及为土之属地也。又阿美尼亚之名及马塞顿之名,均不准见于报纸或叩之领袖检稿官。则曰:"世未尝有土地名阿美尼亚者也。然而马塞顿之名,则其用甚繁。即见诸古语者亦有之,安能概屏弗用?"然而检稿官则曰:"苟值需用之时,则历举三省之名可也,盖马塞顿固合三省而成者,此外则梨园演剧,禁亦甚严。"凡所演之剧本,均须请检稿官严密查阅,如哈莫勒德(剧名《显克斯配之名作》)一戏,则禁不许演,以其言及于杀戮君主之事也。耶连该撒(《罗马之英杰》)一戏,亦在禁例之内。此外法兰西剧本之遭严禁者,尚复不可胜数。十年前,土皇尝有一极惨酷无道之事,则杀戮阿美尼亚人是。其时,土皇颁发严谕:"禁止阿美尼亚人,使不得往来于国中,有违令者则杀之。"以是而殒命者不下十万人,而欧洲人之商于土者,亦以是大受亏损。本年四月,有英国著名某教士,在小亚细亚内地某村,接见一阿美尼亚之僧侣。据云昔时阿美尼亚人,或男或女,大都移住于土京君士旦丁。而营业于其地,此辈大都将所得之资,寄归以赡养家属,每年总计亦有五千金镑之数。乃自十年前大杀戮之后,此辈被逐出土京而归住于小村邑中,仅就前时所积蓄者以资糊口。而今则积蓄之资已尽,土廷又严禁如昔,不令其得出所居之村邑,是故以饿殍死者且枕藉矣。

土帝又恐臣民之梗其令也,乃有秘密侦探之制。凡充此侦探役者,各阶级人多有之,其小者每月薪资约仅三金镑。其中有一外国人,每月获薪九十金镑,此人所共知者也。土耳其财政部中去年所报销之款,侦探一项至一百二十万金镑,秘密人员之多,可想见矣!凡乌都门(土耳其皇族)之人民,莫不为此辈所苦。无回教徒与耶教徒一也,其不幸为此辈所报告者,各阶级人均有之。一经被告以后,或拘系至宫中,或逮捕至警署,而受秘密之审鞫。其受合例之审讯而判罪于公众之前者,几不经见。即或有之,然其判罪之时,亦任意滥断,不处以长监,则治以酷刑而已。且侦探之数既多,则为侦探者,虽不欲故意诬陷而不可得,否则侦探部中,且不知有此侦探在矣!其著名回教徒之被捕者,则大都治以流罪,使不得托足于君士旦丁。予以为此项刑法实亚布都哈密特之大失计也!盖回教徒中之负盛名者,既以不满于土廷之故而有所怨望,以有所怨望之故而被逮,土帝乃一一流之于各省。历年既久,则被流者愈多,而此辈之分布于各省者亦愈多。于是各省之人民,咸为此辈所劝诱浸渍,而其怨恨土廷之心乃愈益充满。是此被流之回教徒,实革命军中奉差传道之教士,而其差遣此教士者,实即土耳其皇帝也。土帝所指为流配地之各省中,有欧直罗恩省者,被流者之人数尤充斥。故被流者之势力尤伟大,以至自巡抚以下各官,均退处于无权。而被流人反实握其政柄,有统辖一方之概。因而十八阅月之前,遂有率领该省人民向土帝要求将巡抚撤任另调新抚之举。

土廷早行秘密侦探之制,惟其后则逐渐散布之于军队中,此实足以毁灭军团之精神,而并以惹起各军官之恶感情者也。当二十年前,已有某军官亲告予曰:"吾辈虽共事一营,实则彼此不相识,所知惟各人名姓而已。夫以一营之中,军官与军官,已隔膜若是,其兵心之涣散可想。"土之军律,凡一营中人不得会食,亦不得相谈,有相谈者必被告发无疑。除军队外,全国官吏亦无不彼此猜疑,上下交相疑,同僚交相疑。既有侦探以探臣民之举动,抑知尚有侦侦探者。以侦侦探之举动,既有检稿等官以钳制人民三大自由,抑知尚有监察员以隐伺检稿等官之举动。各地方之邮局则虽设而旋毁,以其便于奸党之交通也。凡土耳其邮局所递之信,无一不由邮政官明白开视,绝不隐讳。既开之后,即亦不复封缄。是以土耳其国中接信之人,所接者无一非露封也。凡此种种,均足以激动全国人民之怨恨。而况其网罗之密,监察之严,尚不止此乎!阿美尼亚人则在在被公家所苛遇,希腊教堂中自昔拥有之特别权利,则时遭公家之逼胁而有倾覆之势。土耳其人则被遇为国之仇敌,非国之子民也。夫土国人民倒悬之苦,如是其甚,如是其久,而全国之中,曾未有丝毫反抗之举动。其所谓少年土耳其党者,直至二年以前始出现。或曰:"该党未出现以前,土耳其国虽无少年土耳其党之名,然人人之心,则早已愿有此一党而投身其间矣!"此谕甚是。迨二年前,始由流亡之回教徒及被逐之阿美尼亚人,组成一团体。其宗旨专在迫促土帝,使改良政治。此党以法京巴黎为行事之中枢,故党中人辄自土耳其驰往集会。既往之后,被土政府所发觉,遂不待其归而即行判定监禁之罪,或籍没其财产者,不可胜数。夫此党组织之后,犹未及二载,会值土帝之舅麦谟德达麦式,土帝之甥撒伯德勤(即麦谟德达麦式之子),由土京逃往巴黎,投身该党。于是来归者愈多,该党之人数陡增数倍,而其势乃愈盛。撒伯德勤者,即今日少年土耳其党中著名领袖之一也。

土政府以专制暴横之行为,干涉国民个人之安适,侵犯国民个人之自由。此实足以使各阶级人民,无一不生瓦解之心。而其对于土帝之恶感情,如火药之骤散,瞬息而遍全国。其有掷星星之火以致此火药同时爆裂者,非他,即土帝亚布都哈密特是也。欲知此语之所以,则先须一览"少年土耳其运动"之新历史。夫土耳其人民因欲逃政府之逮捕,或因恶居本国之故而相率逃亡,其逃亡之数中,尤以回教徒为多，此节予先时尝言之矣。其逃亡之人，若未及行而已被发觉，则土政府直以叛党视之。然欲明白陈请，而求官吏之允许其行，则又属万万无成之事，于是不得不以计脱走。而其计不一端，今试举其一。尝有土帝之宗室三人，与英国某帆船预先约定。某帆船自俄罗斯入土耳其之包斯弗路斯海口，时正傍晚，将近日落之时。帆船中人既以证书呈验之后，即徉徜入此海口，并经由达唐尼尔士海口，一路全无阻止。既而船抵某处，在土京君士旦丁之北，与君士旦丁相距约六英里。时则有小火轮一艘自岸来，其疾如驶，与英帆船相并而行，行约十二小时或十五小时。而此小火轮中之三宗室，已出于土境之外矣。此等皆系土耳其之有学问者，以不甘受本国罗网之苦，故不得不出于逃亡之计。至于土之回教徒则既知己身已被猜疑，即不惜极其智计以求幸脱。凡此逃亡之士，多聚居于各城，而以法京巴黎为若辈所尤喜。盖有学问之土耳其人及阿美尼亚人，大都能操法语也。无论畴昔，即在二年以前，而有谓土耳其人与阿美尼亚人，能同心协力以颠覆土帝之暴政者，其说必无人信也。盖土阿二族之人，意见素深，虽有上智，不能为之强合。然而去年十月中，此二族者，竟浑融为一致矣。此其故盖由土阿二族之人，尝开会议于巴黎，莅会者为土政党二，阿政党亦二。自经此会之后，两造各愿捐弃嫌隙，诉合无间。于是四政党浑和为一，而命名曰联合进行会。由是阿刺伯人、阿尔巴尼亚人、勃牙利人、阿美尼亚人及其他各族人，均纷纷来集，愿与联合进行会相联络。会中人乃决议即时筹备实施，不再延缓。其目的在建设议院，否则放逐土帝。该会在土耳其运行时，以得土国妇女之助为多。本年前六阅月，乃该会预备之时代。土军队怨恨政府之心，愈展愈广，而其怨毒尤深者，实惟马塞顿之军队。该会乃立即在马塞顿竭力运动，其长于田猎之勃牙利兵，及举动便捷之希腊兵，皆厌恨土耳其军官。盖土耳其军官所部之兵卒，大都枵腹从公，并无粮饷。设非欧洲各国监察甚严，则马塞顿之耶教居民，久已为若曹所劫掠矣。当七月初旬，各军队皆有叛乱之心，其在撒利斯（马塞顿地名）者，大半起而反抗军官，要求解散。其在莫奈斯德（亦马塞顿地名）者，则叛象早已显著。土政府命将军意士梅尔巴希驰往调查，将军归时，即据实以闻，并为叛军代陈困苦，而将军遂受放逐之刑矣。联合进行会中人乘此机会，尽力劝诱，果在军队之中，得有莫大之效果。有军官名伊佛姓裴氏者，在七月之初，竟明白宣言。谓联合进行会之宗旨，乃彼所极赞成，而彼亦会员之一也。

又有军官名尼亚席姓裴氏者，在七月之前二星期中，亦明白宣言，求政府改良政治。尼亚席军队所驻之处为兰斯那，地与莫奈斯德相近，兰斯那又有军官名许克利巴希者。尝昌言欲保全部下军队之忠义，则不得不表赞成之意于联合进行会，谓此会乃勃牙利人及希腊人之所爱，苟反抗之，则部下将叛，而酿成不忠于土帝之举动云。当许克利巴希遄返土京时，土帝放逐之于婆罗沙地方，盖土帝之意，以为莫奈斯德之变。虽或非许克利巴希为之主动，然推波助澜之罪，则彼实不能辞也。尼亚席既在兰斯那昌言革命之后，即率叛兵及回教人民共三百人，驰往山岭丛杂之地。继又得居民之准许，竟于兰斯那及哇屈列达二地之四周，操有统治一方之政权焉。尼亚席并代联合进行会全体之人，向政府要求建立议院，及化除前此之界限，务以平等之礼，待遇各种与各教。尼亚席又尝誓言现今之专制政治不革，则彼必不肯遽罢也。

尼亚席统治一方后，其感人之速，殊可惊骇。四境农人，皆自愿纳税以资其用。勃牙利军声称极表同情，惟尚须观望其收效之若何，再行起而相助。其土耳其军亦暂时观望，不即来附。及七月十五日，尼亚席忽得报告，谓有联队五营，愿共勠力。于是勃牙利军亦矢言扶助，不复逡巡矣。联合进行会中人，于八阅月之中，连续布置，连续运动，不但务极周到，抑且务极秘密。不但运动于马塞顿，抑且运动于土京君士旦丁及以外各大邑。当其运动之时，辄赖土耳其妇女为之尽力。夫土政府固亦尝雇有女侦探矣，然而土国妇女之身世，及其风尚习惯之间，于传递信息一端较之男子实有种种之便易。政府之侦探，及平常之警察，皆不敢搜索妇女之身畔。至于该会之正当性质，究居何等，除三四领袖者外，其余皆莫之知，更无论乎局外矣！惟时土帝虽知该党之运行日益发达，而其发纵指示者则在巴黎。然既无术以止之，而又无从探得其分枝流派蔓延于别处者究若何。惟每日得外来之报告，谓该党势力浸盛，则迫欲设计扑灭之而已。及七月十九日，政府遣军士八百人抵莫奈斯德。土将赛梅西巴希亦率师二旅，自乌斯柯北地方，驰赴莫奈斯德。然赛梅西巴希部下之兵士，不肯以爆火轰击同教（皆回教人）之兄弟，而赛梅西巴希方欲启程往兰斯那，又为枪弹所中，因以殒命。于是二十日在撒利斯地方，有营兵杀毙统将之举，时则马塞顿已实行宣告，欲将现在之政体立行倾覆。而全省之人，对于联合进行会之代表，皆如影之随形，响之随声。自愿畀各代表以便宜行事之全权，此其感应之捷，直若非人力所能为也。

莫奈斯德叛矣，撒罗尼加（省名撒利斯等地即在此省）叛矣，即阿德林诺普罗省之叛象亦已渐著矣。告急之章，有如雨集。土帝乃大惊，先是土帝尝命首相弗烈德巴希往与军队中各统将商议，令各统将察有怨望之军士，则设法惩创之。是为七月初旬之事，然首相则对以此非我职，军旅之事自有兵部大臣在。夫首相之答辞若此，在熟于土耳其史者观之，则殊无足异。然欲令军官举发怨望之军士，则军官只以自辱，亦即以辱及兵部大臣。事必无效，土帝知其然也，乃不复商于兵部，起而躬自为之。土廷之各部中，尚有为土帝所信任者，则秘密侦探部是。凡历来政治上变乱之事，土帝莫不以遣布侦探为惟一之方法。侦探既行，而彼侦探者即从其后，此实土帝生平第一得意之笔也。当时所遣者约四十人，令其密伺各军队之举动，随时报告。军官中有形迹可疑者，亦令开列名姓进呈。未几而布散侦探之事，为各军队所知，于是全体军官皆愤甚。此即向所谓星星之火，土帝所手自燃之于炸药，以至一发不可复遏者也。彼犹豫瞻顾，虽有崛起之心，而不敢遽从新党者，至此则毅然计决，执干戈以抗政府。即所以自卫性命，卷旗鼓以投新党，即所以自谋乐利，为土军队计。实不得不然，方予作此小史时。土国高尔士将军遗书某报，予读其书，则知高尔士亦以侦探一端，为土军队所最疾首痛心。而其叛乱之原因，亦以此端为最大。是高尔士将军之所见，与予实相同也。然而立宪之名，初未尝出之于土耳其军人之口。直至此时，各军队始电达皇宫，要求改良政治及召集议员二端。土帝接电之后，知此次之要求，实有第三师团中全体军人，为之后盾。第三师团者，即马塞顿全部分之军士也。土帝是时知撒罗尼加之军队，尚有恪守臣节，未与叛乱者，乃急下谕旨，令驻扎于史密那地方之军队，驰往援助之。此史密那之一军队，及彼在撒罗尼加未与叛乱之一军队，土帝之意乃欲命往攻莫奈斯德之叛军者也。

然照土例，土帝于未发此军队之时，先须往求圣律之允许。盖以回教徒而攻回教徒，乃圣律所严禁。土帝若径行己意，不先禀准于圣律院之领袖，则获愆甚重。当请求时，有循例之一语曰："回教军队有蔑弃皇权而图叛乱者，苟遣兵征讨之，为合于义否乎？然彼军队叛乱之实情，及叛乱后所要求各端，亦须呈请圣律院领袖批阅，庶几其所判断者能两得其平。"

圣律院领袖者，在回教社会中，实占有最高贵之地位，且又长于判决之才，其精明实非他人所能几及。其自由不羁之权，及虔诚高洁之行，实为土耳其全部回教徒所信仰。其人年约八十有五，逸然高旷，无丝毫邪僻贪婪之行为。作者尝于数日之前，与土耳其前任某部臣议论斯人之行为。某部臣曰："彼以予之祷告时作而时辍，不能勉守常则也。故不愿与予握手。即此一端，而其人在宗教上之势力，已可见矣。"总之，其人之所以能感动全国人民，使信仰如是者，不但以其心神之清澈，制行之高洁，亦以其于世俗之见解，庸众之判决。无论为君主之所判，廷臣之所判，或乞丐之所判，皆非其意念之所存，而自能发其独断之见识，精当之决别焉。当时土帝既以出兵之事及叛军所要求者呈彼，两造皆屏息以待，静听判语。彼遂将两造之辞详阅，乃批答曰：军队所要求者，乃改良政治也。夫有疾痛怨苦而求伸雪，有不满意之政治而求改革，使渐进于美备，此非圣律之所禁也。是以就此举而观,若土帝欲遣兵征伐,使同教相杀,揆诸圣律,实万难允许。

于是而军队之往撒罗尼加者,即得返兵之命,而仍归史密那矣。于是而信息遥传,撒罗尼加之军队闻之,皆按兵不动,而弗愿杀戮莫奈斯德之同教兄弟矣。夫撒罗尼加之军队既按兵弗动,则其与莫奈斯德军表共同之情意,为一致之要求,直相去一间耳。及七月二十一或二十二日,土帝接莫奈斯德军来电,此来电实含有哀的美敦之性质,要求土帝改良政治。苟不然者,则速行去位,且各军队又尝宣誓,谓立宪政体若弗能得,则此生永无解甲释兵之日也。

先是土帝知民心已变,乃竭力为笼络之方,冀使水陆各军仍效忠于己。以故七月之前二星期内,水军各官之陆迁者至二千人,而陆军第二第三两师团中兵官之升迁者,其姓名之多,竟占土耳其官报五十五格(每叶四格)。七月二十及二十一两日,土帝召集各枢臣在宫中商议,为时綦久。其叛军所来电报,即所谓等于最后之通牒者,则展陈于土君臣之前。各部臣均噤若寒蝉,莫敢赞一辞。时土国钦天监大臣方在患病,土帝命人舁之至,与议大事。此钦天监大臣,在土国素有绝大之势力。凡一切他臣不敢发之言,常独于土帝之前,侃侃陈说,颇极自由之致。此人素不理于新党,联合进行会中人多不甚信托之。然而此次召集议会之事,则钦天监不为无功。盖众臣皆不敢请土帝速开议院,而钦天监则独毅然言之。及二十二日,土耳其首相弗烈德巴希,遂受解职之命令。

土帝当此潮流,知不得不力自屈抑而投身其中,乃立命人往召还著名新党。克德庆赛德及干密尔巴希二人,二人皆大惊。以为一抵土京,则性命必不能保。于是克德庆赛德则避匿于英使署中,时英钦使乃宝星斐利柯烈也。干密尔巴希则避匿于史密那地方之英领事公馆中,英领事乃尼古拉康诺尔君也。既而尼古拉康诺尔君接有土廷之保证书,谓土帝之所以召还二人者,以二人素有崇信英国政体及酷好立宪政治之盛名,必能上辅土帝,下得民望,故急欲召还。俾佐理一切,至于既抵土京之后,其性命财产,必能安全无恙,可勿疑虑云。迨七月二十二日,土帝遂下召集议院之上谕,不及二十四小时,而君士旦丁城中,已传遍此消息,人心大喜,欢噪如狂。

凡土耳其各阶级之人,闻此消息,既莫不同声称幸矣。而土耳其之报纸,又从而为勇敢壮美之干涉。盖土帝谕旨中,所言及者仅议院一事,而各报纸则故为之注解曰:米德哈忒立宪时(即三十年前之立宪米德哈忒人名也),土帝所许于民之一切权利,今皆恢复。试寻绎上谕,其意固可见也。于是全国中立宪万岁苏丹万岁之声,上达于天而下彻于地。各报馆之主人,又约齐将本馆所有之检稿官同时捆缚,掷出于办事房外。于是侦探销灭奸细销灭之呼声,又一时齐起。七月二十四日,传言土帝将巡幸圣苏斐亚,于是比拉、加拉答、司旦包罗各处莫不欢声雷动,盛饰旗帜,而衢路之中,行人为满。若使土帝果肯出至街中,与众民一见,则吾知其必能受极得意之优待也。同时百姓之围绕于意尔狄士宫前者为数尤众,众皆高呼欲一见天颜,而苏丹万岁立宪万岁之声,亦再接再厉。土帝遂勉从民意,凭于楼窗而使众人瞻仰者少时。众乃发声狂喊,极欢忭之致。约计其中,回教徒与耶教徒各半也。其从土帝左右者,为新任首相及以外各官员。土帝当公众之前,明白宣谕,谓自今而后,凡为吾土国子民者,皆得有平等之待遇云。及二十六日即日曜日,则天方教中之神学师及神学弟子等集队而至。土帝仍一现其面于意尔狄士之楼窗,然而此辈之山呼,则易苏丹万岁而为侦探销灭矣。据后日传闻,则知土帝已于是日由回教大祭师按可兰经,宣尊敬立宪政体之誓矣。翌日,土帝颁发谕旨,令财政部将所有关于侦探项下之费用,概行裁撤。至于回教中神学师弟等,于前一日即二十六日,在意尔狄士引退后,即往与阿美尼亚人希腊人极表友爱之情。至勃牙利之希腊教主,亦由彼等往与联络,极表亲睦。曰平等,曰友爱,曰万不能以宗教不同之故而显分畛域。此数语者,瞬息而成为斯时之口头禅矣!礼拜一日,即土帝谕裁侦探费之日,又有武员及学生约共二千人,排列成队,欢呼高唱,祝自由万岁! 平等万岁! 土帝万岁! 大英国万岁! 其进退之灵捷,仪容之整肃,殊令记者见之,啧啧称叹不置。既而此二千人者,同赴英使馆,成列于使馆之庭。会英钦使及各属员,均以事往齐剌比亚,乃退。及三十日,英公使宝星吉老卢苏君遄返时,此二千人者,又来为英王爱德华三呼。为吉老卢苏君三呼。此其情意之真挚,状态之恳切,实使吾英人见之,不能不为之感动。当革命军初起之时,众志士即首推吾英国为肯表同情,此诚足为吾英人堪资记念之荣幸。荣幸维何,盖由是以观,不特足以见世间各种族之民。凡有力求自由,冀得议院之组织者,皆有自然仰望吾英国取法吾英人之意。一若情不自觉,出乎天性者然,而又足以见吾英人。虽尝为阿美尼亚及马塞顿政治改良之故,而一再窘迫土廷,合欧罗巴各强国。所以窘乌都门朝廷者,曾不若吾英伦一国之甚。然而土耳其人民公众之意见,则皆能确认吾英人之为此。实所以表同情于力争自由之土民,而非有所希冀于土国之土地或别项之利益也。七月二十八日即礼拜三日,联合进行会中人,为正式之要求,令将伊若武、泰兴巴希、意士梅尔、亚布都花达四人悉行解职。伊泰二人,乃土帝宫中之领袖参谋官。意士梅尔为炮工部大臣,而亚布都花达则即向所言之钦天监。会员疑其反抗新政,故屏除之。又兵部大臣及水师部大臣,并以侵吞公款居积致富著名者,亦同时解职。梅尔哈米氏者,为土耳其素负盛名之宦族,其族中人居要津肆贪酷者颇多,而以海毕勃为尤甚。海毕勃本请假在外，至此则忽返土京，入宫与土帝相见。旋即乘头班快车启行，意图出走，然中途即遭逮捕，仍押归君士旦丁。其兄弟行中有名尼竭勃者，早于八月十一日为新党所捕，又有一兄弟即著名之撒黎姆，乃土耳其矿务大臣也。则设计乘意大利轮船，逃出境外，得免于监禁。撒黎姆与伊若忒二人，逃逸最早，并获无恙。夫二人之才干，平日既足以致如彼之巨富，而一旦见势危迫，又先事兔脱。故或者谓其明哲保身之才略，即其平日侵吞致富之才略，乃二而一者也。此论殆属非诬，若其徘徊瞻顾，以为革命之风潮，瞬将息灭，恋恋而不忍遽去，则今日皆在犴狴中矣！

土耳其新党中人，莫不知三十年前之立宪。米德哈忒等，未尝恳请列强诸代表，向土帝领取布告立宪之公文，此实为失著之甚者。此次联合进行会中人，有鉴于斯，向土帝求得宣告之文，文作于七月三十一日。略谓土帝已明白宣誓，愿遵守宪政各条例，此文遂赍呈于各大国之代表焉。于是而土京各军队亦相率宣誓，其对于土帝之誓言，则谓军队之能尽忠于皇帝与否，一视皇帝之能尽忠于宪政与否为断。普通各军队既誓之后，土耳其宫中之卫队，为土皇所信任者，亦求请照式宣誓。各会员许之，乃亦依各军队之成则，而为同样之誓语焉。

七月三十日或三十一日，土耳其新党克德庆赛德，不幸获咎。此咎实为其初次之挫跌，且无可逭罪而分当解职者也。土耳其之国事犯，充斥于监狱之中。自土帝宣誓立宪之后，此等国事犯即尽蒙释放，出污秽黑暗之牢狱，而入于化日光天之下。亲友欢迎，男女高唱，有笑者，有泣者，此其激切情形，作者亲见之，而愧不能以言语形容者。国事犯既释，平常罪囚约一千人，亦旋蒙释放。此一千人之中，其为盗贼者亦多。释放之令下，百口喧传，谓此举实所以扰乱治安、破坏秩序，并根究主张此令者为谁氏，则克德庆赛德是。克德庆赛德被众人之诘责，则解释曰："国事犯出狱之后，此一千人，在狱中异常鼓噪，谓不与国事犯同时释放，则将付牢狱于一火，俾成焦土，不得已乃尽释之云。"此等推诿解释之辞，殊太薄弱，说者谓三十年前米德哈忒立宪之中辍，克德庆赛德当与土帝同负其责任。是以今日土耳其人民中之尚能忆及此事者。其对于此等薄弱之推诿，益复不甚信任云。

克德庆赛德若犹以一眚为未足，不久乃另犯一愆。此愆较前者为尤重，盖不啻助土帝破坏立宪。当土帝许行宪政之后，新党中人以为宜请其颁发谕旨，将宪政中应行各条，再加申说，俾更有力。奉命作此谕旨者，即回教大祭师某及克德庆赛德也。迨谕旨既颁，报馆以锐利之目力，攻其缺漏。盖宪政内之第二十七条，本作土耳其帝可以指名简用回教大祭师及首相，而其余各部臣，则当由首相指名用之。然所颁论旨中，则不特可以指用首相，并可以指用兵部大臣。及水师部大臣，一转移间，足使土帝又渐操水陆之兵权，可惊孰甚。以故全国皆大激昂，谣诼四起，不堪入耳。回教大祭师之在土国，久已如重要之政治家。至此立行解职，而大祭师于八月初九日，曾宣明改易之缘由。据云彼与克德庆赛德，同时奉命，缮此论稿。惟此事系出于克德庆赛德之手，并未尝于事前与己商酌云。于是全国多疑克德庆赛德之赞成立宪，为不可信。至各报纸虽皆力攻此一缺漏，然咸谓此乃克德庆赛德一时之笔误，其愆尤尚可原恕。作者亦尝与土国某大臣辩论此事，某大臣亦以为出于笔误，非其故意为之。然克德庆赛德已一再获咎，万难留任。全国之民，异口同声，要请解职，于是克德庆赛德遂退位。

八月初六即礼拜三日，新组织之枢部成。年老而勇敢之干密尔巴希，遂继位为首相。干密尔岁已八十，精神犹健旺如少年，且其效忠于立宪政体之心，亦终始弗渝者也。当前一星期内，联合进行会中人，专取声名平常之各部臣及土帝左右之拥有大权者，一一屏逐之。如撒黎姆梅尔哈米，如伊若忒巴希，则已先事远飏，不烦驱逐矣。自克德庆赛德辞退之后，各部臣纷纷呈请解职。其回教大祭师，则得共同之允许，仍旧留任，外务部大臣都斐克亦仍旧留任。兵部及水师部二大臣，则不久即受逮捕。至于新组织之枢部，其名虽新，大半仍系土廷固有各员，乃簭仕于米德哈忒立宪时代者。三十年来，制行之廉洁，才干之敏捷，颇为当世所称。今日即就此诸员中，量加迁调，如新任矿物大臣加布利爱芬第，乃阿美尼亚人也。斯人之品德，作者从未尝闻土耳其人中有议论之者。又如学务部大臣哈克裴君，土耳其人也，昔日尝为钦使于华盛顿，其立品正直，思悟敏捷，在土人中不能多见。至于兵部大臣利竭勃巴希，予虽未与谋面，然其在非洲北部的黎玻里国时，已有干练正直之名。则其一抵土京，自能副人民之望，固无可疑者。

凡此新迁升之朝臣，以干密尔巴希为领袖，故名曰干密尔枢部。各部中人现方从事于各种有益之事业，而其最初一步，则为各大臣各将本部之事，整顿而改革之。其旧时所有冗员，悉行淘汰。旧时所有各部侦探，概行斥革。凡冗员及侦探等，为数甚多。一旦尽行屏退，则反抗新政之人数，自因是而骤然加增，斯亦一危事也。

至于被摈之各部臣及土帝之宠臣等，其命运若何？虽尝略述于前，然不妨再一道之，以餍读者之意。兵部大臣水师部大臣炮工大臣，此三人者，乃首先被逮捕者也。有裴氏名喇竭勃者，土耳其宫中领袖幸臣之一，生平尝致巨富，则于八月初十日下狱。次日，即尼竭勃梅尔哈米被捕之日也，尝有不足为训之人。近时在英报刊登论说，谓尼竭勃梅尔哈米之才干，大足以膺使命。若使为土钦使于伦敦,殊极相称云,此殆阿私所好之言矣!

今欲统计土耳其革命后之得失胜败,为时尚早。新旧善恶之间,其最终之胜利,究归何造,目前自难言之。目前最重要之第一问题,则曰此次革命后之效果,究能永久不变否耳!此一问题,乃今日人人心中所有之问题。此次改革,其成就既美快,且又能幸免于流血。联合进行会中人之行事,一本于和平中正,极为有节。即今日事成,亦未尝欲弃此和平之手段,惟议院既开之后,举凡贪酷之行,自不免遭一极大之惩创,极重之打击。此固夫人而知之,昔日米德哈忒之枢部,亦以其党中人于巴希氏之贪婪,过于检查精密而致败。为今日新党计,姑置严惩贪婪举发贿赂之大利益于弗论。但使立宪政体,永远保持,则其有造于社会者,已自不可胜数。无论天方教人或基督教人,三十年来既已备受钳制,所谓个人权利,自由幸福,均属梦想不到之事。今日则居然得之,即此自由而论,在文明国民所视为分所当有,无足称异者。土国各社会之人,则已欢幸不已,无他奢望矣,试历举之。今日侦探已废,无复有追随人后,密伺其一举一动者矣,来往信札彼等已不复能擅自启读矣;出版之书籍,刊行之报章,不须预先呈阅于检稿矣;事无大小,均可以畅所欲言,不须顾忌矣;国境以内,可以来往自由,不复有到处盘诘、沿途搜索者矣;无论有罪无罪之人,均须先经审判而后定罪,不复能如前此之任意荼毒矣。举凡土耳其人、阿美尼亚人、希腊人之受治于乌都门朝廷者,其所渴望之立宪,即此数者而已。

然则此次革命,究竟能致悠久与否,固视后来之举措,然就所施于土帝亚布都哈密特者而论,吾卜其必有悠久之望。联合进行会中人之对于土帝,但使土帝而承认立宪,并不反对,则会中人仍奉为皇帝,不加放逐。此真妙著,其智虑之周远,洵不可多得。作者历观会员之行事,虽历来精明良善之政治家,无以过之。其战胜凉血之俗见(即指诛逐土帝),以毅然独行其是者,殆亦几经艰苦矣。盖亚布都哈密特为天性聪颖心思敏捷之人,会中人乃公认之,又况行正式之宣誓,布文告于列强,已足为土帝将来极满足之保证,会中人盖亦深信之。

有学者某,号为东方政治家者,常有著作惠赐本报。此君于土耳其有绝大经历,于土耳其之情形有绝敏锐之眼光,是为当世所公认者。彼尝于数日前,遗予以书。中有曰:少年土耳其党不灭亚布都哈密特,则亚布都哈密特灭少年土耳其党耳。智者千虑,必有一失。予以为此君此次之见解误矣,党中人不加土帝以斥逐,盖以其所布置,有胜于斥逐之计者也。否则土帝之皇位既被夺,或并其性命亦被戮,则土耳其立宪之成败尚不可必,而内乱不免崛起矣。

今乃幸免于此者,非惟新党之卓裁可佩,即土帝之机警亦自可取。土帝一闻军队及回教中诸教师相率起事要求立宪之信，立即自行屈伏，不加抵抗。自允许立宪之后，除竭力欲保全简用水师及陆军部二大臣之权利，俾仍归己外。其余各款，悉听新党要求，并无异议。于是而土耳其之立宪，反一变而为出于亚布都哈密特之宸断，观其通告列强之文牒，固可见也。此其权变之才，不亦可爱乎！此其转移之速，不亦可异乎！

是则土国人民之得以恢复自由，反出于土帝之赐矣！观于自七月二十五日以来，无日不有回教徒及耶教徒相集成群，呼苏丹万岁者，是可见土帝妙才，能于一转瞬间，使得失判为霄壤。是故土帝而能敬守誓言，则新党中人亦无不满意，而土帝一己之安全，亦可以常保。作者深知前一月中，土帝所以能安于其位者，全赖其一己行为之得当。若能长此不变，慎守立宪之誓文，则联合进行会本会之人及其支派中人，虽欲倾覆之，亦戛戛乎其难矣。

为土耳其计，此乃国之福，民之幸也！盖立宪政体之国，苟有一君主肯裁酌于上，而非管理于上，则其利便之处甚多。土帝一息尚存，一日政躬无恙，则一日不去其位。而彼爱自由崇平等之党派，自能日即于巩固。土耳其立宪之政体，亦赖有是机会，而能垂诸久远，然而土帝则年事已老，且有严笃之宿疾。不知其能享期颐之福否也。

以新党今日之地位而论，其危险之处，多而且剧。立宪也，自由也，平等也，此等名词，在全国不学无识者流，多知其为美，而不知其所以美。间亦有误认为放纵无度，任意恣肆之别号者。数日前，有某报馆中之印刷匠要求增添工资，所求之数，多逾常价数倍，馆主人叩以何故。则曰："以立宪故，电气车之车夫，亦相率同盟罢工，若辈结队成群，方予著此篇时，尝行经作者之窗下，惟闻其欢呼立宪，沿路鼓噪。其意以为立宪则分当加增工资也。"八月十二日，漏税私卖之烟叶，竟公然出售于道途，绝不隐讳。凡一切公家所雇佣工，莫不相率罢市，要求增价。凡此皆为立宪故也，立宪甫成而秩序全失，此真不能不为立宪党危矣，是其可险者一也。

人民之中，有抱积极主义者，其所爱者为纯然民主政体，或竟为无政府政体。凡昔时放逐之人，现皆自各省纷纷来集，其中颇有昧于大势，见识歧误者。盖当其被放在外时，颇习于俄罗斯人之革命事业，日久浸渍，不觉与之同化，此一类也。尚有一种抱极端主义者，则纯乎为反对党是，此党之萌芽，则在于被摈之侦探及被裁之冗员中。彼土帝之亲幸及旧政府之爪牙，除本身而外，尚有其亲戚朋友，皆利于旧政体者。此辈之欲图倾覆，复还其旧日之天地者，固不言而可喻，此又一类也。是现今立宪党之可险者二也。

然其危险之最甚，则或不在以上二端，而在立宪党与军队之冲突，即以联合进行会本会之组织而论，其中已有极大之危险存焉，何也？以其无公众承认之领袖也，撒伯德勤也，烈查爱芬第也，乃巴黎会员中之最负盛名者。尼亚席也，伊佛裴也，乃土国革命时之最有功者。然此四人，不过为联合进行会中之平常会员，而非其领袖。会中全体，以非军人之平民为多。夫既非军人，而又皆为碌碌无闻之士，则正不知彼纠纠之武夫，肯输心奉事之否。又不知如此散漫无统之会社，果能团结于一而无瓦解之忧否。

然以目前而论，则操实权于上，而为土耳其之真主人者，即此碌碌平民所团结之联合进行会也。当前二星期之内，为土耳其之主人者，纯乎为此会中人。夫会中人竟能得军队及回教教师两派之辅助，底于成功。其经营之艰苦，固无待言。然此次之革命，会中人所凭之武力，尽出于军队之赐。由是以言，则谓此次之革命，乃军队革命可也。自旧日之陆军部大臣既被摈逐后，其继任者之得被简用，盖出于会中人之授意。故会中人与各军队，果能协力同心，长此弗渝，则该会自能永操治理土耳其之权，特不知各军队对于现时之陆军部大臣，果能快然满足否耳。盖此陆军部大臣，乃联合进行会中人所授意简用。而此联合进行会，其会员皆文弱士，且以己意居于人上，而非由君主或众民之推选者也。若新党中人得行其志，俾土耳其人优游于立宪政体下者数年，则彼军队能渐知己之真主人真长官，乃议院耳。而彼联合进行会，亦可以渐次解散，即或不然。此次立宪后，行政团体中，该会占有势力一端，亦可以使人民及军队，渐习于相忘。是则该会之大幸，抑亦土耳其之大幸也！苟或事变起于今日，彼军队以不慊于心之故，纷纷拥土帝以反抗其本部之长官，则立宪之望全失，而专制之体旋复，是即所谓改革后之反动力者是也。

此次之革命，除军队以外，则回教中之教师及学徒，亦颇占重要之地位。其为此派之领袖者，则即向时屡屡言及之回教大祭师。藉使此派不以革命之举为然，则联合进行会与各军队，皆无能为。彼等惟能以宗教上之意见，鼓动军队，使知改革之为合于义，而又以宗教上之意见，劝诱百姓。始知改革之为未可非，于是举国向风，归附者众。故就作者之私见，则决计敢谓回教大祭师，于政治上有极大之势力者也，尤可威者。则彼天方教徒，竟能悉弃其宗族阶级之成见，而极表同情于欧西之平等自由也。

夫联合进行会中，其会员非崛起田间，即生平未尝有政治上之经练者，盖居其大多数。然其措施之得宜，则竟令欧洲各国见之，不能不啧啧称叹。会中人之所最著意者，则有二端，一曰保全秩序，一曰弗为已甚。其平和之态度，自始迄今，未尝稍改。其始也，既以敏妙之干才，高尚之志气，使此次之大事业，成为不流血之革命。其继也，又力戒以怨报怨之举。虽茹苦含辛，受暴君污吏之酷虐者已三十年，而一概大度包容，弗为过分之惩创。语曰：穷寇莫追，会中人于三十年已过之痛苦，弗加深问，正所以为日后无穷期之幸福计也。

该会之运动，虽有莫大之希望，然今日固尚在试验之中。其究能免于反动与否，尚惟该会之才识是视。其可危之处，虽经作者略述于前，然尚不止此。夫回教大祭师之赞成立宪，固已明白宣布，且已见诸实事矣。然而数日之前，大祭师尝谓予曰："立宪虽自由，然大祭师则更自由也。"凡略读土耳其史者，当知大祭师此言，殊无足异。盖回教人民，从未尝肯以平等之礼，待非回教者。其果能毅然破除积习，一本大公与否，尚当徐观其后。不幸而仍复种族相争，宗教相争，是又为立宪之大障碍矣。

最近土耳其革命之真相 *

　　近顷近东事变,渐就宁贴。世界潮流之大势,又复澎湃于远东之时。而土耳其之革命,乃于斯时而出现,以震荡人心曲。兹固今年一大事,常足击人念思者也。然在吾国以国交种族语言之阂隔,故于土耳其此次革命,至今尚未能洞悉其由。其有假西方之笔墨,以传入者,又多不全不偏,无由资其殷监,引为公论,识者憾焉。近见东邻某报所记,连篇累牍,于其攻围居守,两军搏战之迹,颇称详尽。然于事起之因,终多缺漏,又或标题,为政变亦与,其事不称。盖颠覆皇室废君立君,征论政府之覆,如败箨之被振于秋风矣,以此而曰政变,则革命为何事耶?故今不称之曰政变,而称之曰革命者,比物此志也。至若是篇所引之事实,大率本于英国自由新报,由其驻土访员平时幽讨所得,而又加以临事之目击,故其言皆信,绝无疑似之谬传。吾人观此,应知二十世纪之世界,决不容有专制国厕足。即如土国废帝亦尝发愤为雄,下诏立宪,迎合大势,而适应于国民矣。终以静言庸违,厚貌饰情,不免流于机诈。今其受祸,乃至若斯之酷,尤中国之申鉴也。以后所记,悉为英伦自由新报之译文。

　　吾人观察世事,俨如水面之波。前波未谧,后波又作。阅者诸君,须知此前后波波,至有关连。故欲观察此次土耳其革命丰祸之所由起,不可不先论其去年立宪以后之作何状也。夫土去年之立宪,世界舆论,颇以智者之称归诸土帝。庸讵知历时未几,又为世人僇笑之独夫。则可以知去年之土帝,决非诚心明于世变,而知立宪之大利,不过用一时自救之计,伪貌矫情,聊以自保而已。由此以观,则去年之土帝,未尝有功于土,而今年之土帝实为此次酿成革命之罪魁也。

　　欲知土国之祸变,苟能一起得当而即不作否,当先察知土国人民之程度生计。盖土国人民,原为迷信最深,思虑简陋不能窥见未来数转之民,则其心理,必易多悔。而土民之生计,以余观之,尤至迫狭。盖自欧洲,早成物质文明世界。土

---

* 刊于《东方杂志》,一九〇九年第七期,作者、译者不详。

国累叶之二十一,笃怙其旧,不肯改革,以与世逆违天不祥,致其权利,半为白人攫去。而后起之希腊人,则又弥满于土国全境。各项实业之重要者,胥归入其掌握。是以去年革去专断政体以后,政府顿觉不能冥行己意,以刮民脂民膏,财用遂极困乏,而诸觉不便。以故革新后之行政力转脆于昔,(原注此亦各国革新时所常遇者)最难堪者。以府库既匮,其金融权纯为不同种之希腊人所有。而工商之业,则大半操诸阿米尼亚人手中。遂致距此次革命以前,有一年之官俸,皆未能如时发给,其外交官至常向所驻国之银行告贷。土政府于此情状,虽极秘密,不肯宣出,然识者微窥其隐,早知其祸乱不远矣。又自去年革新以后,土皇宦官宫妾之累万盈千,坐耗廪粟依然如昔。既无以餍国民之望,以重国家之困,而贸民怨。而全国之实权,又纯操于土皇秘书官一二人之掌。此官有名波西铿班夏者,其权势无伦,俨如第二皇帝。更有阿拉伯人名希特者,实为秘书官最有势力之人。内蒙主聪,外张货贿。故其政治黑暗,曾未改于专制常度,此尤革命酿起之第一因也。

世界上从来号为专制之国,如十六世纪之欧洲,如今日之远东旧国(按此殆指中国),一时专制之敝政恶法,亦既腾舌播颊矣。然吾察其深隐,觉其均有立宪民权之萌蘖,沉伏于中,会未有如土国专制之甚者也。是岂吾人习惯于自由空气,既成天性,遂觉彼人(指土耳其),违距原人之野蛮时代未久,所行所为,均为吾人耳目所不习,致令吾人生其怪讶欤?抑彼之专制流梏,实有加于他国欤,略举数事言之,便可见矣。(一)吾观他国之历史虽在专制时代,犹有英君,亦有察相。盖用一人之耳目,以临亿兆臣民,即有天纵万能之圣,其势已苦于不及,故不得不分寄耳目于宰辅与诸部之臣。斯为天然公例,莫可逃外者也。若土国则不然,当彼国之未改专制也。虽曰万几决于一人,实则一切政权,皆为秘书官所擅。(记者按:此秘书官,殆如吾国唐宋时翰林之参知政事者,作者未考中国前代历史,致诧为奇事,实亦专制国之常态耳。)其秘书官中有阿拉伯人希特者,权势无伦,更有波西铿者,权亚于希特。此二人在土国专制时代,俨然其国皇帝之第二第三。及至去年立宪以后,二人暗中之势力,犹未大变。即青年党中魁桀,亦不得不仰其鼻息。盖前之土皇,以有数千之宦官宫妾,盈于左右,常处行乐未央之地,固不能再用心于国政。及至立宪,久成之习惯,终难猝革。然以其事固与宪政不能相容,彼此意见之倾轧,即为乱事所荃系,此其一也。(二)土国已立宪矣,其宣布宪法之时,虽甚和平,然亦青年党假用一时之兵力,得以压伏于暂而幸能成功耳。非其反对党,亦能公忠体国,怵心世变,而共相为扶持也。且因历史政体之怪异,故布宪后,虽具上下两院,实未尝有其精神,而得有调和质剂之用。因土两院之目的,利害未尝一致故也。今约而论之,彼之上院之议员,多为秘书官有权力者之傀儡,随其手牵之线索以行动。即循名义之外象观之,亦不过土皇之一群顾问员,毫无议员之资格也。至如下院,其中颇多英发之士,以青年改革党奔走运动之勤、成就之大,有以震荡于民心。故当成立开院之始,所举议员,大半为青年党同志所占。然因求治太切,不免注于利之一面,而忘害之一面,以其得失参半,故颇易招指摘。而反对党之间得因之以行,利害相磨,生火甚多,乃至焚如。故乱萌即由兹苗壮,此其二也。

有此两端,已不免贻祸于国。而况土皇之诞妄,又有甚于此者乎。故彼今次所酿之大乱,识者早能预决。盖土皇之为人,颇有枭雄之略,尝以予圣自足,而轻视其臣民。(原注:左右将意承顺之人至多,已习若天性矣,不可改矣。)故尝好自矜夸,而喜诈术。彼于开议院日,曾有宣布之诏,引一切立宪之功,胥归于己,颇有自伐之骄色。当时议员,已心忿不平,连名上书驳诘土皇之过举,早成水火之意见。其尤骇世听闻者,则土皇不信其臣民,而尝疑其贰于己。遂用多数秘探,遍布于通国,以监察臣民,而以宦官之长管领其事。此种人出身微贱,无有公共思想,安知国家为何物?彼但知献媚希荣,固宠保禄而已。且当各聚私党,外则骚扰闾巷,贸怨于民;内则构怨挑衅,戕伐于国。益令土皇疑忌于青年党,相推相激,巨变遂作。诚使土皇左右,平日不豢养此曹,而信忠言。则此次之得祸,将不至是。天道恢恢,亦无往而不复矣。

上文所述,皆土国酿乱之原因,今更言其乱事所由发,其罪亦纯然在土皇也。盖土皇既好谗言,常为左右群小所利用,乃与有功宪政之青年党携贰,又以宪政之君权,动为宪法限制,而不能逞臆自恣。于是日以青年党为不便于己,如芒在背,如梗在喉。反对党之计,遂得以乘时而利行,欲悉诛锄青年党,推倒宪政,复为专制之旧。未及旬日,大祸即因此作矣。先是去年之改革得有成功者,实为青年党中之激进派,及改革布宪以后,立法之权,悉为此派所握,占议院中最大势力。然以其中多少年学生,颇乏经验,尝有意气嚣张强人从己之事,不久渐为众怨所归。乃更有一党派乘时崛起,此派虽名曰自由派,实则多有旧党热心恢复王政之人杂入。且以此种人善与土皇左右结连,故暗中遂占势力。尝使其机关报,攻击激进派。会其党报之主笔,为人刺杀,乃宣言要激进派交出犯罪者,激进派不承认。其时政府各部,多为激进派中人,亦即仗势而封禁其报馆。保皇党乃持此以宣告激进派罪状,并言彼辈将改革宗教,变回教为耶稣。遂有皇城守备兵数千人,骤信其说,出而发难。乃先攻下议院,欲尽诛激进派,且杀陆军大臣。乱事既作,首相及各部长官,与下议院议长,皆辞职逃难。一切激进派议员党员,皆逃出都城君士坦丁矣。当此之时，保皇党于须辰得志，更立彼党之政府，为所欲为矣。

然在老奸巨猾之土皇，尚不敢即行推翻宪政，时时发保持宪政之诏书。盖鉴于去岁政变，立宪之举为武人所要劫；又今激进派，虽出首都，率多聚于萨洛尼亚地方，党中之首要依然存在；又有数万陆军，操于其掌故也。于是先收拾海军人心，以为己用。然海军中人，多受教育，不肯听从土皇之命。稍迟数日，在萨洛尼亚之激进派，布署周备，党员皆集。遂出其能力，为吊民伐罪之举，挟二师团之兵力，驱其锋以向君士坦丁矣。土皇平日，有最大之罪恶，为国民所嫉视，不仅如上文所述之荒淫狡诈已也。其事维何，盖土皇离宫别馆甚多，尝作地道为各宫交通秘密之路，且多凿地窟，因此以行陷害忠良之一计。就今世人所已知者，如土之前皇，实为土皇以诈术幽于地窟，而篡其位。其事至今年而始发现，距今已三十三年矣。又如从前持自由主义欲改革土国恶政之大政治家，名米脱哈特者，亦为土皇杀害于地窟中。其余忠于国家之贤良，与臣民之有志者，因不顺从土皇左右幸佞，而死于地窟者，殆数千人矣。激进派乃执此以宣土皇罪状，兵心大悦而从归者众。国民痛定思痛，欲急驱除食人恶魔（原注：食人恶魔土民詈其皇帝之词），皆归心于激进派。而保皇党及自由派又皆大率楛败，无抵抗力。其都城之兵，复甚腐败。所持皆旧式枪炮，遂不能以抵御。于是激进派之兵，长驱直入，势如破竹，十余日间，遂将土都攻破矣。此次大乱之发生，本由保皇党煽惑无节制之守兵，欲图尽杀激进派。然以无抵御能力，终为激进派所破。激进派既以兵力攻破首都，一面召集议员，处分国事，一面遣兵团义尔基仔王宫。其时土皇及左右并宦官守备宫内之兵，尚有万人，若使拿破仑处此必与激进派决一死战。然因其惯于安佚，左右亦皆骄养脆软之人，故毫不胜兵，全无抵抗力。且有宦官奈肯尔者，年少貌美，有宠于土皇，平居为土皇言听计从之人。至是见激进派势盛，遂先与通款曲，尽以土皇三十三年之秘事，宣告于激进派。即彼幽其兄侄于离宫地窟，世所不知之事，亦奈肯尔揭发也。由是全国怨恨土皇，使其顿处于众叛亲离之地，皆奈为之也。当激进派兵破首都也，其大将奚瓦凯特巴夏者，曾于国会对议员宣言废土皇，众皆赞成。有多数少年议员，且欲定土皇以死罪，援引教规，及欧洲历史，言甚切实。终以老成之人，不欲过为已甚，且虑激动保皇党恶忿，致来外国干涉，转祸本国，力持适可而止之议。土皇乃得保全余生，施及其妻子宫妾。

当激进派委员数人，入宫搜索并宣言土皇退位。奈肯尔愿先驱，悉以土皇秘密窖藏，及一切秘密财产，与窟室隧道之图出献。于是围宫之兵如按图索骥，所搜出种种奇怪事实，恍若古代著名小说之天方夜谈，疑非此世所有。讵知今日专

20

制君王之威福自恣,彼既自以为圣,则流波所及,亦胡所不知哉。(原著于此下,详叙各种秘密事实,凡万余言。因太烦冗,拟别译以成一书,故略之。)

总之,土国既立宪矣,乃忽有惨剧。则固专制之毒未清,盖极而溃,理固宜然。且求其总原因,事事皆由土皇造成。彼今虽退位,老于其生长地,然是固土皇之厚幸。若在英国,必如查尔斯二世之上断头台矣。

记土皇哈美退位时之情状 *

　　西四月二十六号,土皇被废时之情形,已略见于前次通信。今复据当时亲赍神敕之代表员所言,略有异同,且较详细,更复述之。

　　方进步党军之包围皇宫也,欲避流血之惨,不欲遽行攻入。于是将水管与煤气管,先行割断,复阻止电厂,不得通电,所有运粮入宫之车,皆为阻绝。其初,皇为侍臣所蒙,未之深知,尚以为沙军必易与,稍迟即无事。及二十五号,宫中忽而灯火皆绝,此处彼处,仅闪烁幽白之烛光。始稍稍惊疑,而厨中又告乏食,皇遂急取面包蔬菜若干,先自收藏。至于彼之近侍宫使书记小队走卒,以及妃嫔各宫之宫人内监厨役侍婢园丁小使,又外宫之卫队,到处啼饥,恐慌异常。四百妃嫔宫女,聚议于一处,皆言外兵若入,必遭奸污,内监等亦群聚而待屠杀。二十六号晨,内务大臣德协发,闻进步党军,蹄声错杂,角声应和,告土皇言:“恐不免于进攻。”其时卫队与宫使之类,逃避一空。在土皇前,仅有其少子亚亭,及三数老仆而已。

　　此时,国民议会正遣使赍神敕赴宫。敕使之一,其名为贾罗骚,即述以下之言者也。贾君云:“二十六号下午,两点半钟,我等持神敕行出议院,则祝炮之声大作。使者四人,下院代议士二人,即我与何巢君,又上院代议士两人。其时无车可乘,遂向上议院长水德君假车而行。入宫之际,到处为站岗之兵所盘诘,惟沙罗尼克之兵官,远远望见,即知为予等,予等告以使事,皆即放行,擎枪致敬,既入宫门。其时已交三点,入门之际,即有三兵官督小队守护,哈力勃君勇敢少年,与共事二人,皆精选之良士。虽以黄金铺满世界,不能易其节操。彼等隶属之下士,皆为马其顿之富家子弟。予等行过,各行兵礼。哈君等复目送予等之车,招手以示亲爱之意,极表怀愉。初进夹道,皆盖以天幕,侧边远望,乃绝低之建筑,想系马厩。又入第二重宫门,其门洞开,正对摩洛哥宫,其前廊与台阶,皆为大理

　　* 刊于《东方杂志》,一九〇八年第七期,作者、译者不详。

石。予想此处已近内苑，宫前广大之花圃，四周皆围以行廊，此间寂静无声，如出于墟墓间之祭殿，但闻予等数人之履声索沙索沙而已。四周宫殿及卫士室之门窗，全行开放，又无一人，若此家新近遭丧也者。予等纵目所至，皆若甚触感情。其时，哈力勃君亦率兵士数人来卫，遂导予等入一便室。予等即摘冠，并卸去外套，就中予甚惊异者：此室即九个月前去年七月第一革命将起时，予被苏丹之卫兵密缚，而拘囚之取供许久者也。"

便室即近吉德利宫，宫门深闭，有一内官出，诘予等之衔名，予等言当语内务大臣德协发君。未几宫门略开，德氏走出，一六十许之老朝官也。德氏既出，门即随掩。德氏云："诸君何所告于我。"予等曰："予等将见苏丹，送致一消息于彼。"德氏不语，即行走入，然门闭不开，似欲拒绝一切也者。德氏与门内人通语良久，始行放入。予等久待不见回音，予目视何巢君，欲知彼之举动若何，因何君之兄高尼，曾为苏丹之奸细刺杀于嘉拉达桥上。予度何君饮恨已久，此时必当急躁。或为暴行于苏丹之前，乃见何君扬扬若平常，静立而深思，予心始安。然忽尔予等四人互相会意，各自审慎。吾知哈美废皇之名，常挟手枪于衣袋，恐见面时畏惧失措，遂拔枪而试，彼乃著名射击之好手。从前不知几许枉死，而曾未知其何故者，皆因偶有可疑，惊动于彼，即为枪杀也。倘彼拔枪仓卒，必当有所对待，各返视其衣袋中之手枪，觉容易取拔，遂各微笑。吾当实言，果哈美真欲拔枪者，予等亦不留彼之性命于第二次矣。

又久之，宫门复启，德大臣走出，随行者有二十黑衣内监。德氏曰："诸君尚立待耶。"予等不答，方欲上阶，内监意欲包围予等而阻进，予等之兵官，率兵士提枪径前。德氏遂让予等入门，入门数步，予等即觉已在一广大之别殿，遂停足而不动，兵士即立于近门之处。此殿一切窗户皆闭，惟有一窗半开，从窗上之玻璃外面，望见日光方满于园林。此时宫墙以外四处，此断彼续，皆有排枪声。吾见对面安置一玻璃屏风，屏风之后，一巨大之镜悬于墙上，对于巨镜之一壁，亦悬大镜。吾度此安设之意，盖其平日欲于屏后窥见入门者何人，能纤屑预知也，正凝想中，忽苏丹少子亚亨，自屏后轻轻走出。予目瞩之，今日始得细观其眉目，未几，哈美第二亦自屏后走出，行未数步，即站定，将予等凝目注视，面色青白，若甚惑乱。初料彼必朝服而出，以示威严，不意乃仅著常服，一如市民，领下黑结，扣以嵌珠之针，其手垂于两旁，肩则较平时愈削，手指微微颤动，厥状若甚谦卑者。

彼此鞠躬既毕，何巢君即扬其郑重之声，徐徐告曰："予等特来告汝，依神敕与教律，及国民之同意，黜汝王位。"其时哈美耳属此等数语，若眼前有一闪光疾烁于彼之周身者，彼悲伤而不能答。久之，伊乃突然问曰："然则吾之性命何如？"何君答曰："国民皆高贵而宽厚，无意反对于汝之生命。"苏丹点首者再，凝想甚久。自相问答曰："彼等常作如此之声口。"沉吟半晌，即举目视何君曰："汝仅以道理悬揣，故望国民有此高贵之善意耳。"又接问曰："如此我之眷属将若何。"其言未绝，近门之兵，皆擎枪前立数步，哈美大震，目之曰："此等兵士，能矢誓不戕我之生命乎？"何君曰："尔之生命，可保无事，国民意中绝未几及也。"皇心略安，奢念又生。乃微问曰："如此将如何毕吾之生乎？两日以来，不得一仆人，即饮食亦皆乏，仅与妇人、女子同处，使我意损。"既而复哀恳曰："吾求国民善待我，使我终老于晓露甘宫。彼处乃吾产生之地，吾供养吾兄麻赖居彼者三十年，无所不尽其心于彼也。"一面请愿，一面即手指半开之窗，以示晓露甘宫之方向。继之曰："吾必由此园林往彼，不令一人见我。"又转视上院代议士安礼甫君曰："汝应深知此秘密之途径也。"安君不答。其时彼又念晓露甘宫，其侄正居于彼，略一凝思，乃曰："吾侄自当迁移，彼处必难并居两宫也。"言罢，无有应者。

又久之苏丹始放胆辩护曰："我为我民多所尽力，国民皆不承认。然国民曾忘希腊之战乎？当宣布立宪之后，吾誓必留意，未尝有一刻寒吾盟也。即偶有一二奸邪被惩罚者，亦彼等罪有应得，吾何尝敢于轻易流人之血。曾有若干国事犯定死刑，吾皆拒不签押，吾必万不得已，始加签押焉。"语毕，仍无一人作答。哈美复有惧色，乃自怨自艾曰："我将奈何矣，此天意也。"予等如无所闻，苏丹乃益惧，声色俱震。重述之曰："我将奈何矣，此天意也。"复诘问曰："汝等确知我之生命，终得保存乎？国民曾否予以信据耶。"此时少子亚亨，见其父作此状，始掩面而泣，彼强欲止啼，竟不能得，遂走匿于屏后而哭，嗅声甚楚。于是苏丹回顾其子，俄顷间，两行老泪，悬于其凶恶之眼底，或者此为彼毕生惟一之清泪也。彼小孩之嗅声，使予等不自安，初未预料忽来演此悲剧。予即要之曰："母恐，汝与汝子，必皆无恙。"彼即急应曰："汝能宣誓耶，汝与兵士请皆对越于汝之上帝，用其正直以誓于予。"兵士闻之，皆摇其首，目视予等，其意若曰此非现在之所能解决也。我等正为小孩之楚声而局促，遂欲将此无谓之酸鼻语，乘势截止。何巢君即斩绝而言曰："我等应当公布者，即送致以上之消息，若汝之见告者，我等当转告之于国民。苏丹乃曰："彼人铸此大错者，上帝必能降鉴也。"予注彼一眼，即应曰："然。上帝正直，我等亦信彼必能降鉴此有罪者也。"予等见暗影忽闪，盖哈美两举其手于额，以礼予等，予等答礼而退。

土皇流放沙罗尼克之时，乃直从叶尔迪皇宫出发，彼时之详细情状，现亦经亲手递送之宪警总监贺斯弥君口述，爰复记之。贺君云："在二十八日之未晓半夜一点钟，我与若干之官长，皆装束如常兵。姓名不宣露，恐皇党之报复也，共入叶尔迪皇宫，皆露枪如临阵，耀大炬以照路，先至守卫室，领取执照，然后出示站岗之兵，俾得放行。直至吉德利宫，而内监出启门，众人整列而入，皆惊视室内。有若祝祭之先夕。中悬五色水晶之烛架百十，精烛矗植四面，又殿之左右壁间，皆有文石之烛台，饰以红蓝之晶石，俱植精烛十数，万星灼灼，辉映于巨大之衣镜，若为九合之广殿。哈美最忌黑暗，伊常恐有刺客埋藏，彼若有见所不及之处，即恐恐然惧祸机之隐伏。故彼之卧室，巨电灯彻夜通晓，今仅耀烛光，加以孤寂，不知彼将若何之悲痛，彼之恐惧于处死。一日一夜之中，时时动念，故彼授命内监，必昼夜烧烛而防之。

其时又有二内监交系兵器于胸前，植立殿角，四面窗棂皆闭，加之以链。哈美方待国民之复音，未能赴寝，当余等未入宫之先，已预备轿车五乘，候于宫门外。余等既入，哈美即出，满面忧惧之色，勉强半揭其唇，欲言不能，彼知此其时矣，必取彼永离叶尔迪，或竟送之于刑场。久之，乃以哀恳之声，又对予等软语曰："尔等熟知之也，我乃一宪法之良友，此次之变，乃成于二三妄人，我固持其后而不见许也。"又特别注视予曰："汝在警界，必知之较悉矣。"予答曰："汝其即刻与我辈偕行矣。"彼乃慌忙根问曰："汝将送我于何处何处，请告我。"予曰："必往沙罗尼克。"彼曰："否否，我不往也，乞留我于此处。"兵官闻之，皆纠纠然向前立，彼斜睨闭其目，口中期期曰："否否。"一兵官答曰："必当立刻成行。"哈美连续其词曰："让我往晓露甘，为何欲往沙罗尼克，请勿挈予行，送予至晓露甘，彼处离此甚近，我愿赴晓露甘。"兵官齐声曰："我等自有命令。"

苏丹至此，即透体明白，知巡警乃无理可讲，止有顺从，半晌不言。兵官促之，即行出门，阶下已有一车相待，彼行至最后一级，略停片刻，将彼之颔下垂至胸。因从光明之殿内走出，目无所见，兵官扬火炬照之，遂徐徐行入车中，仍服前日灰色之常服，领结仍以嵌珠之针横扣。伊入车自坐于一角，两兵官亦入，对之而坐，另一兵官则跃升车顶，与御者同坐，车中之帘皆垂，车前之灯亦息，猛向大街而行。其别车则载妃嫔皇子内监，紧随于后。哈美在车中默无一言，三十三年之威权，至此扫地而尽。数乘乌黑之鬼车，顺街车之大街，缘海峡过嘉拉达大桥，以至于火车站，沿途兵队，皆暗中夹道林立，直待车过而散。君士坦丁之火车，向无夜行者，故此时车站静悄无行人，植立如山，屹然不动之兵队，满聚于站之内外，然皆列黑影中。站中惟供给月费，俾得终其余年，刻定为由政府给废王每月千磅。又其三子，人各六百磅，故废王此时合计尚有两千八百磅之进款。惟如仍令有与外国银行往来之权，则事甚危险，盖看护之人，即不能以贿赂干，而可以出资,雇用外人劫之而去也。(按,读者当知土废王所居之处,离海面仅八百码耳。)总之,亚豆哈美能提其存款与否,尚不能一时决定。惟闻土前王曾许其子巴亨谛,可以合例抽取。奈此人两星期前,忽然不见,此时在巴黎,或在伦敦,均不可知。即使外国银行允交政府,而宫中层层积蓄,终尚不能见底。总之除土前王外,无人能知其实在,而从前为所布置之工人,往往事后即死。闻有一处,即在伊鲁的斯宫河底内,说者谓奈阿海必知之,孰知不然。另有一宦者,亦系领袖。常引人游历伊鲁的斯宫,彼且甚讶,谓我不知宫中竟有若许地方也。

伊鲁的斯宫中,不独有名园山水之胜,有林木,有岛屿,有船十一艘,又电机船四艘,名马五百匹,皆亚拉伯产,此外麋鹿猿猴明驼无数。有一室,启之,内均鹦鹉也。亚豆哈美喜养鸟兽,然其性情又甚僻,设于图画或书上见有珍禽异兽,即欲得之,立告外国商人,为之置办,殆至办至,则彼已忘之。常有一英人承办数种异鸟,进之伊鲁的斯宫,以后即无由见王,其人在土京娶妻生子有年矣。一晚将临睡,忽有土王急旨宣召,彼以为数年费用可以一旦取偿也,急趋宫门,则土王有一病狮,令之医治耳。

宫中有塑像三,神似土前王。议院所派委员,于某星期四日入宫,忽睹玻璃柜内,前王衷甲而坐,大骇,谓此时已在沙罗尼克,何由在此也,殆细视始知其伪耳。另有一像,则在一秘密室内书桌之前。

伊鲁的斯宫现在已经封闭,无复从前景象。闻将来拟开作公园,凡人稍有所费,均可入观也。

少年土耳其之妇女 *

杨锦森 译述

曩时之土耳其妇人，伏处深闺如囚，间至道上，则必以帼障面，一若防其容貌之为路人窥去者。而生平未学，智识浅陋，言语稚戆，徒以颜色取媚于人，实不过一男子之玩物而已。及五十年前，土耳其人渐知维新，其子弟游学于英法，遂觉英法妇女程度，与土耳其妇女程度，相去不啻天壤。英法女子固自由，然绝少妄用自由而至于放荡不羁者，以英法女子之智识，与土耳其之女子较，则土耳其女子，直木偶耳，蜡人耳。游学之士，群以此言于父老，父老遂有教女之意。然深藏闺中之积习，牢不可破，于是以重资聘法国妇人为女伴者甚多，间亦有延英女者。延聘英法妇人为女伴，洵大佳事，然亦不无遗憾，则英法上流女子，类不肯背弃乡里而至万事不甚安适之土耳其。是以女伴之职，竟大都为佻脱无品学之法国女子所占，延聘女伴一事之不能获大效者，盖以此耳。

迄乎今日，无品学之女伴之影响，犹屡见于上流之女界。余每见上流妇女，好篡取欧美妇女之皮毛，而置女界精神于不顾。向之所谓女伴，有学者绝少，其所能授者，仅圆转如莺鸣之法兰西语及巴黎时行之装饰而已。土耳其妇女所习，乃亦不过如是。闺中女子，遂于本国语外。别能操法语，而巴黎衣肆，遂得销售绸裳纱襦于土耳其矣。今日之土耳其上流妇人，能操法语者至多，而衣饰之由法英德奥诸国输入，则上流社会，几无一家不若是矣。余日前至某贵官之家，其少妇曳一白缎长裙，满裙绣玫瑰色之花，余一望而知其购自巴黎，值必不赀也。土耳其皇宫中妃嫔之服饰，均巴黎某巨肆所供给，是肆每岁所获之利，数必甚巨可知也。然装束虽效法巴黎，而巴黎时行之巨冠，则尚无顾问者。盖土耳其妇人，仍以帼蒙首，出行道上，即以作面幕，人于路中值少艾，设以锐利之目光，透幕而入，则亦仅能隐约见媚眼纤鼻，若在云雾中耳。

然英法女伴，亦不可一笔抹杀。土耳其妇女，虽罕有得实学者，而其想望自

---

* 节录自《妇女运动（下）》，刊于《东方杂志》，一九一一年"东方文库"专辑。

由，崇拜欧化之心，实为前岁变政之先导。土耳其妇女有英法女伴，而后想望自由、崇拜欧化。妇女想望自由，崇拜欧化，而后其子弟亦以是为心，而相率游学于外邦。是以少年土耳其党势力之增长，英法女伴与有功焉。及前岁革政，此辈心醉欧化之土耳其妇人，乃亦为新党奔走。而新党秘密运动传授书札之事，亦乐以女子为之。以女子有一层面幕，不易为警吏所侦也。未几而土耳其革政，新党中人，遂群唱自由，于是面幕之问题乃起。多数之妇女，则以面幕为琐事，仍以障面，然有少数妇女，则以为不自由莫甚于用面幕，遂冠欧美妇人之冠而行于道上。旧党见之，即藉以排击新党，新政府势不得不下令禁阻，白巾幕面之妇人，于是复现于土耳其之街衢。

夫装束效巴黎，行动交际自由，不以厚幕覆面，均不过形式上之事，得之无益，失亦无害，与土耳其女界之进化，关系绝微。所谓精神上之事，则无他，教育而已。向时所聘女伴，仅能授英法语言，此辈固亦未尝有实学也。近年以来，外人在土耳其大兴女学，殊有成效。其尤著者，为史古塔里(Scutari)之美国女子学校，美国慈善家所创立，即今土耳其政府资遣官费女生之学校也。创立之初，本以耶教为宗旨，而今则不专一教，无宗教种族邦国之区别。是校今有教员二十八，学生均寄居校中，不寄居，则往返至不便也。最高一班，有学生二十，信回教者过半。革政以前，土耳其皇阿白特耳·汉密(Abdul Hamid)深以是校为恨，然以其为美国人所设立，无如之何。乃侦取女学生姓氏，谕其父兄，迫令退学，如不遵谕，即流其父兄于边疆。是以女学生均隐藏姓氏而来，形踪诡秘，不欲为警吏知也。即不得已而退学，亦必坚求美国人设法归校而后已。

法令虽严，而土耳其女子好学之心，卒不稍怠。少年土耳其，今有两妇人负重望，均美国女子学校培植之功也。一为哈立代·哈能(Halidé Hanoum)，博学善文，其土耳其文著述及英文著述，均有名。一为葛列史顿·哈能(Gulistan Hanoum)，土耳其变政之女功臣也。葛列史顿·哈能，世家女，变政之际，与其夫力助少年土耳其党。美国女子学校之成效若是，而美国女子学校之外，更有英人创立之英国女子中学校，法人创立之女子预备学校，于土耳其女子教育，不无小补。

近日土耳其人亦渐知女子教育之重要，兴女学之说，遂喧腾于国中。最难解决之问题，为女教员之缺乏。土耳其男女之间，界限至清，女学而用男教员，必不为国人所许可。幸美国女子学校，已为土耳其养成女教员多人，而土耳其政府，今已决意资遣女生，学于是校。官立女子学校，今年亦将创办。土耳其皇颇以为然，已赐一宫作校舍。宫颇轩敞，改作校舍之后，其寄宿舍能容学生一百三十云。

论少年土耳其党之困难 *

杨锦森

　　以今日之情势论之，土耳其似将为欧洲列强所瓜分矣。土耳其帝国之宪法，既不能令其国富强，其国势反因而日趋于弱。少年土耳其党虽曾施行种种之改革，而土耳其之藩属，终不欲长为土耳其之藩属。于是马其顿尼亚(Macedonia)则坚欲独立矣，亚尔巴尼亚(Albania)则屡屡叛乱矣，阿拉伯则亦怀异心矣。而于此万分困难之中，意大利乘机而入，欲夺片土以去，遂至于开战。

　　少年土耳其党所遇难题极多，其政治上之权力，殊薄弱而无定。盖其一也。夫少年土耳其党之所以能控制政府者，惟以其能控制陆军耳。斯党所行者，实为军界之专制。盖其统一进步股(The Committee of Union and Progress)权力之所及者，非全国公民所投之选举票，而为国中执有军械之人。而土耳其军界中人，今日之势力巨也。然其居全国人民之少数，则殊不待言，实则其国民百人中，少年土耳其党之人犹不足十人耳。旧党中人，今均似饿狼之待机前扑，统一进步股一旦失势，则政府推翻矣。苟欧洲列强仍日以剥削土耳其之疆土为事，则少年土耳其党设欲自保其权势，则须与列强奋战。当其以波斯尼亚(Bosnia)与黑尔哥维那(Herzegovina)让人，旋又失控制罗曼利亚(Rumelia)之权，其权势曾因而大削也。

　　少年土耳其党中，亦有自相争竞之事。其首领希孚格脱(Chevket)今虽能控制全党，然其所以能若是者，惟以其手段之辣耳。且渠亦多仇敌，苟少年土耳其党长此自相争竞，而党势日弱，则安有不败者耶？

　　但少年土耳其党即能控制政府而不至于覆败，尚有难题绝多，殊不易于解决。盖土耳其之为国，种族不一，其人民之性质，至为复杂。夫土耳其昔日之所以强，实其所征服诸国之政治情状及与地位置有以致之。盖亚洲西部及欧洲东部，均弱小之邦，互相嫉忌，而不能联结以与敌抗。及土耳其以兵力至，遂一一为土耳其所征服。然土耳其人虽善于征服异族，而不善于治人。征服之后，终不能令

＊刊于《东方杂志》，一九一一年第九卷第一号。

国中诸侯融化为一。俄罗斯所处之境,固无异于土耳其,然俄罗斯能建设一黏合之帝国,而土耳其则未能。土耳其帝国之所以得尚存于世界者,惟以其兵力耳。此则于三百年前已然,今虽已颁宪法,仍如是也。

以外状论之,则土耳其近年之革命,似欲变土耳其为立宪之国。而变土耳其人为自由之民,实则不过以一势力绝强之军界团体,易一专制之君主耳。夫土耳其帝国之中,仅三分之一为土耳其人,其三分之二均竭力主张分离主张独立者。余侪安能望土耳其成立宪之自由国耶。

于是少年土耳其党欲自保其权势,乃不得不用诡计,阳似与国民以自由选举之权,而阴则以党员充实其议院。故土耳其人虽为全国国民三分之一,而少年土耳其党员,又为此三分之一中之最少数。少年土耳其党,尚能控制其政府也,其统一进步股之在选举上愚弄其国民之术,实胜于美国自有历史以来之最腐败之运动选举人也。

少年土耳其党之行为,其绝不念及国中之异族,若希腊人,若亚米尼亚人(Armenians),若阿拉伯人,若亚尔巴尼亚人,固不待识者而自明。且无论何种之人,虽能身入议院,苟非少年土耳其党党员,则亦绝无权势。凡统一进步股所不赞成之议案,亦断不能在议院通过。故土耳其之立法机关,虽在君士坦丁拿坡尔(Constantinople),而操立法之权者,则在萨龙尼加(Salonica)。盖统一进步股为自卫起见,不敢居京师而居于萨龙尼加也。即如内阁中人,实亦统一进步股所推荐。各部大臣既不得不遵统一进步股之命令,而为国人及议院所攻击,则又不得不自行辩护。此辈阳虽握权,实则统一进步股之傀儡。至于危急之际,则股员一一自匿,而以各部部长当众怒。故于意土开战之时,旧内阁既行解散,新内阁殊不易于组织。盖此等任劳任怨而绝少酬报之事,人人皆不欲就也。

少年土耳其党之骄横专权,不独为土耳其国耶稣教民所共怒,即其同种之人,亦深恶之。恶之者亦不特守旧之人,主张进步者亦多不满意于此党之举动。有报馆主笔数人力诋统一进步股之所为,而此辈乃一一为人暗杀。此种暗杀事件,果因私仇耶,抑欲藉此以压制言论耶?识者自知之耳。

少年土耳其党之总机关统一进步股所主张之政策为土耳其之统一,当前皇阿勃特尔·汉密特(Abdul Hamid)在位之时,苟各省之人民纳税如常而不思作乱,则其治之也殊不严厉,故各省颇不苦之。新政府之目的则大不然,其所主张者为中央集权,而非地方分权。至于国民之权利,则主张一律平等。不论耶稣教民,或土耳其人,或阿拉伯人,所享国民权利,绝无区别。于是土耳其语遂成国语。不解土耳其语者,不能在政界求进取。而政府又屡屡命希腊人及亚尔巴尼亚人习之。耶稣教民在旧时代所特享之权,如免尽从军之义务,则亦尽行削除。此固足以结怨于耶稣教民者也,新政府在阿拉伯又增加其赋税,其约束人民亦较前为严厉,于是阿拉伯人乃人人思革命。盖阿拉伯人,颇不喜严厉之约束。当阿勃特尔·汉密特在位之时,其治阿拉伯人绝宽,新政府忽焉反其所为,则其不为阿拉伯人所喜,固亦自然之理也。亚尔巴尼亚人,曩为土耳其皇所恃如左右手者,故其所享特权独多,而今则为少年土耳其党所尽削,亚尔巴尼亚人之叛,盖以此耳。马其顿尼亚人在旧时代自由已惯,争夺残杀之事,时时有之,而前皇则坚持放任主义,听其所为。今少年土耳其党则严加约束,然马其顿尼亚人则宁以争夺残杀为事,而不甘受新政府之约束也。

少年土耳其党固应从事于统一全国。国之疆土广者,均不可不注意于统一,然此党之能达目的与否,党人亦不可不一计及。各国人种之杂,印度之外,以土耳其为最,土耳其全国共三千万人,而土耳其种人不过八百万。希腊种人亦八百万,亚米尼亚人三百万,保加利亚种人(Bulgarians)一百万,耶稣教民之总数,亦远过土耳其种人。耶稣教民之文化胜土耳其种人,其知识才能亦胜之,然乃为土耳其种人所控制,则其必不肯忠于土耳其。盖亦显然而易见矣。数百年来土耳其种之治人,恒用绝野蛮之手段,今旧政府既覆,而新政府乃以暴易暴,则异族之民之必不肯忍受其控御亦明矣。人苟见保加利亚国近数十年之进步,复察保加利亚人之寄居马其顿尼亚者之现状,则此辈之屡屡思乱,实不足怪。人苟读至有荣光之希腊史,复见希腊种人今日受治于蛮野不文之土耳其种人之状,则希腊种人之怨恨土耳其种,亦不足怪。是以土耳其种虽能以武力制其国之耶稣教民,终不能勾结其心,终不能使此辈爱戴土耳其帝国也。少年土耳其党之政策,不独在耶稣教民一方面为失败,对于其余之回教民,亦无所成。阿拉伯人终不欲为土耳其所控制,其民欲自由也。阿拉伯人,骄而好武,今日土耳其种之所以能控制阿拉伯者,殊不能谓为完全。内地之民,始终未尝归心于土耳其也。西利亚人虽弱种,但亦梦想自由不已。堪剌人(Kurds)则叛乱在即,而亚尔巴尼亚人,则已屡屡作乱矣。

世界各国政府所际遇之困难,今无有过于少年土耳其党者。少年土耳其党之主张放任者,则言不如试行地方分权与地方自治。然此亦未必可行。盖土耳其人种之杂,固如以上所云,而其所据区域,非皆以一族处一地,如亚尔巴尼亚与阿拉伯。果如是者,则地方分权之制或可行。但如小亚细亚,土耳其之中心点也,各种族乃杂处于其间,土耳其种之城、亚米尼亚种之城、希腊种之城,无不有之。寄居小亚细亚之土耳其种人八百万,希腊种人七百万,亚米尼亚种三百万,杂处一地而种族之界限仍存,此一难题,良不易于对付也。

土耳其内政之困难已若是,而强敌之侵犯,亦至可虑。意大利之占据的利波里(Tripoli),既令人觉意大利之久蓄此念。后令人疑及三国联盟(Triple Alliance)之与此有涉。三国之尚将作何举动,则犹未可预料。然此三国之欲瓜分土耳其国疆土之在欧洲者,今方待时而动,则不待智者而自知。故少年土耳其党今日所处之地位,颇似有人以白刃加颈也。

土耳其之强敌固可虑,其邻国虽大都弱小,然亦能为土耳其害。希腊固弱,亦思得马其顿尼亚片地。保加利亚国虽小,强而喜陵人,有陆军三十万人,训练绝精,今亦待时而动,时机一至,便将长驱入马其顿尼亚,或直捣君士坦丁堡。而罗马尼亚(Rumania)之陆军亦精,颇愿助保加利亚攻土耳其。土耳其之北,则一绝强之邻国俄罗斯,大类巨熊,正欲乘机扑人。全欧视线,今均注射于土耳其。土耳其将为列强所瓜分矣。谁将得其绝甜之瓜心,此一问题,盖欧人今日所人人注意者也。

论土耳其革命后之时局 *

甘永龙 译

土耳其自革命迄今,其最重要而又最足以供论料之两大事:一曰人民程度,一曰意土战争。今试就第一问题论列之。凡习于为奴隶之民族,一旦解脱其束缚,而恢复其自由,此其自由民之资格,变化而培植之,非一时代或四十年不为功,是言也。古人已先我而发之矣。彼乌斯曼民族(乌斯曼 Othman 系土耳其开国之主乌斯曼民族犹言土耳其民族)之中,其少数之耶教徒,固尝身为奴隶至四百五十余年之久。其多数之回教徒,亦复于完全专制外,更不知有他种政体。人民之对于食肉者,尊之若帝天,而媚之无所不用其极,此风在今日犹未尽革,固无间耶教徒回教徒犹太人一也。四年前,有秘密结社名统一进行会者,出万死不顾一生之计,奋袂而起,卒覆专制。于是宪法则重布矣,国会则召集矣,顾人民之有选举权者,多不知立宪为何事,其当选而为国会议员者,初未尝有丝毫政治知识,且太半出于统一进行会之指任,故谓之该会之指任议员则可,谓之土耳其国民之公选议员则不可。凡兹议员,纯系乌合之众,世界立法部中之牛鬼蛇神无奇不有者,盖莫土耳其若。甚至身为立宪国之议员,而其所渴望者乃在推翻立宪,重行专制,惟此辈幸居其最少数耳。土耳其帝国中,操主宰之全权者,即彼统一进行会。组织内阁,黜陟百僚之权,惟该会得享有之。然所规划多半失当,即就领土问题而论,一败于霍仑事件(霍仑 Hauran 叙利亚地名),再败于雁门事件(雁门 Yemen 阿剌伯地名),而其对于马其顿(Macedonia)与亚尔巴尼亚(Albania)则措置尤为乖方。至就该会之道德而言,则每闻其密遣徒党,排斥异己,轻者攻击个人,重者实行暗杀,种种罪恶,多假该会之名义而行,在该会虽不居主使之名,然殆未必无袒助之实。于是而国会之中,亦竟有所谓反对党者发生。该党以统一进行会,颇有一部分会员,悍然不察事势之顺逆,不辨情理之可否,而惟一意欲使事事变为土耳其风,苟有不利于其进行者,则虔刘而蕴崇之,曾无所于惜。夫

* 刊于《东方杂志》,一九一二年第九卷第五号,译自英国《时事评论报》。

以土耳其种族之不一，风尚之各殊，而当事者乃欲为截趾适履方底圆盖之举动。此反对党之所以发生于国会也。英人之不察者，多以反对党为顽固派，意在推翻立宪，恢复专制，此则事之至冤者也。反对党领袖之中，有希腊人焉，其如婆雪华氏（Bussios Effendi）者，则以土政府对于马其顿之耶教徒，待遇不得其平，而勃然动其义愤者也；又有天方教人焉，则以土政府蔑弃法律，欲以压制手段加诸彼教，而奋起以致其反抗者也；此外又有阿尔巴尼亚人民焉，则以当事者强欲土耳其之，使之舍固有之语言，而别操土耳其语，去固有之文字，而别作阿剌伯字。此所以群起抗争，不得不为己族谋保卫也，凡此皆统一进行会对于各种民族，一切欲土耳其之之失，凫胫虽短，续之则悲，此情理之自然。彼反抗者何尝有倾覆立宪重还专制之心哉？夫国会议员之选举，既系任意掇拾，由乌合而成，乃不幸此乌合之议院中，又有一部分人，对于统一进行会力致其反抗，于是而所谓国会者，竟全陷于停滞，不复能稍尽其作用。迨三阅月前，该会遂解散，而全国人民之气亦若为之一舒。

虽然，论事欲取其平允，则吾人不可不为统一进行会设身处地以思之也。该会自组织之始，其会员之性命，固无日不在危迫之中，幸而攘臂一呼，大功立就，否则废帝阿布多·哈密特（Abdul Hamid）必将聚而歼之，万无冀幸。及革命告成以后，守旧党之起事者，以一九〇九年四月十三日之举为最烈。当时统一进行会会员，突遭此变，皆惊惧伏匿。设不幸而敌党获占胜利，则该会领袖诸人，如阿枚·烈柴（Ahmed Riza）辈，势必尽遭屠戮，即以今日而言，该会如万一失势，要仍不免为守旧党一网打尽也。自守旧党屡谋不成，而该会之势力，遂日以巩固，该会为国家大局计，及本党安全计，固万不肯退处田野，以柄授人。况土耳其之得有今日，皆该会经营之力，躬播种之劳，而自弃其所获，要非人情所愿出。该会自执政以来，种种措施，固多失当，其尤甚者，则且自损其对外之信用，使外人之评论该党者，已不复若前此之倾服。即以该党之预闻种种谋杀案而言，固不必穷究其虚实，而其足以毁坏荣誉，自撤藩篱，要属不可免之结果也。虽然，该党自推翻专制之后，即能使政府机关依旧活动，迄今未尝停滞，而全国当革命之余，初不至陷于无政府之惨境，是其作用，实亦有不可少者。至庶政改良之处，亦复昭然在人耳目，而该党又宣布决心，谓尚当继续进行，俾得益臻平治，该党能使国家自然日进于发达，而未尝阻遏其机。至于陆军之编练，俾实力益增雄厚，财政之整饬，俾秩序日见清疏，此尤该党之丰功伟绩，而未容掩没者也。总之该党秉政于上，虽不免怨尤之丛集，而土耳其全国情形，视未革命前实属大有进步。苟质诸土耳其国民与夫散居土耳其之欧美人民，我知其必表同情于斯言也。作者尝于本年四月间,游历于阿那多里亚(Anatolia,即小亚细亚、希腊人称为阿那多里亚)行程凡六百哩,经埃思吉希亚 (Eski-Cheir)及孤尼亚(Konia)而抵叨勒斯山(Taurus)之麓,时则一路正在举行选举,颇有致憾于选举之不公平,而揭其种种弊实者,然试一叩以地方情形,则莫不谓利弊之待兴革者虽尚不少。然较诸四年前,则已大相径庭,此实食现政府之赐云,至民间之对于选举或国家之政情,则无论为回教徒为耶教徒,大都异常冷淡。其一二关心时事者,则又意见不一致,无论为伊的喇夫党(Ittilafs,即反对党),为伊的哈忒党(Ittihats,即赞成统一进行会之党)其党中人持论之不同,见解之不一,则又彼此如一丘之貉。颇闻反对党之号召于人曰:彼统一进行会之意,实欲废除回教寺,而悉数改作耶教礼拜堂云云。其为此言,固明知回教徒之蠢然无识,而欲利用之,使反抗今政府,然征诸现前之实象,如路政则日益修明,而往来可以自如矣。宪兵中之受有教育者,则能以统一进行会之意晓谕民间,谓重在维持秩序而决不妄相骚扰矣,其列名军籍者,则又能恪守纪律。谓今日之军队,已非专制时代可比,决不侵害民间尺寸矣。凡此均足以启人民信托之心,是以反对者虽日肆其谣诼,而回教徒惟一笑置之,盖人民既安于其所居,则宗教问题,自不萦其意念也。

本年四月之杪,颇闻全国选举,悉为统一进行会之党人所获胜。彼反对党即欧洲人所称为自由党者,则匿迹销声,莫知所往。反对党之所以一败涂地者,其原因不一,而实以缺乏组织体为之主。若统一进行会,则用种种之方法,以达其致胜之目的,例如有某省巡抚尝召集其僚属而诏之曰:汝曹于投票时,必举统一进行会会员,否则汝曹皆当落职以去,盖政府固无需乎汝曹也。此外逼迫或诱导之方法,所以使投票人赞成该会会员者,尚难偻指计,此等传述,要皆实有其事,未必重诬该会。至投票人之以反对该会著者,虽列名于选举册,而终被百计挑剔,或多方播弄,遂至公权被剥,欲投票而不能。试观各地方之选举报告,多有令人哑然失笑者,如明明为希腊人聚居之地,然已一变而为回教徒矣。如明明以反对统一进行会闻于时者,然其所选举者,则一变而为该会会员矣。此外以阖邑之公民,无论为反对为赞成,而全停其选举权,使不得举行者,尤时有所闻。至就京师而言,则所用种种不正当之方法,更属彰明较著,绝无顾忌。如反对党之报纸,则被封禁矣,人民言论之自由,则被干涉矣,改窜政党图表,颠倒选举区邑之恶习,则盛行矣。有报纸名"塔吟"(Tanin)者,统一进行会之机关报也,在报界中最具干才,而亦素有敢言之誉,其主笔又能卓然自立,平昔持论,虽赞助统一进行会甚力,然并不为党见所束缚。愿政府封禁反对党报纸既尽,而"塔吟"记者乃欲以本报余幅贡献于反对党,谓将留此为该党发言之地,此则其盛意虽可感,而其滑稽亦可笑也。有博士名烈柴多斐(Dr. Riza Tewfik)者，其学识固足为政党或议员之光荣，而政府以其在旅馆中招致朋辈，开会集议之故，拘而下于狱，治以监禁一月之罪。人民言论之自由，至此盖剥夺尽矣。至于改窜政图颠倒选区之习，在美利坚颇见流行，而统一进行会汲汲步武，是其弊之中于选举者可知矣。虽然，凡此种种，要尚不足为统一进行会致胜之券。该党之所以致胜与夫反对党之所以覆败者，实在乎一则有完美组织之团体，而一则并未尝有是也。统一进行会者，于团体既成之后，始起而发革命之难，及其革命之目的既达，则又保存此团体而扩充光大之，是故今日之少年土耳其，实以统一进行会为之代表。说者徒知统一进行会为土耳其之主宰，而不知其真正之主宰，乃在彼少年土耳其也。土耳其政府，为世界列强所与交涉或将与交涉者，故不可不先稔其现政府存在之地位，此作者所以特表而出之，俾各国政治家知土政府之不容易视也。

少年土耳其之称谓，允属名实相副，绝无不合，盖其所重者在少年二字，乃别之于老大而言，然亦正惟以是。而其秉政于上，为少年土耳其之实行家者，不免有年事过少阅历过浅之病，此在少年土耳其亦自知之，故尚能推戴旧人，拥诸前列。如革命后第一年之嘉密尔氏(Kiamil)及今日之赛德氏(Said Pasha，按赛德氏今已辞职，作者此论脱稿于数月前，故此等处与现情微有不同，然其荦荦大端，则今昔固无殊致也)等皆是也，顾少年土耳其，虽推尊旧人为之领袖，而于心要尚有所不足。例如嘉密尔氏者，其心志之果敢，虽卓绝伦辈，而同时又具有政治家之把握，老成人之持重，是以对于统一进行会所持同化计划。无论为亚尔巴尼亚人，为阿剌伯人，为耶教徒人，一切欲土耳其之，则期期力持，以为不可，少年土耳其以其政策之异己也，遂突起而推翻之，曾无所于惜。既而赛德氏继起，氏之为人，虽视嘉密尔为稍柔，然亦旧人中之具有经验而负有干才者，自任事以来，要亦对于该党之政策，一日不起其抗争，则其在该党之位置，亦一日不至于亡失耳。又有哈基氏(Hakki)者，土耳其之首相也，氏行年虽不足以称老，然亦经统一进行会数四之劝驾，始勉允就职，及其既就职后，在职者固仍知其身在廊庙心在江湖，恨不能早日挂冠以去也。至于妙简使臣，尤为土耳其最应注重之事，在统一进行会，固亦知择其老成练达者，俾膺皇华之选矣。独是少年土耳其精神所寄，为今日之主动者，则终不免于幼稚，要之有毅力而乏历练，有蓬勃之观而乏沉着之气，且求治太急，责效太速。以数百年来文化远逊于欧洲各国之土耳其，而一旦欲驱迫之使上侪于列强，立宪之政体，则求之而既得矣。然议院中之列席者，又必以少年土耳其占厥多数而后可，于是设种种之方法以求得之，方法之公平而正当者不足以收效，则不惜为枉尺直寻之计，冀必达其目的而后已。彼少年党既循是主义以为进行,故土国之议院,与其谓之由选举而来,不如谓之由指任而来也。

虽然,少年土耳其即不免于种种之过行,特其成迹所呈,较诸历来之秉政者,固已超出数倍,循是以往,我安见其不可以为善国也。伦敦评论之评论报,其前任主笔史旦德氏(Mr.Stead,即乘帝达尼汽船赴美洲,旋以该船失事而溺于太平洋者),固世界之良记者也,其论事虽或激烈太过,每至轻下断语,然其立意则固皎然不欺,能服善而不狃于一见,不囿于一说。方去年七月间,作者尝投书该报,谓少年土耳其虽丛垢积谤,然他日必能依据宪法而建设永久之政府,目前虽有困难,然不患无解脱之期,总之就土国内象而观,其前途要未尝无望云云,史旦德氏乃于其论著中目予为乐观派。而以狄龙博士(Dr. Dillon)为悲观派,盖狄龙博士之论土耳其,所见适与予相反,史旦德氏取予与狄龙之言而比较之,其断语则谓本记者之所与表同意者,乃在悲观派而不在乐观派云。嗣是六阅月后,史旦德氏以意大利突然与土宣战,遂不胜其义愤,躬赴土京君士旦丁,遍谒其政府党领袖、反对党领袖、报馆记者、回教教主、耶教领袖等,氏尽其心力,竭其智计,务在考察事实,冀得洞窥其时局之真相,及其考察既竟。则遂昌言于众,谓对于土国之见解,已一变于前,已由悲观派而化为乐观派矣。至土耳其人民及耶教社会之困苦无告者,固不烦言而知其已深致矜悯,盖矜弱怜贫,氏之大性则然也。当其与塔吟报主笔乾希氏(Jahid Bey)相见后,即称其胸襟朗澈,无模棱气,并谓若乾希氏者,可谓实获我心云云。

少年土耳其之责任,亦可谓至繁且重矣,以四百五十余年不良之政治,断非四年之短时期所能改革。目前最重要之问题,在执政者究能深知秕政之必应改革否耳。少年党自执政以来,其四年间之设施,实有非常腐败者,其中要以选举一端为最甚,而选举之弊之最不堪者,则在阿尔巴尼亚。试举一二以证之,当阿瓜屈拉(Akotra,阿尔巴尼亚之地名)之行选举也,耶教徒拟集会于罗马教堂而公选其志愿人,突有统一进行会中人起而干涉,以监禁及放逐之罪迫胁其领袖诸人,谓投票时必举该会之志愿人,否则耶教徒必无幸,虽强迫之目的未获全达,而耶教徒之投票,即因而中辍矣。又有人名萨兴氏(Shabin Bey)者,平素与剧盗相往还,然以其自号为统一进行会会员,故当事者亦置而弗问。积此种种,而土政府每有设施,无一不足以启阿尔巴尼亚人之疑惧,甚至海吉阿的尔氏(Hadji Adil Bey)奉政府命,赴阿尔巴尼亚查案,而阿人相传语曰:此公之来,无非为统一进行会运动选举而已,及海吉阿的尔氏纠察地方官吏,而黜逐其若干人。则阿人又有语曰:若曹之被黜,无非为反对统一进行会而已,噫嘻!统一进行会者,即土耳其今日之政府也,阿人对于该会之观念若是,则对于政府可知矣。

至土政府或统一进行会在马其顿之设施,则尤为聚九州铁铸此大错,其驱逐保加利亚农人,而夺其租地,俾波斯尼亚(Bosnia)及赫塞哥维那(Herzegovina)两州人民(此两州人民多回教徒),得以入居一事,尤为无可诿罪。盖土耳其当革命之际,尝宣言秉持公理,不分种族或宗教,而此举则大背此约法也。去年十二月间,伊希的勃(Ishtib,地名)之案出,合邑之保加利亚人被屠无噍类,彼犯案者以政治之故,不惜肆行其残酷,在土政府固亦特遣军事裁判,驰往查办,特所谓军事裁判者,逡巡至本年四月间而解散矣,既未尝有一字之声覆,亦未闻有一犯之被惩,说者曰:土政府未尝不欲执法,特不敢耳,于是而与论对于统一进行会,益复深致其愤懑矣。总之,无论为希腊人,为保加利亚人,为阿尔巴尼亚人,凡有谈及马其顿之情形者,其腐心切齿之状,视五年前初无稍异也。土政府于五阅月前,乃特命内务大臣海吉阿的尔氏率同随员,赴马其顿抚慰,凡事之足以资补救者,该大臣得有便宜办理之权,其随员中有回教徒若干人,并有英人葛兰武氏(Mr. Robert Graves 葛固英之能员也),土政府此举,洵属当务之急,然外人之论者,则谓马其顿之人心已去,及今挽救,固已晚矣。塔吟报之访员,于四月杪晋谒内务大臣海吉阿的尔氏,氏告以目前有两大事,在马其顿为必须兴办者,一曰路政,一曰教育。此次赴马其顿调查,已决用土耳其金六万二千镑专办道路,而尤注重于乾尼那(Janina)一省云。又专使既抵马其顿后,土京接得消息,谓已将宪兵兵额扩充,现已有一万六千人左右,此诚佳讯也。至于驱逐保加利亚农人一案,则对付最为困难,而该使者亦尚未著手于查办,盖在驱逐者固亦振振有词,而其理由则不外乎二端:一曰驱保加利亚人,俾波赫两州之民得以迁入者,以保加利亚人为耶教徒,而两州之人为回教徒,同教相友善,乃其应尽之职分,故不得不出于此;一曰保加利亚人质回教徒之田地以资垦植,则回教徒乃其地主,以地主而摈租户,实地主应有之权利。此二说者固亦自有其理由,尚不知使者何以善其后也。自土政府之治理马其顿屡屡失当,而所谓保加利亚委员会者,于数星期前又崭然露头角,此事所关綦重,要不可以不注意也。保加利亚委员会亦名马其顿内部团,夙昔以提倡马其顿自治为职志,及土耳其革命既起,该会始暂止其活动,今则自治之声又复喧传于远近矣。总之马其顿问题(阿尔巴尼亚亦在其内)之发生,其原因既极繁多,复极复杂,要未能预料其结果,诚使统一进行会治之有道,彼专使所拟之条陈果属稳健,而政府又能一一见诸实行,则马其顿或尚能为土耳其有。否则巴尔干诸邦,或将群起以称戈,而奥俄二国,乃得藉此以偿其大欲,其于此半岛,必别有所以处置之之方矣。至于彼马其顿内部团者,既为暂息之后，复起而要求自治，为土耳其计，不如毅然竟以自治权相畀，而仍令隶属于土耳其宗主权之下，此不特足以释土耳其最困难之问题。即塞尔维亚、希腊、保加利亚诸国，亦必因是而一舒，盖诸国之人民，方日促其当事者，使与土耳其相离立，当事者固亦有迎拒两难不知所择之势也。虽然，土耳其政治家之中，恐无有具此胆识者耳。果尔，则土耳其之忧患终不能释，而巴尔干诸邦，要终不免于奥人之吞并也。

土耳其内政之未尽改良者固甚多矣，法廷之贪婪如故也，小民之困窭、与夫生活程度之卑陋，亦如故也。然自革命以来，工商业渐以振兴，铁路渐以开办，人民非领护照不得出乡里一步之苛例，已实行革除，其他物质上之进步，尚难一一举，凡此均足以破隔阂而增意识，其尤有可喜者。则四年前秉政诸公，于措施失当之处，颇能自悟其非，而对于各种民族一切欲土耳其之之计划，今亦不闻挂诸齿颊矣。今政府虽于选举之时，施种种计划，冀当选者之必出于己党，然他日国会召集之后，谓此中人对于政府之罪愆，能一切宽恕，而不复加以诘责，此固不可能之事也。吾尝闻政府自解之语矣，统一进行会之所以百计运动，冀获当选者，诚恐他日国会中，反对党或占胜势，则该会之政策，必遭龃龉。而种种利国利民之计划，无由实行故也，在该会之竭力运动，虽半出于各部大臣之欲自固其地位，然即以此自解之言而论，固亦未始无一部分之真理存焉。吾又尝闻反对党之议论矣，其言曰：彼统一进行会必欲使当选者尽出于己党，吾土耳其人民，遂亦姑如其所愿。今则该党之计遂矣，他日聊翩而赴议院者，必十九为该党党员矣。吾侪小民，行将拭目而观法庭之改良，街衢之兴筑，铁路之扩充，数百年来积弊之改革，纠纷之就理耳。凡兹所言，虽迹近反唇，然今政府自此已无藉口之资，而不能不善用其选举之成迹，固亦未始非情理中事也。

今当进而论及于意土战争之问题矣，是役也，实足使土耳其之进步受一莫大之打击，然土耳其实亦有受其赐者数端：一曰自此战既兴，而现政府之地位以固；一曰土国舆情，至此始知陆军之足重，而现政府所以扩充而训练之者，殊不为无识；一曰至此而土国上下始晓然于己国之舰队，实不足以与他国抗衡也。当巩加利（Koum-Kali，口岸名，在达旦奈尔海峡之口）一战未起以前，土国人方自负意土两国为力适均，其相战也不啻如狮象之相搏。及意舰在达旦奈尔海峡（Dardanelles）口炮攻之后，而土国始晓然于以海军论，土国固非意大利敌也。然是役也，土国人咸窃窃冀幸，以为海口既破之后，意国若遣军登陆，则以土耳其陆军之雄武，不难禽狝而草薙之。即欧洲各国之观战者，亦以为意若登陆，则土军之对付之，其势固如发蒙振落耳。然说者又谓保加利亚军若同时而下，与意人遥相呼应,作夹攻之势,则土耳其必无幸矣。虽然,于此亦足见土耳其之军队,在今日已不容易视,而统一进行会四年来扩充训练之功,殊不可没。向例服从耶教者不得入土耳其军籍,自革命后,此例既除,而军队中遂亦有耶教徒,此其所裨,盖甚大也。意大利远征的里波利,而其进行之迟,不第各国见而诧之,即土耳其亦深以为异,意舰虽时或出没于土属各岛屿,如萨摩斯(Samos)、蓝摩斯(Lemnos)、考斯(Cos)、罗突斯(Rhodes)、密的里(Mitylene)等之间,然收效其寡。据土耳其半官报之言,以为此等岛屿,即或被意人所取,然其关系甚浅,殊不足以介土国之意。实则此岛屿者,皆有关于土国之历史,而为其古代帝皇战胜荣名之所系,其中尤以罗突斯一岛为最重,是以土国虽宣言其不足重,而意则曾不置信。意舰队以次进占诸岛,终乃炮轰罗突斯而有之,意人之所以为此者,其目的所在,可得而言,的里波利一地,在意人已势在必行,盖经国会之通过,此事已成为立法案也。然土耳其则又始终宣言,决不能以的里波利让诸意国,是则两国相持,要非取决于血战,以判最后之胜败不可。然而此等血战,在今日已成不可能之事,则预料他日之结果,惟有由两国互相让步,各以土地为对易之资耳。特是意人之在非洲,初无可持以相易者,则其占各岛而有之,乃正所以为后日地也。土国之于伊靳海(Aegean),其设防初不严密,以至岛屿之民,备受敌国之荼毒,然其咎固在土政府而不在意舰队,洎乎罗突斯被攻,土国乃注意于防御,而中立国商船之被锁禁于麦玛拉(Marmora)及波斯福禄士(Bosphorus)者,为数至百余,其中尤以英俄两国商人受损为重。土国报纸,遂以言微挑各国,谓欧洲各国,苟能保土属各岛不至于被攻者,则土政府自当将封禁之海峡开放云云。斯言也,欧洲多窃笑之,盖土国明明欲迫令中立各国悉数加入交战国,而合力以助土攻意也。且土国明明有岛屿虽失,无足介意之言,则又何事而必欲封锁其海峡乎。土自战事起后,其最初三月中,海关收入,骤减至十二万金镑,此为影响之最剧者。然未几而奥法德英诸国乘机输入制造品以夺意商之席者,其势如怒潮之汹涌,向来意土以比邻之故,土国商场,以意货为首屈一指,今则意人已骤失此销路,一旦欲恢复之,良非易事也。

特是战事弗息,终非土国之利。以战事之直接费用而言,其为额虽远减于意,然军饷需费,军装需费,其担荷已极重大。而况平时有意大利人,劳动界人,以及其他人役等,操作于土国之工场,为扩充本国实业所不可少者,今则已悉遭摈逐,其影响于富源者甚巨。至于巴尔干诸邦之跃然思起,尤土国所引为深虑而无时或释者也。俄国外务大臣萨沙诺氏(Mr. Sassonow)及奥国伯爵勃区秃尔特氏(Count Berchtold),虽尝一再宣言,谓俄奥二国,极欲维持巴尔干半岛之现状。

然使马其顿及阿尔巴尼亚之变乱一起，则二国或以实逼处此之故，出而有所举动，斯固吾人意中事也。四月间，俄国驻土大使邱立考夫氏(Mr. Charykoff)被俄廷猝然召回，说者谓该大使之持态，不免过示亲厚于少年土耳其，至以此见忤于俄政府，遂遭摈斥云。

今当以数语为全篇之结束，则吾敢得而断言曰：土耳其自一九〇八年七月以来，固无日不在进步之中，特以人民受制于废帝阿布多哈密特者太甚，遂不免责望于统一进行会者过厚。及新党秉政，而庶政之仍不能不逐渐改良，非可以一蹴骤几于上治，则人民之觖望起矣。至其足为进步之障碍者，则曰缺乏有经验之人才；曰内而各部，外而百执事，其庸劣不识者，以形格势禁之故，未能实力汰除；曰政界领袖诸公求治之心太急，一切欲径行其所见，甚至恐报纸之议论或足以生阻挠之影响，而遂不惜冒恶名以禁止言论之自由。凡此数弊，皆足以征少年土耳其识力之未到，措置之失宜，然而国人之智育，已渐进于畴昔。党派之气焰，亦日即于化除，而况更事稍久，则经验亦渐深。此固可为少年土耳其贺者也，若夫英国报界，几视统一进行会为一种不可思议之秘密党。则未免稍远于事实。吾人于此，有必须注意者一事，则土耳其有一种身分极高名望极优势力极大之人，其于立宪政体，既不赞成，亦不反对。其于革命事业，未尝不致其欢迎。而对于革命既成后之一般新进，则以其非吾同辈，辄加厌恶。至于所行之新政，所倡之新法，则若辈更茫无所知。然而土耳其行政之官，司法之官，甚至奉使各国之官，与夫入赞政府之官，均不得不取资于是。试思统一进行会诸公当此，其所以迫促劝诱，而挟以共事者，其艰难困苦为何如乎？其经营惨淡为何如乎？由是以观，则少年土耳其之党人一日不倾覆，则土耳其之精神毅力，固一日犹足以为善，而彼反对党之势力，要亦无自以发生而已。

土耳其国近时之政况 *

阙　园

（一）立宪政之创设

日俄战争之际，一日俄军败报达土京，一武员谒见土王，谓吾国旧敌北方强国之俄国，今败于极东之日本，可喜可贺。时土王阿卜都哈美答之曰："俄军之败，决非可喜之事。今欧洲之专制国，惟吾国与俄国。故专制之运命，惟吾国与俄国共之。今俄国之败绩，不啻专制政体之败绩。"此言信否虽不可知，然确有一面之真理含其中。且能摹绘专制君主之心理，果无几时，而此神授君权之土耳其国王，不免将其地位抛弃矣。

土国积弱已久，几次效法西欧之文明，改革政治，乃以无实行之诚意，终成空文。如立宪政之创设，自前王初年，已见萌芽，且不仅萌芽也。灿然之宪法法典，则以一八七六年十二月二十三日之诏敕公布矣。第一次议会，亦于翌年三月十九日开会。凡近世立宪国家形式上之体裁，无不具备。然国民则何尝受宪政之惠？盖土王非真有见于立宪制之善，而钦定宪法也，不过借此以避列强之干涉耳。然事实上土王之希望，亦不能达。巴尔干半岛之风云益急，俄土战争，遂于一八七七年四月二十四日破裂。其议会者，亦于翌年二月十四日，以无期限停会矣。自后三十余年间之土王者，纯然以专制之法统治土国。宪法束置高阁，毫不顾虑民意。凡国民之间毫无根柢之立宪制者，终不过空文而已。此其例实足供政法家之研究也。

久如睡眠之土耳其宪法，一九〇八年七月，为革命所觉醒。同月二十四日，土王复承认宪法之复活。所以复活之原因，约有三：

（甲）专制之积弊

土国之专制政治，久有名于世。前王天资刚毅，富于活动之精力。然此精力，

---

*录自《各国近时政况》第十四章，一九一二年版。

乃不幸用之于增长专制积弊之一方面。二十世纪之初，世界各国，正顺迎众民之潮流，实行立宪政体。独土前王阿卜都哈美顽然坚执独裁君主制，以为自己百年之大计。虽改革之案，时有发表，然大率为减少列国一时之迫压所用之术数，否亦为解散内部人民反抗之权谋。凡反间苦肉之计，不仅用之于外交，亦利用于统治人民。不思收拾民心，融和地方之感情，而反奖励民族之倾轧，各地之争斗。多蓄侦探，滥用极刑以处置政治犯。任官不求其称职，宫府无别，政教不分。宫廷与高级官吏，日益奢侈，财政愈空乏。以重敛压小民。兵士至衣食不给，商工业不兴，农业益衰。富民不胜官吏之诛求，务隐匿其财产。巴尔干南部肥沃之土，一变而为田园荒芜人口稀少之地。噫斯果何故耶？谓回回教宗教上之僻见，非雅利安人(雅利安人即白种人)人种上之迷梦致此乎。然经具政治上之卓识者，公平研究之，则全由专制之虐政使然耳。夫回回教非进步之敌也，亦非鼓吹专制政治也。凡含有顺舆情意味之格言，谟罕默德经训中时有发见可证也。土耳其人亦非乏进取之气象，亦非缺少知识。其事实可证明也抑君王专制政体万能者，非绝对的不可主张也。凡人类之发达，于一定时期内，实为不可缺之阶级。而专制者，亦不仅于虐政。所谓开明专制，亦一种专制也。论者或谓此为仅属理想，或则甚至称为政体之极致。虽然，专制之价值及其终局判决之标准，非在其时国利民福增进之程度，而在贡献众民经营国家能力发达上之程度，即在对于运用立宪制准备良好之程度也。果开明专制者，能如保守家所称道之良好，而于刺激民心以促立宪制出现之点，则开明专制总逊未开专制一筹，此非诡辩也。试观列国宪政创设史自明，土国之非开明专制，更为显明此原理之新事实。故土国专制之积弊，因此原理，遂为一九〇八年革命之母，宪政即因此复活可断言也。

(乙)自由思想之勃兴

人权天赋绝对自由之思想，今虽稍衰，然凡人决非甘受压政者。参与政治之欲望渐发达，为人类共通之原则，此于政治为历史研究及比较论评者之所同认也。参政之欲望者，政治上自由之渴仰，而外界活动范围之扩张者，私人的自由之理想也。此二种自由，不仅思想上之区别，实际上常为正比例而共消长。专制政治之下，往往于私人之自由，与以相当之满足。立宪之国家，常检束外界之活动，虽然政府而惯行专横之秕政也。则向来无参政权之人民，必至将其私人之自由，亦被官僚之蹂躏，精神上受呼吸不自由之痛苦。而民间之志气，大抵虽受专制之压抑。不致全被挫折，必有若干之弹力性保存。早晚必可要求此二种之自由，以驯至立宪政之创设。若民间并此自由思想之勃兴，而无之焉，则虽有宪法法典之发布亦不过如蜃楼海市耳。一八七七—七八年时代之土耳其，除极少数人外,往往无自由思想之怀抱。尔后得西欧文化之援助,对于专制之反抗心,渐次增高其热度。于是志士之团结,有土耳其青年派,与共同进步会。其中不少亡命者,或留学生,散在西欧诸大市,日接异国之文化,愈增其感慨祖国政况之念。因是互通气脉,谋颠覆专制,以期宪政之复活。十余年前,在巴黎已刊行土耳其语及法语之机关杂志,秘密输入母国,以传播自由思想。更于西欧公然发卖,以求舆论之援助。共同进步会为一有力之秘密政社,虽由土耳其民族所成立,然有土国籍之他回教民,及基督教民族之有志者,亦无不网罗。其干部本设于巴黎,一九〇六年设支部于塞罗尼加,设巧法以通内外之信。其团体员又能严守秘密,土王之侦探机关虽密布,而不能伺其真相。更逐渐于军队中纠合同志,遂至得力将校,亦加入团体员中。一九〇七年之末,土国各民族之代表者,于巴黎决议实行革命,欲乘机起事。其精密之计划,均于秘密中决定。土政府虽亦探知一二,然颇轻视其势力,欧美新闻,亦无土国自由思想之勃兴已达高度之报。故一九〇八年七月之革命爆发,世人无不惊其奇特,而不知其来因固甚深远也。

(丙)国家观念之刺激

政体之改变,虽为内治,然其原因关系于对外者尤大。如土国之对外关系,重大且复杂,尤为其国之特色。凡专制政体,虽多因人民自由思想之攻击而破坏,然因外国之迫压,对于专制政府不能排除,而抱悲愤之感情者,其助力亦甚大。土国之运动变革政体,其爆发之动机,实可谓因外交之刺激而发现。一九〇五年之末,因英国之提议,列强对于土国以海军示威运动,此为列强对土国外交上活动时期。于时忧国之士所结合之共同进步会,实为革命者组织秘密结社之中坚,恰在外交上示风云险恶征候之当时也。期国政革新之土耳其青年派者,一面鼓吹自由思想,一面抱爱护国家之观念。其将校之加入共同进步会者,多主张立宪政之创设,为振张国权上所不可缺。与不加入共同进步会稍偏保守性质之军人,及其他有志者(即与青年派异其系统者),对于列国干涉土国内政之点,而抱不快,亦为其共通之感想,因此得互通气脉共为活动。盖列国对于土国之政策,虽各自为本国之利益计,而为宗教上人道上及自由民权主义,不忍土国内人民及基督教徒之被虐,已成为舆论。在西欧各国政府,其干涉亦出于不得已。然自土国方面观之,则无论干涉之原因为何,而为外来之迫压则同。列国外交官所要求土国政府让步之理由如何不问,而足以激动,土国爱国者之头脑则一。自一九〇七年冬间至一九〇八年夏间,其间土国对外事件,如德国因经营西亚而得报达铁路公司之特权,奥国思得那维巴萨尔贯通铁路之建设权,法国有矿山栈桥事件之抗争,意国欲于土国内设邮政局及其他强硬之主张,于土国领海内为海军示威运动，而得达其目的。外国保险公司法特许法，及关于外国人获得土地制限等，列国提出抗议。凡以上各事，均于此时期内发生马其顿问题，纷如乱麻，屡为列国交涉问题。更英俄两国政府渐接近，一九〇八年六月九日，两君会见于勒瓦尔。关于近东问题，协商成立，有两国率列强于巴尔干半岛为新活动之传说。因此土国之革新有志家，接此报告后，愈觉故国之危机，迫于旦夕，有迅速举事不可再缓之感。故革命运动者因专制而挑发，因自由思想而养成，因国家观念而爆发。

一九〇八年七月四日，勒斯拿小市，始翻叛旗，全国响应，人数日众。网罗附近之人民及地方官军士，宣言扑灭专制，振兴国势。劝告各民族协力，以复活一八七六年之宪法为必要。叛军所向，地方士女，箪食壶浆欢迎之。征讨军队，相继投入革命军，各地小叛军亦蜂起。政府见事情重大，遂一变方针，或一日升拔数百将校，或借金数十万以赏士卒，或将监狱中将校释放。七月二十二日，乃更换宰相。然革命之气运，此种手段，均不足以镇定。七月二十三日晨，以共同进步委员会之名义，直接致一电报于土王，要求于二十四时以内，许可宪法（即谓一八七六年之宪法再实行也）。且有若不承诺，即举第二第三军团直向土京之言。宫廷震骇，开内阁会议。征之王之宠臣占星术者之意见，回回教总裁亦谓决论"宪法者圣典之本旨"，以之奏闻。遂于二十四日晨复电承诺。然共同进步委员会，不待复电，已于二十三日布告宪法复活于叛军占领各地。居民到处欢跃，祝宪政之创设。向来不和之诸民族，亦于街头相拥抱，以革命之成效相贺。且印刷绘画信片，土国国旗交叉之旁，揭示革命有功者伊华埤肖像。以大文字记之曰："祖国万岁！国民万岁！自由万岁！"亦可见民心之所向矣。

（二）立宪政之运动

一九〇八年七月革命成功以后，土国民于最初立宪而最终专制之土王阿卜都哈美之地位，尚未敢有变动。土王于表面上，亦为立宪之行动，但心中不能无不满，惟密待反动一部分人团结之成熟。一九〇九年四月十三日，遂乘握政权之青年派渐有分裂倾轧之机，以第一师团之力，竟行反动革命，更换内阁，一时革新派绝迹于土京。然第二第三师团，仍在共同进步会掌中，遂近逼土京。二十四日，与王党交绥，即占领土京。二十六日，短命之反动革命内阁辞职。二十七日，合上下议院之国民议会成立，满场一致议决，废阿卜都哈美而立王弟谟罕默德理锡，护送前王于沙尼卡，幽禁终身。在一九〇七年之末（十二月二十七日及同二十九日），青年派于巴黎决议事项之第一件，即使土王让位，乃革命之际，并未实行。及反动革命事发生，不仅民心忿激，且有土王私引奥军自保以屈辱国家之风说。故土国军队憎恶土王之心益甚，而土王之运命遂定矣。夫于二十世纪擅专制权之土王者，一旦去活动之舞台，为历史上之人物，极端专制之结果。遂贻训诫于后人，虽其末路之惨憺，祸由自招，而论世者讨论事迹，以威风不可一世之国王，乃惟低首于赏废位决议书之国民议会代表委员之前，乞留生命，能不感慨系之。

自此以后，至于今日，土国政权，全在革新派掌中。自反动派扫除后，革新派之权力益强大。向来表面上不入内阁而专握实权之共同进步派领袖，今亦不甘为白衣宰相。一九〇九年六月以来，就大臣之地位者渐多，在议会亦同派议员占多数。自由派、众民派及少数之社会主义者等，皆势力薄弱，不过居批评家地位。共同进步派中，亦分各派，阁员中亦不一致，其内阁比较的为短命。然以大概论，土国之运用立宪政，在共同进步派之手，其功亦约略可言如左。

外交上　一九〇八年七月最初之革命，及其后革新派之活动，能使列强之舆论，表同情于新土国，不加干涉，采旁观之态度。巴尔干半岛诸国，亦效法列强。如保加利亚，近时盛整战备，野心勃勃，其阁员中持强硬论者，欲乘土国之革命，加以攻击，终因土国之扩清积弊政策，及民族同视主义流行，有面目一新气象，不敢开战端。革命后一年间，虽巴尔干外交多事，且对于土国将来之关系甚大，而能于危如累卵势将土崩之土国，一时外交之难，稍为减少，不可谓非革新派之功也。

内政上　维新后之土国，内政上亦多事。政府因也门、亚尔巴尼亚之叛乱，费力不少。一九一〇年一月，议会之议事堂灾，文书被毁，一时亦颇妨进行。然除反动革命时代之外，政府日汲汲于整理内政。今分为法制、行政、司法、军事四项列举之。

法制　一八七六年颁布之宪法一百一十九条中，因时势之推移，有变更之必要。修正十九条，凡一百二十一条。又关于施行宪法及各种改革上之必要，每会期制定法律数十。因修正宪法，而议会之权限扩张，大臣对于议会之责任，益使明确。宪法之条文中，有或可让于附属法之规定，又包含仅可目为宣言主义之规定等，且属于旧式之规定亦不少。惟以法制之体裁而论，土国固可称为有整然一个之近世宪法法典也。议会之立法权、监督行政权、协赞条约权等规定，比世界现存各议会，形式上实有多大之特权。

行政　居住移转之自由、言论出版之自由等，比之旧制，大为扩张。因民生安居营业，故产业亦徐徐发展，房屋之建筑亦增加，铁路延长，旅客及货物亦日增，灌溉之工事亦进步，新政府之功绩可数者如此。虽关于教育之施政，不能用积极手段，颇为民间攻击，而赖各地方共同进步会之尽力。不仅设立数百学校，且设夜学,以应维新后人民渴望知识之热心。而孜孜求吸收新知识之老辈壮年,亦不少云。

司法　旧时代之司法制度,实可悯笑。维新后大加改良,使司法与宗教分离,裁判上废去宗教事项。司法官与僧侣区别,增加俸给。然虽种种设法,以图裁判之公平。而今日设有一人与政府之间,或基督教徒与回回教徒之间。有诉讼事件,普通必后者得有利益之判决。新政府颇希望列强撤去在土国之治外法权,然列强因其司法状态尚如是,未肯应也。

军事　维新后土政府之事业中,最热心经营显著效果者,莫如军事。而陆军尤为整顿扩张,盖维新革命之大动机。不仅挽回国运、发扬国威。即革命之成功,反动革命之镇压,悉恃军队为后援。因此尚武派之势力增加,自由派未免减色。当军务之局者,其势足以压倒财政当局者。每年军事费占预算三分之一强,新政府之设施,偏重于军备,屡为局外者所评论。而陆军因得果尔撤等德国将校之助,维新后一变其面目,将士之活动,兵器之供给,均大进步。昨秋于亚得利亚堡附近,为七万人之大演习,有好成绩,为列国参观将校所叹赏。昨春以来,实施国民皆兵主义,虽未见圆满之良果,而方针之至当,实不容疑。政府又扩张海军,今春已定购约二万吨之铁甲舰两只于某公司云。

要之,昔之土国专制,仅使民心反拨,毫无立宪之准备,为之后继者,如土国维新后之立宪制者。于短时期之间,已可谓有相当之成绩矣。虽然,维新革命后万民欢喜之形势,今又一变而为不平不满之各种行动,此非土国特有之现象也。凡经过革命之后,人人有无限之希望,以为一经革命,则国民之物质上精神上,均可性质一变。理想之天地,可以创造,黄金时代,立时可到。然此欢乐之梦,不久即醒。知现在世界之缺陷,未易排去,于是忧愁不安之念起矣。此例古来不少,况革命前千辛万苦共同一致之人,一旦革命告成,手握政权,处得意之境,遂不免于政见上感情上生出倾轧分裂。况握政权者,或欲急行自己之政见,或使自己地位之安固,易流于专断,因此惹起他人之不满。新土国一弱点,又因人材缺乏,当局者富于新思想而有相当之手腕者,虽尚有其人,其部下及各地方则否。虽政府一面派遣留学生于西欧,一面聘用多数外人。然留学生欲于短时期间得智识及经验甚难,而就聘之外人,又因土政府国家思想之偏狭,有不敢放手办事之慨。新土国更有一弱点者,因经济之幼稚而财政穷乏是也。维新后虽有岁入增加之好况,而因扩张军备,岁出常超过,遂陷于以外债补岁入不足之悲运,此皆因扩张军备之故也。方今世界军备竞争正热,土耳其民族,除特有之尚武性质外,又有特别之民族关系、对外关系,为其最强之动机。今以次略述其两者如下。

(三)民族之统一与民族之反抗

(略)

(四)对外关系

土国之对外关系,久为列强之交涉问题。今但就土国内政之现状,及对于将来有重大影响者,揭其最近趋势之一端。方今国际关系益密切,凡各国之内政,不仅国内诸原因之活动,亦常含有对外关系之结果。土国之政况,更为显著焉。盖土国之对外关系,一方因内政之结果而常多变化,他方又因各国因其利害国力内状之不同。所生为我之活动之结果,又各国各自按其利害国力内状之不同,而含有变化之性质,因此活动而不得不生变化。若欲以回教国对于基督教国之简单语,说明土国之对外关系,则属于过去时代之事耳。巴尔干诸小国之争论事件,亦为欧洲列强间利害问题。土国维新后一年间,此等事件,陆续发生。保加利亚独立事件、奥匈国之玻斯尼亚、黑塞哥维那并合事件,及克利特岛民之联合希腊宣言事件等是也。前两事尤为关系广大,一时有战云覆东欧之势。土国对外关系之纷杂,于此可证。今述其大纲。

保加利亚独立事件 保加利亚公国者,一八七八年柏林条约所创设,名义上属于土国主权之下,不过为一自治州,而实际上有独立国之行动,其国民颇有名实均为独立国之希望,列强间亦不少交互驻使。一九〇八年九月之末,其国公于布达佩斯享独立国君之待遇,为世界所注目之际。于土京之保国使节,土政府因其非独立国,有不令入外交团之事。适东方铁路同盟罢工事起,土政府因其蔓延及保加利亚之事实,乘此机会,遽以军队占领保国内之铁路线。对于此举,借用此铁路线之公司(奥国之名义,德奥两国人握其势力)提出抗议。保国政府,亦因国家存立上之关系,出而抗辩。俄国则提出以此案询列强之意见,英国亦有干与之意。十月五日,保国公以宣言保国独立,通告土国及列强。且纳议会之请上保加利亚人王之名称。时土政府表面若甚冷静,为旁观预闻柏林条约列国之态度,而密整军备。同月十六日夜,发令调兵,土保两国间之关系,其危机间不容发。法国得英俄意德之赞成,以和平劝告保政府,而使土政府出占领铁路及关于独立之赔偿金。保国允之,而关于赔偿金之数目,两国意见又不一。一九〇九年一月之末,又几至决裂。得俄国之裁判,始得无事。其后又经列国与两政府种种交涉,八月二十日,土政府从列国之忠告,承认保国之独立,及其王号。(不称保加利亚国王,而称为保加利亚人之王者,本亦根据于历史,惟土国恐影响及于住居马其顿之保加利亚人,故不易承认。)

玻斯尼亚与黑塞哥维那并合于奥匈事件　此两地亦因柏林条约而归奥匈占领,名义上虽尚属土国,然一切行政权,均由奥匈执行。一九〇八年十月七日,维也纳官报发表奥匈皇对于人民之敕谕,及以奥匈皇之名通告预闻柏林条约之各国。其内容谓:"奥匈国不忍抛弃向来供给重大牺牲之玻黑两地方,该地方住民虽希望立宪制度之施行,而允许之前,必须先获得该地方全权,而以柏林条约所获得那维巴萨尔地方之权利抛弃为补偿。"土国政府闻之,翌日即发通告,谓奥匈之宣言,违反奥土间条约。此问题若两国间意思未疏通之前,则不付列国会议云。斯时土国民心激昂,到处排斥奥匈货物,奥匈行销土国之货物骤减。夫土国之抗议固至当,而奥匈亦不敢要求其撤还。其后种种交涉,提出种种补偿,几次濒于决裂。至一九〇九年,土政府始让步,承认玻黑之合并,一月十九日公布妥协。

土奥交涉,曲折颇多。与玻黑地方住民过半同民族之塞尔维亚及蒙特尼格罗二小国,亦不忍坐视,互弃嫌修好,严整兵备,官民一致、有为民族奋战之宣言。人心汹汹,特遣使节于土国及列强。盖塞蒙两国之民,欲玻黑地方为土国名义下之自治州,然后渐图塞尔维亚民族统一之发展。然二小国之力,不足以敌奥匈,故颇望土奥交涉破裂,或列强对于奥匈加以迫压,则目的可达。无如俄英法对于塞尔维亚有务避平和破裂之忠告,故政府亦惟有持慎重之态度。及奥土妥协成立,而此计划遂成空泡(一九〇九年三月三十日,塞尔维亚政府亦发承认奥政府之通告),德奥两国结讬巩固。俄法英等自不敢强硬干涉。奥之主张,事实上终必得各国之承认。塞尔维亚民族最后之希望,自然亦消散矣。

以上事件完结后,巴尔干之外交界虽略为宁静。然各国间利害不同之诸民族冲突之野心依然也,土国之民族问题尤为重要者。盖不仅国内包含利害感情不同之诸民族,而此各民族,又各有同民族在各邻邦内居住,而相联络以为其后援,而酿成危险也。以今土国之武力,不仅能合保加利亚、罗马尼亚,即稍大如希腊、塞尔维亚、蒙特尼格罗三国,欲合并之,亦非难事。若使土国握巴尔干半岛之霸权,则民族问题,随其意之所至,亦未尝不可解决。然欧洲列强则不肯放任也,于各方面常持反对而起纷争。故土国内政上纷议,最易一转而为巴尔干交涉事件,更再转而为欧洲列强之争议事件。此无他,有多数之原因潜伏其中也。

今欧洲列强不欲为孤立之国,平日常结国际团体,以为有事之备。故亲交协商同盟之数,近时益多。其大者,如英国加入俄法同盟而为三国协商,及德奥意三国同盟是也。此两团体相对立,为欧洲现时外交之壮观。然组织两团体之各国,对于土国之利害,亦不一致。如奥国于亚尔巴尼亚及马其顿有利害抵触之地位,德国于其伸张东方势力之政策上,常思于土国领土内扶植其势力,俄国经营南方之野心未消灭,英国于印度、波斯湾及埃及之地位并贸易上关系,法国以土领土内投资者及文明之先导者之资格,而讲对土政策。此外对于土政府列国势力之消长,则一八九八年德皇访问土王以来,势力增加,及维新后一旦失坠。然德国外交之妙,乘土国扩张军备热,又渐博新政府之信用。其势力凌英法之上,因此又招英法之不快。昨年土国募集国债,英法无成功终依赖德国一事,可见外交之关系,足以牵及财政经济,为显著一实例也。

土国晚近之政况,略如上述。新政府当内治外交之困难,而具勇往迈进之气概,有足称者,其急激的民族统一政策,及过大的扩张军备政策,果适于土国现状与否,不能无疑。吾辈则宁主张以融和民族改良内治为急务之说也。土耳其民族偏重政策。不仅内招他民族之反抗,且易蒙回回教徒统一政策之嫌疑,而促列强之干涉。整理军备,固亦重要,但土国今日之外交关系,其对于列强欲以武力达其目的,恐为时尚远。现在因军费过大,不特阻碍内治改良之进步,且不久有破产之祸,势甚明白。改革行政、振起教育、发达产业,为今日之急务。若如现在之状态,欲期国运之发展,收宪政之好果,岂非如河清之难俟耶。不如在内实施民族同视政策,对外与巴尔干诸邦亲厚。列强间之势力团体,不偏倚一方,而为好意之中立,以维持内外之和平,然后极力养成有形无形之潜势力。此不仅如维新革命之一目的为自由政治之实现,又为其他之目的,而预筑振张国运之基础也。

土耳其政界之风潮 *

许家庆

　　土耳其政党，分为两派：一曰统一进步党，即青年土耳其党，一曰统一自由党，为土耳其守旧党及前皇党羽，专与统一进步党为敌。而思倾覆进步党内阁者，四年以前，土耳其革命，统一进步党大胜，逐去前皇，颁布宪法，选定议员。自是以来，政权全归统一进步党掌握。然至近年，敌党（统一自由党）势力渐大，诋进步党以少数人行专制，不能代表全国人民之意向。实则进步党欲铲除土之恶俗，为根本上之改革，如主张宗教自由，消灭种界，皆与人道主义大有关系。惟就中不免与旧社会有相抵触之处，反对党遂乘隙而起，所布政纲，极为复杂，专欲迎合各种特别社会之心理，以窥伺政权。本年七月上旬，陆军大臣希孚格脱以亚尔巴尼亚叛乱猖獗，军队动摇而辞职，即举南席为其后任。南席固辞，谓非将议会解散，决不就任。继由奥斯曼任之。但甫经就任，立将辞令书交还。最后以在参谋本部之麦冒任陆军大臣。希孚格脱为青年土耳其党之中枢，至是遂不得不离政界。此时进步党内阁，实际上已被倾覆。于是第一军团之将校，即要求内阁辞职。迨元老院议长哈齐墨克太提出亚尔巴尼亚事件调停案，而久振威权之赛德内阁，遂被推翻。七月十八日，现驻英土耳其公使多斐克（Tewfik pacha）组织新内阁。旋以土皇不允解散议会之奏而辞职。于七月二十二日，由哈齐·墨克太（Gbazi Mukdar Pacha）继之组织新内阁，任基亚弥尔为外务大臣，南席为陆军大臣，番历特（Ferid，原籍亚尔巴尼亚）为内务大臣。斯时青年土耳其党，亦为时机所迫，致有多数议员，同时辞职。七月二十四日，基亚弥尔让外部大臣之任于拿屯康（Nordungkhan，原籍亚尔巴尼亚、基督教教士），已为枢密院议长，仍在内阁，与哈齐墨克太协力处理政务。即于是日解除君士坦丁堡之戒严令，且发布大赦令。迨至翌日（七月二十五日），内务大臣番历特、海军大臣末克达培突然辞职。军队纷纷要求将议会解散。其内部之纷扰，不知将伊于胡底。

---

* 刊于《东方杂志》，一九一二年第九卷第四号。

七月三十一日，据柏林来电，土耳其议院，举行政府信任投票，已以大多数，通过信任案。讵至八月初六日，政府毅然解散议会，命另行总选举。君士坦丁堡，布戒严令，土耳其内政，纷扰达于极点。其局面变转急激之故，令人难以索解。据熟悉该国政界之某氏言，土耳其首相哈齐墨克太于新内阁成立之初，虑主战之青年土耳其党反对，不能得议院之信任也，特明白宣言曰："土意战争，势必继续，非有妥当之议和条件，足令土耳其满意者成立，断不停战。"虽然，此不过欲使内阁得以成立，出于暂时之政策，非真与青年土耳其党宗旨相合，主张战争。迨至近时，列国意向，咸趋和平。国内舆论，亦渐主议和。土耳其现内阁，默察大势，颇欲变当初之政纲，促土意之和局。惟主战之青年土耳其党，仍在议院中占有势力。则此等目的，决不能达。故为除去障碍起见，遂将议院解散。由此观之，现内阁之决计解散议会，由于希望和局之告成，从可知已。

此次土耳其政变，其原动力为亚尔巴尼亚人。当前皇在位时，此等亚人，深得宠任，文武长官，多任用之。犹忆革命之时，禁卫军二万人中，亚人三千，与革命军鏖战最烈，至死不屈。因此，新政府忌亚人甚深，凡在官者，悉予罢黜，或竟被害，多年荣华，一旦扫地。亚人以不满于新政府也，思前皇弥切，当前皇谪往撒罗尼加时，途中谋夺取未遂。其后屡谋叛乱，据天险以抗大军，互有胜负，而终为政府所屈。今帝为调和计，曾亲幸其地，许其有自治权，及其他要求若干条，亚人乃稍平静。意土开战，意舰窥多岛。土国为防他大尼里海峡计，分置三师团于小亚细亚斯米那一带海岸。意国欲捣其虚也，声言将从他大尼里海峡背面之德阿加港运兵上岸。此港为君府至马其顿之要冲，革命战时，青年土耳其党，实由此直捣君府。其沿道守备本薄，土政府乃大恐慌，民心遂亦动摇。亚人屈伏数年，非真无意于雄飞。睹此时机，以为雪仇当在今日，乃复起作乱。然亚尔巴尼亚地甚偏僻，亚人自知据此不足图大事，乃与全国军界之守旧党相联络，首先排去陆军大臣希孚格脱，其法由亚人发难，而守旧党人发一不信任之宣言书，谓外患方深，内忧复作，国运之颠危，皆陆相不职之故。希孚格脱推翻前内阁时，即用此策，今复遭同一之攻击，果引责辞职。未几内阁总理亦辞，而进步党内阁瓦解矣。

今者，议会业经解散，总选举尚未举行。将来总选举之胜利，将归于现内阁乎，抑仍归青年土耳其党乎，皆在不可知之数。以目下势力之骤增，事势之顺遂而言，总选举之胜利，似属现内阁之掌中物。然以运动机关之完全，内部团结之坚固而言，青年土耳其党即再占胜利，亦在意计之中。但从局外人言之，颇希望现内阁之占胜利于总选举。何则？第一，亚尔巴尼亚之纷扰，可望从速解决。以现内阁中有亚尔巴尼亚之人物也。第二，前内阁压迫马其顿等处之基督教民甚剧,现内阁得以支持长久,则各处基督教民,亦得减轻其压迫。第三,意土和局,可望早日成立也。苟青年土耳其党再得大占胜利,不但此等问题,难以解决,恐保加利亚、塞尔维亚等邦国,亦将大起纷扰。故吾人甚不望青年土耳其党之于今日重占胜利于土耳其之政界也。

土耳其政变及巴土和议之决裂*

许家庆

巴土媾和会议情形，已见本杂志第九卷第十号《巴土媾和会议》。本篇续记其事，而改今题者。因由议和以致土耳其政变，由土耳其政变而使和议决裂，战端重开，不复能沿用前题也。

本年一月十七日，土耳其政府接列强照会后。土内阁总理基亚米尔，因割亚德里雅那堡之事，关系重大，深恐激动土人，发生内乱，不敢担任。乃决计开国民大会，将和战问题，付公众表决。冀卸仔肩，而使国民大会分负责任，以减杀国民将来之攻击。盖土耳其政府，此时实处于进退维谷之境，财政困难，达于极点。战端重开，势益岌岌。即就军事而论，欲解亚德里雅那堡之围，必需有伟大之战斗力。而土军主力，是时集中于楷塔儿迦，势难兼顾，欲恢复爱琴海诸岛，则无强有力之海军，且小亚细亚北境，俄人又以兵力相加。此时土欲不就和议，其结果诚不堪设想。然非允从列强调停，割让亚德里雅那堡，和议必无成立之望。而亚德里雅那堡，系土军死守未下之名城。政府遽割以奉敌，自必大拂民意。故决计于二十二日开国民大会于君士坦丁堡之道马伯革千宫。

土耳其国民大会，于二十二日下午开会。到会者内阁各大臣外，为参谋总长宸什德、骑兵总监意什得浦略德、三控诉院长、三裁判所长、宗教裁判所长、诸前任宰相、亚不度拉将军、海军高级将校三名、元老院议员（但保希塞三国人不得预会）等。据土政府中人云，决议此种问题，当然应由国会施行。然下议院今正在停会期中，不能顷刻召集。故召集上流人士之足以代表全国各方面之意见者，开此大会以代之。

开会之前，土皇先召见太子尤斯夫依拾岑、亲王谋突岑、宰相宗务总监等。晤谈半点钟后，土皇盖印于委任国民大会主宰之敕状。仍由宰相临国民大会，为其议长。赛特起立，朗读列强照会。次由陆军大臣南席陈述军事上之现状、财政

---

* 刊于《东方杂志》，一九一二年第九期第十二号。

大臣亚不度拉曼陈述财政上之现状、外务大臣诺拉邓姜陈述外交上之现状。最后由基亚米尔说明政府之意见，决计讲和。法教博士慕斯泰法亚新、元老院议员达马都番列德、番特将军等，相继起立演说。赖西德赫基、亚不度拉曼、勒哥代的斯、亚夷斯底其、马摩特安芝煞、赛特、法教博士亚美特麦西尔、伊斯曼尔赫基等，均有所陈说。除伊斯曼尔赫基外，皆表同情于和议。于是决议赞成议和。下午四点钟散会。此次会议，土皇非常注意，躬自守候于议场邻室，命侍从时时报告会议情形。其最惹人注意者有数端：青年土耳其党人，如身为元老院议员及前任大臣之黑基、乃儿、麦冒特·希孚格脱等，无一莅会者，一也；基亚米尔与赛特，为多年之政敌，此次竟能情投意合，共表同意，二也。

国民大会既赞成和议。翌日（二十三日），各大臣齐集于内阁，研究答复列强之照会，如何起草。至下午三句钟，青年土耳其党之安维尔、茄密特贝达拉德等，率该党死士三百余人，袭击内阁，行示威运动，大叫我等不让亚德里雅那堡，我等惟愿续战。基亚米尔可辞职。安维尔闯入会议室时，陆军大臣南席之副官奈其大尉，向安维尔放枪，不中。随从安维尔之慕斯塔法纳吉德负重伤。安维尔放枪还击，中奈其。南席之副官都斐克布理士利出，放枪击安维尔，不中。青年土耳其党徒放枪还击，南席闻枪声出视，中两弹而死。警吏闻警赴援，亦死于枪弹。内阁全体大震。安维尔闯入会议室，立逼首相基亚米尔辞职，声称前敌各军，决不肯割亚德里雅那堡，土民亦一致，宁死勿屈，君等无此胆力，理宜早行退位。基亚米尔答言，政府已竭其力之所能，君等既不谓然，请以此席奉让。遂立草辞职书，交安维尔。安氏径趋皇宫，奉呈土皇。隔一小时半，安氏至会议室，报告土皇已许基亚米尔辞职。命麦冒特·希孚格脱组织新内阁。下午八句半钟，新内阁总理麦冒特·希孚格脱（氏为青年土耳其党领袖前任内阁陆军大臣、与南席统帅立于反对地位者）立于内阁之露台。向群集署外之党人演说，略谓愿以血忱救国，并望国人相助。群众欢呼而散。二十四日晨，发表新内阁阁员如下：

内阁总理大臣兼陆军大臣麦冒特·希孚格脱派沙

枢密院长撒特海列谟亲王（Said Halim）

内务大臣哈其亚特尔（Hadji Adil）

署外务大臣莫克泰（Mouktar）

海军大臣摩默德派沙

司法大臣伊勃赖赫谟（Ibrahim）

财政大臣栗发得培（Riffat）

工部大臣伯才利亚（Batzaria）

寺院大臣哈利(Hairi)

农商大臣习剌德(Djelad)

邮电大臣阿斯坎(Oskhan)

学部大臣邱克立(Chukri)

希孚格脱内阁既成立,即发布通告云:"前内阁擅自召集特别会议,提出议案,决议允从列强照会中所要求放弃亚德里雅那堡及爱琴海诸群岛,实属违背宪法,侵犯国民神圣之权利。国民于是大动公愤,行示威运动,逼令前内阁辞职。此内阁改组之原因,特此公布,俾众咸知。"同时以新内阁命令,勒令伊克唐与意安尼格什忒两报(皆前总理基亚米尔之机关报)停刊。青年土耳其党本部,复为通告,公布于市,其词如下。

土军在的里波利血战,本可力抗意人。乃政府忽与议和,遂至前功尽弃。土既过于示弱,巴尔干各小国始敢协以谋土。当时俄本劝其俟至今春再观机势,而保加利亚独欲先发,盖有以窥土之微也。土之参谋本部,定有作战计划,未尝不能克敌。而旧内阁及前内阁任命将帅,务取与青年土耳其党相反对者,参杂其间。乃至新旧冲突,一败涂地。战败之罪,实当以前内阁负之。况基亚米尔首相原不着重国事,日以恢复前皇之位为念。彼之签定停战条约,纯以便利与敌。其在伦敦会议,又复割地无算。各国见土一让再让,乃更要求死守未下之亚德里雅那堡及土之国防要地爱琴海群岛,为得步进步之计。列强见土无能为役,遂亦起助同盟国,合力胁土。基亚米尔震于虚声,竟将尽允列强所请,为避卖国之名,乃开所谓国民大会,冀为分谤。在立宪国,除上下两议院外,固不应有此特别之大会者也。基氏既弃亚德里雅那堡及爱琴海群岛,复任意出此违宪之举动。土民无可再忍,万难戴此卖国之政府,相与终古。因此起而反抗,强迫基氏辞职,吁请土皇以政权转授于强有力之人。庶可上保领土,下慰群黎。总之土民无论如何,决不割弃亚德里雅那堡及爱琴海群岛。宁以血洗其战败之耻,不愿为列强之奴隶,以偷生苟活也。

通告出后,民间极为沉静,惟自青年土耳其党获得政权,即发生两种结果:其一,峻拒列强之劝告,战争因以再开;其二,德国在土耳其之势力,因此复活是也。

二十五日,土耳其新内阁会议答复列强照会事,决议保存亚德里雅那堡。巴尔干各国议和代表,闻青年土耳其党之通告,有不得不破裂谈判而出于再战之势,乃于二十八日在伦敦集议对付方法。议决由各国公致通牒于土代表,宣告土与同盟各国之交涉之破裂。二十九日,由塞代表秘书官古鲁威却,将该通牒交土

代表赖希德,其全文如下:

> 今以同盟诸国代表。自媾和会议之事中止后,待土代表答复我等最后之要求,至今三星期,仍无消息。且观君士坦丁堡新发生之事,知和议之成,前途尚远。敝代表等甚以为遗憾,爰直捷宣告。自去冬十二月十六日在伦敦开始之媾和交涉,从此断绝。

一面由古鲁威却将右通牒抄录一份,送往英外务部,同时致函于英外务大臣葛雷。略曰:"某等见君士坦丁堡新发生之事,知议和交涉不得不破裂。遂发通牒宣告土代表,断绝媾和之交涉。兹将该通牒抄录一份呈上,即祈察阅。某等承贵国种种优待,并予以种种便利。敬致谢忱于英王及其政府与阁下,并请阁下代为转达此意。"

三十日土政府答复列强照会,其文如下:

> 土耳其外务大臣,已将奥地利、匈牙利、英吉利、法兰西、俄罗斯、德意志、意大利诸国全权大使,于本月十七日交与其前任之照会,细加考核。土政府深以顾全诸国之希望及利益,而尽其力之所能,使战争从速终局,为正当之办法。诸国为希望战事不复再起,劝土国政府割让亚德里雅那堡,并将爱琴海诸岛制定制度之权能,让与列强。土政府为表明其赞成平和之真诚起见,允表同意。惟土政府既允出此巨大之牺牲,不得不先将办法明白解释于下,乞谅之。
>
> 亚德里雅那堡,本为回教徒之都市,土耳其之第二京城也。其地与帝国实有不可离之关系。故一有割让之说,立起全国反对之恶感,舆情愤激。前任内阁,因以辞职。然土政府为自示其酷爱平和之最高表证起见,允许凡亚德里雅那堡在马勒才河(Martze)右岸之地,可听任列强处置。惟在此河左岸之地,仍须为土保有。盖亚德里雅那堡在马勒才河左岸之诸庙宇诸陵墓,及其他关乎历史及宗教之纪念物,与夫土政府在该地方之直接主权,其为土所保有与否,影响之大,足以致土国于大乱,而动摇国本,故土政府不得不力主保有也。至爱琴海诸岛,其一部分与他大尼里海峡相接近,在君士坦丁堡之防御上,为必不可缺者。其余为土国亚细亚领土不可分之部分,欲图小亚细亚之安宁,必不可缺此诸岛。若减杀土政府在诸岛之权力,其影响必将波及比邻之大陆,永为扰乱之祸源。如马其顿之状态,是与列强创立永久

之和平。希望土国之繁盛之本意，大相刺谬也。土政府要求六国于上述情形，及他大尼里海峡所有权之不可侵。慎重三思，然后定巴尔干诸国所占领之诸岛之运命。则土政府自当表同意也。

土政府愿列强秉正义公平之精神，明认此次土所已允牺牲，实甚重大，允土耳其有权拒绝巴尔干同盟各国一切新要求，及将来或将提议之种种要求。土政府如修缮战争之损坏，开展土国之富源，列强当好意相助，并订立专约，即此后列强须许土国自由决定海关税率，以今世法律诸原则为基础。与列强缔结商约，凡土国臣民所服从及可服从之诸税法。对于各国臣民，须一概适用，增加海关税率四分，他国邮局之设在土国者，当尽行撤去。惟关于各国商业之通信，其敏捷与安全，均由土政府担保，决不使各国商业因此误事。土政府深望列强行于土国之领事裁判制早日废除。关于此事之宣言及实行之方法，皆俟和议成立以后，再行交涉，以便着手调查。届时当与以上列举之经济上之措置，于同一通牒中。声明列强已允许实行所述诸条件。

二月一日，伦敦列强大使会议，讨论土政府之答复。惟其中有数大使，尚未得其本国政府训电，不能决议。会议时在座诸人，均以为土所允许。虽未能令人满意，然有继续谈判之机会。和议不宜遽破。英外务大臣葛雷，谓此时列强，务须一致行动。此说奥使甚为赞成。是时葛雷请保代表但纳夫到会，告以土之答复，似可作为和议根据。且劝但纳夫于本日泰晤士报所载苏斐亚电报稍为留意。因在保京已有多数人认土之答复为让步，不愿再开战端，但纳夫谓此决不确。土欲保全亚德里雅那堡，此万不能。倘保允土所请，则新割国境当再向北。与保所希望当再向南者，适得其反，是保当退出亚德里雅那堡以南已占之各地，有是理乎。若谓保可从和度斯脱至米底亚成一直线，则亚德里雅那堡之半，留为土所有者，势将孤悬。倘留出一线，俾亚德里雅那堡与土之本境相连，于保亦多不便。故前说无论如何，不可通也。葛雷及数大使均谓，即如尊论。保可与土磋商，未始不能解决，何必再起战事。万一亚德里雅那堡能死守，则于其之军威亦殊有损，且保欲攻土军于楷塔儿迦以逼君士坦丁堡，此极不易。倘保军在楷塔儿迦为土军小挫，则战胜荣誉，将以全失，又岂计之得乎。但纳夫答曰："保军取亚德里雅那堡，易如反掌。保既克亚德里雅那堡之后，则以全力攻楷塔儿迦。彼时大炮加多，军力亦倍，非土军所能御。况保即再战，列强仍可向土继续致其忠告。土若与保以可以转圜之条件，保军仍可随时停战云云。"据此则战事定不能免。伦敦会议，仍可并行不悖。各同盟国均拟留一代表，与列强大使接洽。盖和议虽绝，机关尚在也。二月二日，土政府在欧陆各大报宣布，力言楷塔儿迦前敌并无内哄之事。（实则土耳其各军，不认新政府所任宸什德为统帅，以继南席，仇视青年土耳其党方亟。有某镇骑兵，已将第四镇之某营全行踏平，盖以某营皆青年土耳其党之心腹也。青年土耳其党之安维尔、斐提、特赴前敌演说，极言南席之被刺。出于误会，非青年土耳其党本意，南席党人怒逐之，不得尽其词。且此时土政府穷破日甚，百计罗掘，以供军需。青年土耳其党开保国会，提倡国民捐，富室量其资产，值百抽五。其不能估计者，则以意想为之，异常骚扰。）又谓土政府已致训令于伦敦土代表，嘱在未战以前，勿离伦敦，以示无意决裂。又令土军前敌在楷塔儿迦者，于未战前，非俟保军先行开炮，决不首先开战，以明土无再战之意。土耳其以此两公电遍登欧陆各报。殆以战端再启，实为保所主张，则其责任宜以保负之也。是日晚间，土保两军均宣告严禁外国武员观战，复禁止报馆访事记录战时情形，有违禁者，以军法从事。

土既经此新败，连合军之要求必更强硬。领土赔款，其所失者，必较以前为多。三月八日，巴尔干同盟诸国于议和问题，尚未答复列强调停之照会。惟俟一致决议，必先提出条件为和议之根据，始能听受调停。且对调停事件，须保有绝对之自由，列强不能强之服从。十四日，巴尔干同盟诸国以照会答复列强。略谓"蒙好意调停战事。同盟诸国，同深感谢"。兹经诸国公同决议办法数条如下："第一条，不必先行停战，须俟和议既定，始能停止战争。第二条，以各国议和代表去年十二月二十三日所提出之条件为谈判之根据，亚德里雅那堡须割与保加利亚，斯库台里须割与门的内哥罗，此二者当在签定和议之前首先允许。第三条，爱琴海群岛及克利地岛，全行割与希腊。第四条，土须赔偿连合军之战费，其数当于和议告成时，再行确定。"此数日间，土保两军在楷塔儿迦北面剧战。门的内哥罗军炮击斯库台里甚急，保塞两军围攻亚德里雅那堡更烈。十五日，列强大使接得巴尔干同盟国之答复后，均谓连合军要求各条，万难全许。如割斯库台里与门的内哥罗，此尤与列强意见反对。盖列强早已定议，将此地划入亚尔巴尼亚独立国界之内也。十六日，伦敦大使开会议讨论连合军答复中所要求之各条件。咸主设法使各条件减轻，以祈完成调停之效果。十七日，希军占领萨摩斯岛。此为爱琴海群岛之一，岛中本有自治政府，系由英法两国保护，惟遥奉土之主权，土仍在该岛驻有军队。往时该岛之希腊种人曾起反对，未能得手，现为希军侵入，居民之希腊人，极欢迎之。十九日，土耳其派专使数员至欧洲，为谋马其顿全境独立，此意大为奥德及罗马尼亚所欢迎。马其顿现既全为连合军所占，欲于战后阻止巴尔干诸国扩张领土。惟有仿照亚尔巴尼亚办法，奥德深恐巴尔干联邦一旦成立,于其政策之进行有碍。极愿减小战胜诸国之势力,惟连合军颇偃强。英俄法三国,恐未必同意耳。三月二十二日,列强讨论连合军答复条件已毕,全体一致照会巴尔干各国,其提出为和议之根据者如下:

"第一条,连合军占领地域,保土交界一线,当以爱诺斯至米地亚为之分划,不得以洛独斯至米地亚为分划。第二条,爱琴海群岛,当听列强处置。第三条,土耳其与克利地岛,以后全然脱离关系。第四条,赔偿战费一节,宜作罢论。惟列强许巴尔干诸国参加在巴黎开议之国际委员会,以便诸国将来分担之土耳其公债,及诸国所占领土之财政上之一切负担,得决定一公平之准则。此种会议,土耳其亦须参加之。"二十四日,列强将其照会巴尔干各国为和议之根据者转示土政府,土政府以列强拒绝赔款。外交运动有效,极表欢迎。二十五日,土将查维德以其军一万五千人降塞。因查维德于摩拿斯提败后,乃向雅尼那逃窜,嗣以雅尼那为希军所占领。该军进退失据,乃改向瓦洛挈,途中为塞军邀击,遂以全军降之。二十六日,亚德里雅那堡全城陷落,保军奏凯入城。土尽焚其粮械造兵厂及各营寨,火光烛天,情形极惨。盖保军于二十三晚,奋力进攻亚城东面各要塞。二十四日午后二时,始以攻城炮四面轰击。土军防战甚力,相持六点钟之久,血肉搏飞,至为惨烈。晚八时后,炮攻略缓。因保准备肉搏,夜三时,保军在东者,潜涉根摩德利河,同时再用野战炮攻城炮击射土军前线诸阵地。土之步兵炮兵亦出死力与保之步兵相抗。然保军步兵为炮线保护,卒得肉搏土之阵脚。遂占领克奥德培、麦士剌克、马耳德培、萨浦其拉尔、爱斯几克鲁摩克、巴采其拉尔等要塞。保军第五十四联队,猛攻雅弗思倍倍港与泰修塔比亚间之北方诸炮台,保之南军,占领巴母克里里尔梯,肉搏托亚克倍耳及度第亚禄斯。此时从西面及西北面来攻之塞军步兵第二十联队,占领喀其克伊西北部之要塞。塞军左翼占领爱尔梅克启须夷要塞。保军攻城炮兵,终日轰击不息。东面保军之步兵,赖其炮兵之拥护,已渐逼近城下。二十五日上午,保军步兵距诸炮台口二三百迈当,遂肉搏城旁要塞。捕虏守军兵千人,大炮二十一尊,机关快炮六尊。转过炮位,俯击城内。土军势已不支,保军统帅乃下令于二十五夜全军合围。是夜,炮兵交战,猛烈异常。西北诸炮台先陷。夜中,东面保军步兵破坏人工诸障碍物。二十六日黎明,东面诸炮台全部被保军占领。最后西面诸炮台亦陷落。上午八时,城中土军纵火自焚其仓廪、火药厂、枪炮厂等,瞬息尽成灰烬。火势甚炽,延烧各处市街,居民奔窜,秩序大乱。塞军步兵第二十联队自南面进,保塞骑兵相继入。市中之希保塞三国人民,欢迎于道。土军统帅叔克利呈降书于塞军司令官史德巴诺威郆。塞军司令官以此权应操诸保军统帅伊万诺夫,乃却而不受。伊万诺夫受土军降书后，电询保军总司令官萨复夫。萨复夫复电，准叔克利及其参谋降服。保王飞狄南第一，即日离苏斐亚。二十七日入亚德里雅那堡。同行者为王太子濮礼思及萨复夫、伊万诺夫诸将，举行入城式。市中基督教人，竭诚欢迎保王。保王巡阅市街一周后，即行得胜军之分列式，且向各军宣布嘉奖词。既而保王至总督府，见土将叔克利及其幕僚。王进握叔克利手，赞叹其防御之勇烈以表钦佩。叔克利捧其佩剑于王前，王受而握之，片时奉还叔克利，旋出总督府，巡视诸病院，继发振济市民之命。是役也，保军死伤者一万二千名以上。塞军预闻此战者，将士七百三十八名，士卒四万六千一百十名，其中战死者四百五十三名，伤者一千九百十七名。所获土之俘虏，计共六万八千余人。捕获土军之大炮，共有六百四十尊。亚德里雅那堡陷落后，苏斐亚及圣彼得堡两处人民得报，欢呼若狂。此时保军在楷塔儿迦方面者，经两日之血战，已夺还前此退去为土军进占之阵地。三十日，门军攻斯库台里更亟，奥国将以武力干涉。同日亚德里雅那堡土军统帅叔克利将军及其参谋等，偕保士官赴保京。保政府极力称其勇敢，大加敬礼，不以囚虏相待。三十一日，列强驻门的内哥罗公使公同照会门政府，告以列强业已决定，拟将斯库台里一地划入亚尔巴尼亚境内，将来作为独立国。并谓土已准放斯库台里非战斗员出围，请门军围攻斯库台里者停止攻击。门政府未与切实答复。是时保以既得亚德里雅那堡，向土要求领土，较前更为扩张。本日伦敦大使会议，研究此事，已决议允许保之提议。土政府公布，谓保若更动二十二日列强提出为和议根据之条件，则土只得继续战事，以土人死尽为止，望列强主持公道。是日土保两军在楷塔儿迦有一大战，保军乘夜肉搏土军，为土军炮队所击退。土军乘势大进，保军败退。土军进占保之阵地，保军死伤至千人。四月一日，列国驻土大使照会土政府。关于和议谈判之根据点，已经奥法英俄意德协议如下："第一条，土在欧洲之国界，当从爱诺斯至米地亚成一直线。所有在此直线以西各地，全行割让于巴尔干同盟国。惟亚尔巴尼亚境地不在其内。亚之国境政体，当任列强指定。第二条，爱琴海群岛，当由列强协商处置之法。克利地岛，土当完全放弃，不复再有关系。第三条，赔偿战费。列强不甚赞成，然许巴尔干同盟国，在巴黎大使会议参预分摊土之国债问题，务以公平为之。第四条，以上条件为和议之根据，俟签定后，联合军与土两面均即停战。"四月二日，门的内哥罗政府答复列强照会。乃关于亚尔巴尼亚、斯库台里以及保护回教及天主教人，在门所占各地之内，信仰自由等问题者，措辞极为倔强。略谓门于亚尔巴尼亚以北及其西北各界。当与同盟各国商定后，始能答复。列强请门停攻斯库台里并退出所占亚尔巴尼亚各地。门甚抱歉，不能遵办。因目下联合军与土，方在战争之中。当开战时，列强曾宣言务守完全中立,决不妨阻战争。今乃横加干涉,未免有背初意。斯库台里居民,门已允其出围,惟参谋部决议,不许密电入城。门政府甚愿告其前敌将帅,听以明码电报转交斯城守将。至保护信仰自由,责门未免过早。当俟和议定后,门始得分领土。现固无所谓门之领土也,况门之法律上,不分宗教种族,一律平等,回教及天主教人,均在法律保护之中者云云。土政府答复,则谓土本极盼速和,故于列强调停,首表欢迎。顷所提出为和议谈判之根据,共计四条,均领悉。当即敬遵列强意旨云云。四月三日,门军在斯库台里之南者,进攻该处土军最坚要塞,颇获胜利。土军防战甚力,两面死伤极多。列强以门国不允所请,依然炮攻斯库台里,已调舰队至恩的华利及都兴尼尧两港,将以武力相压迫。门政府特下特别命令于恩的华利行政长官及其将帅,嘱其善待列强舰队。倘以强力为攻击之举动,则该地要塞亦当以武力报之。四月五日,伦敦大使会议讨论联合舰队向门国示威办法。各使均主一致运动,暂时不宜登岸。次复议及列强新交联合军之照会,所提和议条件,久不答复。闻保已早行预备答复,希亦与保同意。惟塞门久持不决,列强决议催迫,不许再缓时日。四月六日,联合军答复最近列强提出为和议谈判根据之照会。其词如下:"第一条,划定土之脱拉斯界线,以从爱诺斯至米地亚为根据,惟不能即作定议,其间不免尚有改动之处,当于和议中详细研究。第二条,爱琴海群岛当由土自割让与联合军。第三条,列强所定亚尔巴尼亚国界,请于和议之前,预先示知大略。第四条,土当允许赔款,惟其数不能即定,当请巴黎大使会议协定,届时巴尔干同盟国当各派代表参预会议。第五条,联合军亟愿停战,惟当视上四条尽得允许为限。"列强示威舰队,已抵门的内哥罗。公推英舰长塞西尔贝列为联合舰队之总司令官。四月七日,列强联合舰队照会门政府曰:"列强舰队之来恩的华利,专为责问门之不肯服从列强公意。今请门从速宣告,以后不再为反抗。"门政府当即答复,力诋列强违背中立,并谓己已早将意见照复列强。现仅重为申述。门仍坚持前议,即列强之示威运动实行,门仍不能改其态度。因此态度,与联合军之战争及列强于战事前之宣言至相符合。顷乃列强自犯中立,更复何责于门云云。四月八日,列强致命令于联合舰队,谓倘门于九日内仍不退让,则当封锁其海口,不许门得运兵及粮械出海,接济战事。在亚尔巴尼亚境内,近日土塞两军有一大战。土军仅八大队,与塞军遇。彼此搏战极厉,卒以力薄溃去。塞军捕获土军多人。同日,门的内哥罗王照会驻门列强大使,谓各国以威力胁门,不许再攻斯库台里。此实损门荣誉,门王当请退位。门民于王退位之后,定即并入塞尔维亚,望列强注意云云。盖门知奥惧塞强,故以此为恐吓之计。四月九日,伦敦大使会议讨论联合军之答复既竟。即晚将列强同意各点,再行照会联合军如下:"第一条,列强此时不能决定对于赔款究应作何办法,此节当付巴黎大使会议解决,巴尔干同盟国可各派代表预参会议,此项代表,即以其驻巴黎之公使充之。第二条,土保国界问题,列强允许从爱诺斯至米地亚,其中尚有磋议,但以此为根据,并不即为决断。第三条,列强容听联合军之要求,将亚尔巴尼亚国界预行宣布,惟只能明示其北部及其西北各部,至于南部,现尚不能明示。第四条,爱琴海群岛,现当略有所待,姑暂搁置,留作后议。"本日列强联合舰队照会门王,谓自本日起,即行封闭门之海口。门王答复,称不解联合舰队用意所在。门仅与土开仗,并未牵及列强。措词极为强硬。列强协议,欲俾门王一交换之利益,使舍弃斯库台里而不攻,诚以俄国为门之保护者。奥复以使亚尔巴尼亚得独立为己任,列强为此调停,非有畏于门,抑有爱于亚尔巴尼亚也,亦为避去俄奥冲突,免致发生一全欧之大战耳。四月十一日,列强联合舰队已封锁恩的华利海口,捕获门王坐舰乌米亚及运船三艘,均装载粮食,预备往飨前敌围攻斯库台里各军者。保政府劝门暂解斯城之围,静听列强公断,门拒绝之。亚尔巴尼亚北部及西北各界,已经列强公布。乃从亚得利亚海口随波萨那河流,经过惠司基里沙穆拉克之间,穿斯库台里湖,至赫式列阿底,最后达博拉华。沿德林河左岸以至倭克利达。如是分划,则所与门以斯库台里湖畔壤地面积至大。意欲门之弃斯库台里不攻也。十三日,在楷塔儿迦前敌土军。有多数将士,联名上书土皇,请将青年土耳其党内阁速行罢黜。一面致书内阁全体,迫其辞职。首相麦冒特·希孚格脱,乃集青年土耳其党各领袖,开大会于亚洲之斯库台里。卒由会中决议,组织混合内阁,以反对党领袖加入政府。故请露佛提菲克里培入阁,以其攻击政府最力。露氏拒之,极为坚决。嗣请其他领袖多人,亦均不得承认。首相无术调和,乃自谒土皇辞职。土皇大怒,厉色斥之,谓国势阽危,青年土耳其党应负责任。彼等推倒前内阁,以致失地更多,重损土之荣誉。既置土于死地,乃欲卸肩他去。现已无人肯出组织政府。余曾力请亚基脱,又力请前相基亚米尔,皆已谢绝,此亦无怪。其然,当初君等必欲攻去他人,取以自代,今余命君,亦必俟有代君者,始能辞职。君即丧其生命以尽职守,理亦宜然云云。土政府既不能去职,乃遣吉马尔少将赴楷塔儿迦以调和反对各将士。此时希孚格脱内阁,大有进退维谷之势。十五日,土保两军已停战,至十九日为限。此次停战,系由两军立约,并未签定条件。倘过十日之后和议未竣,则停战之期,可再延长。十七日,助门军攻斯库台里之塞军,照会门王。谓奉本国政府命令,撤退围城各兵,且将大炮抽去,不再与闻攻斯之役。十八日,伦敦大使会议,讨论嘱门舍弃斯库台里而另予利益为交换之问题。列国大使以门抗命,不愿与以土地,仅许通融经济。拟由列强公同借款三十万佛朗与门,代为整理财政。如一八九七年希土战后列强对付希腊办法。同日土政府公布停战条件:"第一条,土保于楷塔儿迦及布雷两面,同时停战,其期以四月二十三日为限。第二条,倘和议于此期中不能即成,则当延长停战时日,惟须两面同意。第三条,土保各派专员划定两军停战间之中立地点。第四条,倘再有战事,须由一面于四十八点钟前预先照会,其时间当以接到照会时起算。第五条,停战期内,土舰队不得阻止保军在亚和斯及黑海各地运入粮械。"同日列强照会塞尔维亚,附以地图。即伦敦大使会议所划定亚尔巴尼亚北部及西北之国界也。塞政府即于十九日答复列强,不愿承认所划国界。

此为一月中旬至四月中旬三阅月间。土耳其政变、巴土再战及列强调停之大略情形也,今以限于篇幅,暂为结束。至其事实之进行,他日当再续记,以贡献于读者。惟巴尔干国际问题,至为复杂。如三连合与三同盟之暗斗、俄奥之冲突、罗马尼亚与保加利亚境界之交涉、亚尔巴尼亚之独立、列强干涉门之攻斯库台里等,皆俟另篇记载,方足以尽其真相,本篇均未夹叙其间也。

德意志与土耳其 *

钱智修 译

欧洲战争之总账中,近似有一新分子加入。德国地中海之战舰戈班号与北勒斯劳号,则遁入他大尼里 Dardanelles 海峡矣。且闻二舰已议价售与土耳其矣。德国水手及军用品,则自保如利亚运往君士坦丁堡矣。八百名之德国军官与兵士,亦遵同一路径赴土矣。土耳其之陆军,则下动员令矣,二十万之回回教常备军,则已编制完成矣。德国上级军官七十二名,则隶入土国之军队矣。近数日间,土耳其颇有与俄宣战之势。土政府虽否认此说,然回教世界之全部骚动,固意计中事也。

巴尔干战争者,具欧洲永久战争之性质者也。自东罗马帝国解纽以后,土耳其得君士坦丁之京城,乘胜北进,久为欧洲所震慑。及一六八三年围攻维也纳,始由波兰王棱别斯克(Sobieski)率波兵及日耳曼兵击败之。自是以来,即伏巴尔干战争之朕兆,其火焰或暂时高扬,或暂时窒息,而无不有爆发之机,如克利米战争(The Crimean War)、俄土战争及最近之巴尔干战争。不过欧人欲驱土耳其于欧洲以外之一枝一节耳,然此东方病夫,虽欧洲领土,已陵夷殆尽,而尚雄据一要害之地,即玻斯颇洛(Bosphorus)海峡上之君士坦丁堡是已。

然则土耳其人,若弃君士坦丁堡而遣返亚洲,将以何国为继统之主人乎。君士坦丁堡者,欧亚之桥梁也,过此以往,土宇寥阔,皆驯扰勤谨而富于智识之民族居之。数百年间,欧人之富源,乃至哲学宗教技术诗歌,以及建筑之方法,无不得此等民族之助。即在今日,其工业品之输入者犹多,蚕丝也,绣货也,毡呢也,瓷器也,种类殆不胜枚举。又如橘柚桃李、咖啡茶叶、饴糖香料、齐谐志怪之书、神仙幽秘之论,推厥来源,莫非受赐于彼族。其大国凡四,曰阿剌伯,曰波斯,曰印度,曰中国。此皆吾人魂梦所寄,而不胜其大欲者也。

君士坦丁堡,既为上述种种之关键,故其地遂为欧洲各国之禁脔。以一得此

* 刊于《东方杂志》,一九一四年第十一卷第六号,译自《旷观报》。

地，国家之富源与权力，皆能大进也。而今之起而相竞者，则凡三国。一国而接近希望之目的者，其他二国，即为其强烈之仇雠。试先就俄罗斯论之。俄罗斯若得玻斯颇洛，则黑海之军舰商业，可直达地中海、大西洋，而俄迭萨（Odessa）一地，立成重要都会。今者俄迭萨无出海之途径，而俄之军港商埠，尚以此为巨擘，况在得君士坦丁堡以后耶。

巴尔干半岛，大都为斯拉夫族所居，虽争雄竞胜，各相仇视，犹同奉俄罗斯希腊正教。此俄人所以得假藉大斯拉夫主义，屡蹶屡起，以扩张领土，而进逼君士坦丁堡也。一八五一年，克利米之西巴士多巴（Sebastopol）要塞，尽被毁坏，俄人亦不得不屈服于英法意土之下。一八七八年，俄又兴师征土，以罗马尼亚之助力，乃乘胜南进。其缔结和议，在圣斯答夫诺（San Stefano）地方，距君士坦丁堡，不过数哩。俄人盖有唯我独尊之势焉。顾未几第师列利（Disraeli）派英舰进他大尼里，俄人卒末偿大欲，于是俾思麦（Bismarck）开国际会议于柏林，而以柏林条约，为平和之根据。是役也，英吉利得居伯罗岛（Cyprus），奥地利于实际上得波斯尼亚（Bosnia）、赫塞哥维那（Herzegovina）。德意志则未出一师一旅，大得世界之荣名。而大斯拉夫主义，遂不得不再待机会。亦以德人欲确保和平故耳。

英吉利者，本可容忍于一时者也。直布罗佗（Gebraltar）、玛尔塔（Malta）、埃及、居伯罗、以及苏彝士运河，均归其掌握。固久为地中海之主人，而握直达印度及中国最短之途径矣，顾因德意志为奥土两国之友邦，为之改良军备，保全领土，以抵制东西两方面之侵迫。而英俄联合之机，遂由是而发动。君士坦丁堡一地，有德人在，决非英俄所得染指。故世仇之两国，亦不得不缔不自然之盟约。至于法兰西，则入彀尤甚，盖一八七○年之事，固法人所卧薪尝胆，而亟欲复仇者也。

上述三国，均日候机会之至。及塞拉约佛（Serajevo）事件起，而机会果至矣。塞尔维亚之为此也，本欲激奥国斯拉夫种之革命，而明知俄人必有以助之。其结果遂为欧洲之大战争，实则一东方战争也。特未知此战将以何时止，又将归结于何地耳。

土耳其加入战局之原因 *

甘作霖 译

夫以土耳其国势之积弱,而与欧洲列强,若俄,若法,若英,出武力以相抗,是不啻气将绝而呻吟,操利刃以自割,其无幸存之理必矣!然其所以加入战局之原因,世人多妄加推测,而莫明其真相。顾谓为因德而战,以自取亡国之祸,岂事实哉!土国受列强之凌逼,日益加甚,几无独立之望,其国之政治家,相奔走喘汗,冀乘时而起,以恢复其固有之权,处心积虑,已非朝夕,而列强之阴谋以覆土者亦昌言不讳。英国首相,尝谓土国之独立,将与战局而俱终。盖土本垂毙之病夫,其幸得苟延残喘者,赖群医之厚之耳。然其元气恢复,又非群医之所利,故土之处境,直可谓病亦亡,不病亦亡者。向使无德国以为之拥护,则其政治上之生存,早成陈迹。此次欧战,德之胜败,实为土耳其存亡所系,土不竭力以助德。俾操欧洲最终之胜券,则直大愚不灵而已矣!土国之参预战局,久为关心时局者所逆料。即其关系之重要,在稍稍研究时事者亦类能道之。至如勋爵约翰司徒(研精政治周游列国而以外交著名于时者)辈,则直称君士坦丁为战争之主干,而自余皆其枝叶,奥京维也纳之外交界,金谓巴尔干之役,土国不得不割塞罗尼加省(Salonika)以与希腊,此举实足使德意奥三国联盟受一莫大之打击,此省之必须恢复,虽或引起全欧之战,亦未为过云云。观此可知近东及巴尔干之事变,实为此次欧战关键所在。总之欧战云者,实世界之战争,而非欧洲一隅之战争也。当二十世纪之开元,识者知时局日非,土耳其处群大之间,藉以久延其国祚之旧局面,已幡然一变,而土亦将不国矣,盖土自国势凌弱以来,北迫于俄,西制于奥,罔不欲蚕食其国土而自拓其封疆,况君士坦丁为交通欧亚之门户,尤为俄奥所欲攘而有之者。俄欲操黑海之出路,以自保其利益,故眈逐之情,视奥为尤甚。初时土尚强大,俄奥虽不敢遽逞,然两国发愤为雄,有一日千里之势。以故一九〇〇年之土耳其,其强盛远逊于一八五〇年,而两国则已成土之劲敌,迥不如

---

* 节录自《欧战发生史》,刊于《东方杂志》,一九一五年"东方文库"专辑,译自《世界报》。

畴曩之徘徊瞻顾，莫敢先发矣。尤有甚者，巴尔干各邦久臣服于土耳其，政治不修，财力凋敝，自得土耳其敌国之助，居然能自树立，不特有多数之陆军，即经济亦复充轫，各邦以屈服既久，所以致憾于土者自深。况宗教不同，益复鄙视土为左道之国，尝以夺据君士坦丁传布基督教自相期许。此则土心腹之患，非得与国之相助，势不免转而臣服于诸小邦也。然土之旧友如英法等国，要决不能为土助。盖欧洲自德国以工业称雄霸以来，国际上之情势已一变，况德意奥之海陆军力，又骎骎增盛，其势足以控制地中海，是非英法之所利也。英法当此，自顾不遑，更安暇以充分之陆海军队，救土耳其于俄人之手。苟或贸然出此，则北欧洲必且以空虚而被敌所乘。况以英法观之。除令俄人割据君士坦丁，设雄厚之水师于黑海外，更无他术足以破联盟国之阴谋，而自保其西部地中海之特权。此所以英法改而亲俄，并从俄而日夜孜孜，惟以灭土为职志也。虽然，好生恶死，人之常情，多难兴邦，古有斯语。土虽以病夫见称于世，然当兹日暮途穷之会，未尝不勉思所以自振，是故革命之帜既树，响应几遍全国。除一二豢养于外人之阈茸外，无不喜旧制之推翻，而中兴之有望者。国中新党，更深愤历年来发政施令，几无不为列强利益计，而无预于己国。因决计励精图治，务使政府为国家而设，不复为列强负弧矢，执前驱之役，并思恢复已失之省份，联结尚存之小邦，此其热诚之奋发，实亦根于已往之历史，非偶然也。政治上之精神既奋，宗教上之雄心亦起，土耳其皇帝本为世界回教之主，而回教盛行之地，则自君士坦丁以至麦加，自摩洛哥以至印度平原，纵横数千里，无不奉为圭臬。据土耳其之意，以为必须联合亚西里亚、小亚细亚、波斯、阿剌伯、印度、埃及，以及非洲全境，而重起十字军驱基督教徒于境外，俾不复能肆其酷虐云。然而今日之能为土耳其助者，独一德国。而德亦崇信基督教者，特对于土之雄心奢望，则甚愿提携而抚育之耳。德之所以为将来计者，实欲组织一大联邦，由北海以达波斯湾，若荷兰、比利时、丹麦、日耳曼、奥国、瑞士、巴尔干、土耳其、波斯，皆席卷而囊括之。若是，则由欧洲中部至波斯湾之陆路交通，胥得而把持之。而欧亚间陆路之商务，即于以发展。现铁道已筑至君士坦丁，更由君士坦丁展延至报达与波斯湾，则不特小亚细亚及米索波达米亚大平原得开放以纳欧洲之资本，而向之所谓欧亚商务交通者，自亦可见诸事实。则大联邦之致富，可操券而责偿矣。大联邦中，当以土耳其为主干。盖土之亚得里诺波尔(Adrianople)，巴尔干诸邦之门户也；塞罗尼加省(Salonika)，爱琴海之锁钥也；君士坦丁者，扼黑海之出口，跨小亚细亚，而与底格里(Tigris)及阿付腊底斯(Euphrates)两大流域相联络者也。德土既为联盟之国，则凡此诸地，土自当授之于德耳。果土耳其政治修明，军力扩张，利源日辟，则德之所甚利，而大日耳曼主义，亦益得以巩固。若英法则不然，彼既不能据君士坦丁而自有之，然又不愿为俄所夺，则日夜惟冀土之力仅足以拥有此都城，而又不能利用此都城。仅足以拥有，则不至沦于俄；不足以利用，则不至为己害。是故土之变政自强，挺为独立之回邦，操小亚细亚及非洲北部之实权，终非英法之所愿，于是合俄以覆土之计急矣。又试就德土关系而更论之，德欲贯彻其大联邦之主义，故急欲得一与国，使代行其侵略之计。土虽病夫，但能需人而行，则德已甚乐为之助。土则愤列强之相胁，亦深欲得德助以渐致强盛，修明武备以自保其独立。况土既为他日大联邦之一，则一旦欧罗巴之大战猝起，其武力须足以自卫其都城与报达之铁道而后可。若德奥则方面受敌，自顾不暇，决无余力以助土于近东。且强俄或由北欧分兵以扰土境，则土尤可危。故土无强盛之兵力，要无以捍卫其疆圉也。土耳其之帝国主义与回教主义，在德人所以甚愿其发展者，良由大以色列之主义强，则英法在北非洲与埃及之政权弱，其宗教之势力，或且弥漫于印度亦正未可知。是则有造于德者至钜。而除土耳其外，殆莫能当此重任也。总之，大以色列主义，虽为三国协约之巨敌，而实大日耳曼主义之良友。但使两主义之雄心与利益不相冲突，则其联合进行，自属事理之至单简者耳。此所以德土二国于十余年前，即以改革土国政治为协议。德以土政府之无能，归咎于英法之不能相助。自德人观之，以为土耳其合地土散漫不相联络之诸州郡而成，在地理上实不能为国，而经济上又无单纯之质点，可为全国人民共同之命脉，其物产皆非他国所必需，故又不能恃以交易外货。然以形势言之，土耳其北连俄境，西通中欧，东接亚陆，而出波斯海湾，则大地通商之路，土为中枢。故土国虽无商务可言，然欧亚货物之往来，他日或将假道于此，是则土国者，虽非商品之所自出，而实百货之所由俵散者也。顾其种类庞杂，信仰异趣，人民以利害之不相同，而浸成相仇相忌之习，其各种族又散处四方，不相集合，至土耳其本族则大都聚居于小亚细亚，而在欧洲者实不多见，特自余各种族，多奉土耳其族为宗主耳。夫以土地之广漠如彼，种族宗教之不同如此，而受制于庸懦无能之政府，又无兵力以为后盾，国无纪纲，安望统一，故属地之民，几非中央号令所能及矣。幸各族相互仇敌，而无结合之能力，故土政府得以苟延其国祚。顾不能自振，而借助于英法；其国之官吏，又皆以官为市，剥削小民，巧取豪夺，甚且临以兵力，其受病之深如此，国人思有以改革之者久矣。即德人亦同此情也。土国特达之士，抱独立之志愿者，咸以能邀德助为厚幸，此则最堪注意者。盖英法之干预土事，惟在联络土京少数人物，而以智计取胜，究不若德人之势力深厚，深入于土耳其人人之心也。即此以论，则土之联德而加入战局，要决非无因者矣。土之稍受教育者，金谓大联邦之主义果行,则土得为共和之政体,国中利源,得由土自辟之,渐脱英法俄之束缚,而为联邦中之强国,是德国大联邦主义之告成,在土国亦蒙莫大之利。不然,则土地沦于敌国,人民慑于异教,国家颠覆之祸,要不在远,此所以审择于利害之间,而联德之心益炽。若论者必俟土国此次之毁约夺舰,而始知其对外方针所在,抑何其见事之不早耶?故土之发愤为雄,在英法俄诸国,亦熟视而深知其故,遂乃群起反对。意大利复乘时而得诸国之允许,夺土国北非之属地的里波黎(Tripoli)。孰知意既得此土,乃转而复就德奥。至是东地中海军略上之情势一变,而英法尤蒙莫大之损害。为英法利害计,固不得不让强俄吞并君士坦丁,以遂其素愿。然意既战胜土人,得其属地,则俄不得不暂缓出兵,而土遂得解倒悬之急矣。既而巴尔干战事起,土国之亡,已在眉睫。卒赖德奥之助,得以转危为安,保加利亚、巴尔干诸邦之一也,又转而入于三联盟国,冀藉其援而握巴尔干之统治权。至第二次战争,保国创巨痛深,卒以亚得里诺波尔返诸土国,而马基顿(Macedonia)之全部,答腊斯(Thrace)之大部,塞罗尼加之要塞,又为希腊所得,希固土之宿仇也。

欧洲之大战起,则土京及报达之铁路危,德故预为之谋,助土出全力以改组军队,筹备军需,定造二军舰于英,购置一军舰于南美,诚以事机迫切,欧战实有不可幸免之势,故不能不急为之设备。德与俄法交绥,其胜负关于土国存亡,自不待言。然土国当此,究以持重为宜。若轻于开衅,其祸尤速。是以俄国出兵波兰,不啻为攻君士坦丁之先声。而土国犹严守中立,惟秣马厉兵,以备万一而已。岂知英国当欧战既开之后,遽夺土耳其所定造之军舰,于是黑海之兵力骤弱,而德国乃急以二巡洋舰售诸土。迨土国宣战之时期既届,德复遣兵至土边,以阻敌师之入境,君士坦丁赖以无患。说者谓以俄国之力,足以灭土而有余,况有巴尔干诸邦之倒戈相向乎。孰知事有未尽然者,俄方有事于欧北,巴尔干则意见纷歧,不相统一,意大利又严守中立,是则土国现状之危,亦何至如外间所传之甚乎。土之能为德助者,厥功莫大于阻绝黑海之交通。黑海之交通断,而南俄之商务大受影响,且英国食粮之仰给于黑海各区域者,亦骤断其来源。英之所以欲握地中海海权者,无非以保障运粮之道路耳。今仰给于俄者既不可得,而欲取偿于他方又至不易,以道阻而食少,供不足以应所求也。战时所用汽车,其油料亦至重要,而黑海诸区域又为产油之地,以是英法油料之来源亦绝。果土国之海军,益以德舰之力,而败俄于黑海,得以油料转而供给德军者,其影响于协约国者,岂浅鲜哉!黑海既被阻于土,而波罗的海又为德舰队所封闭,俄势至此益孤,所触接者惟德奥土而已。论者辄谓德之能力,果足使战期延长,然其国之制造品,若滞积而不通,则将以经济之恐慌,而屈服其武力。斯言虽未尝不信,然俄国之生料,亦以海道阻塞,被同一之影响,故德之急欲以熟货易俄国之生料,亦犹俄之急欲以生料易德之熟货也。夫以交战国而贸迁有无,交相为利,本非创例,今德奥俄已有互通商务之信,则经济问题已大半解决,但使土耳其能扼守君士坦丁之险,俾商业情形不至有变,则其有利于德者,固甚大也。土国以新编之军队,得德人为指挥,则其兵力有未可轻量者。而英法属地,多远在非亚,必由欧洲遣兵以保卫之,有鞭长莫及之势。况自战端一开,若印度,若埃及,若摩洛哥,其精练之成兵,皆调遣回国,而以本国及属地未久练之兵代之,此固德人之所预料者也。以此而埃及苏彝士河及印度之设防不固,土遂得乘间以夺埃及波斯之近地。况以土国之劲旅,而吞并埃及、印度,其事亦非甚难。斯其影响于欧战者,顾不大乎?向使德国能于数小时间,扼守苏彝士河,则英国与澳洲印度两方之交通断,而船舶之往来,非绕行非洲不能达。英国肉食之取给于澳洲及新西兰岛者,至此将绝,而国人遂有乏食之虞。德所以能制英者,亦维在阻其粮道而已。巴尔干诸邦,非土德所能恝置者也。塞尔维亚希腊皆为土仇,罗马尼亚向背不明,素难深恃,土之能守君士坦丁而加入战局者,以巴尔干之严守中立耳。苟联合而为土敌,则土京亡,而小亚细亚亦受其累。幸各该邦除罗马尼亚外,皆以疲于战事,民穷财尽,更无余力以攻土,即欲借助友邦,亦正难言之耳。土之敢于侵入埃及波斯者,亦正以各该邦之互相离贰,其势不能合而谋土也。即各邦之情势,亦迥不相同:保加利亚以奥之保护而立国,罗马尼亚以希腊及塞尔维亚新遭战祸,元气未复,故不敢遽与保土俄奥相敌。故保罗之中立不变,塞奥之战事不已,则土或得乘时恢复塞罗尼加于希腊,或并马其顿而恢复之,未始非意中事耳。果欧战而德胜,则巴尔干各邦转而从德。希塞亡,而土保势盛,爱琴海中之岛屿为意大利所攘夺者,亦将复入于土人之手,此事理所必至也。自是而巴尔干胥受治于土保;逐俄于波斯,逐英于埃及,土以制胜之师,出波斯海湾,乘印度之空虚而侵略之,未可料也。德胜即土胜,土胜而回教以兴,北非及印度之英法人,悉遭驱除矣。土帝既为回教之主,其命令为回教徒所服从,今日回教徒之居留英法属地,伏处于外人势力之下者,向以土京号令不出自土帝,而出于德人,故皆淡然置之。今土京已宣布为圣战,则教徒之狂热起,而他日之伸首扬眉,亦几乎是。特耻宗教之恶感兴,而宇内骚然,将无宁日,届时德或与土合力以制之耳。

说土耳其 *

（上）

土耳其于古为突厥，盛于隋，衰于唐之季世，辗转西徙，至阿拉伯为奴。阿拉伯者，回教祖穆罕默德之初地。始有国曰鄂密朝，继之者曰亚巴斯底朝，洎亚巴斯底中衰，倚奴为辅。突厥于是得志，在元中叶，有阿多曼者，集种人夺买诺而居之，是为土耳其建国之祖。仍世有雄主，四向蚕食，版图日廓，东枕幼发拉底河，西与奥地利为邻，而南据埃及全土，赫然称雄于欧亚非之三洲。水满则溢，月盈则昃，于是有彼得者奋于俄，而世与土耳其为仇。

俄之仇土，自伊万第四始，胜负犹略相当。逮彼得躬习武，累略地于土，土始疲，奔命舆尸，垒垒属道，然终不底于亡者，则得英之力多也。夫英何爱于土？猎埃及，臣阿剌伯，援希腊脱土属籍，其所为又无甚异于俄也。然往往挟法若意敌俄拯土于危者，以土建都君士坦丁，扼他大尼里峡，使俄海军数睥睨黑海地中海而不获逞，遂终始不敢与英争海上之霸权。是则英所利也。英有所利故拯土，土亦有所利故敌俄，越百年，土索战于俄，英若法乃亦与土为仇。信乎信义道德之不可讲于国际，唯以利为鹄而已。

土耳其自近世，其属地若罗马尼亚、若布加利亚、若塞尔维亚、若孟的内哥罗，皆从希腊后建国而树之君。今所存于欧洲者，唯君士坦丁片土耳。猝然称兵，据黑海而制其胜，则犹不难以一军进高加索，以一军西窥波兰。是不啻为德若奥傅之翼，而俄之所甚畏者也。夫俄今日方悉锐于维士都拉河，与德若奥争一旦之命，而遥为英法联军之援，故俄所畏，亦即英法之所畏。夫安得不胥与土为仇敌。不宁唯是，俄黑海之海军，其力既厚于土，则土不能狙一胜，大有获于俄。苟稍衄俄军锋，可即及君士坦丁之城下。德若奥固不能越塞尔维亚孟的内哥罗以进助

* 刊于《东方杂志》，一九一五年第十二卷第三号，译自《世界报》，作者、译者不详。

土之防，英若法既恃俄分德之力，出巴黎于危，亦即无能中道变计，敌俄拯土如囊时，则君士坦丁必不守。而俄海军且坦然出他大尼利峡而无阻，是又英之所甚畏者也。英有所畏，故不能不僭法自进，与土为仇，而地中海之海军，遂叩黑海之滨而问罪矣。

危哉土耳其，失英法之助，而近致俄之师，德若奥又有所阻，多不过遥为声援而已。苟欲求诸近交，则巴尔干诸国，唯布新与塞若孟若希腊有仇，庶几不与为敌，然亦得俄之援以立国。在势断不能助土以敌俄，多不过谨守中立而已。其他则皆利土之亡者也，利土亡则且不免纷起与土寻仇，土亡则亚洲之属地，必折而入于俄，以地相接也。其君士坦丁之都，虽实为英俄异时剧争之导线，而在今日，则固以一土敌英法俄之三强也。危哉土耳其！

虽然，土耳其之奄奄有亡征也。既百年于兹，的黎波里亚德里雅那堡两役之疮痍，到今犹未尽复。乘时奋戈，指俄之疆而进，则其种人，仍世遗传雄武之美德。既犹未漓，而穆罕默德所谓上帝假予剑戟之威，以宏教法者，亦尚深中于其民心。非易即以一战之胜负，遽定其存亡。矧夫奉其教乐为其援者，固犹有国在乎。

（下）

土耳其者，阿多曼倡之，马阿美德大之，自此遂为回教之宗国。世界之以穆罕默德之信徒而丧其邦者，谈土耳其，辄津津于口，若有光焉。故土师兴，若波斯若阿富汗，皆蠢蠢有动机。夫阿富汗以英为上国，苟援桴继土而称戈，英之威将不免替。波斯枕里海，与俄壤地为邻，苟有事，又俄之敌也。故土耳其之于今日，其势既非易侮，况其师已骎骎指埃及。浅识者徒谓其谋诱扇同宗教之国民，张我军以弱英力耳。而在土耳其之志，未必不图染指于苏彝士河。使英北海之海军，不能更逾红海而南，则英之势且即衰，而且波斯携阿富汗以戏于疆场，又未必不足制胜于欧亚之交，使俄徘徊不敢南下而牧马，则君士坦丁之患纾已。

抑又思之，非洲波尔人种之臣于英者，既先土耳其而构难，在英已分一面之防，且其地萃处而群居者。回教之信徒，又多于基督之信徒，闻土耳其之兴，未必不怦然有动于中。则非第英之患也，亦法之患也，又非第英与法之患也。若意大利、若葡萄牙、若德意志、若比利时，凡有属地于非洲者，即皆有受廛为氓之国教之信徒，其患气且益张矣。不宁唯是，欧洲之中，如西班牙，亦有回教之信徒在也。不幸亦效其群之所为，则又欧洲腹心之患也。

回我目又及于亚洲，宗教之庞杂，盖莫印度若矣。英吉利之以成其治，自军兴以来,印之人执干戈从英军而赴难者,诚日不绝于闻。苟土耳其终败于俄,回教之信徒,迄未获伸眉舒臆之地,则印度常庇以安耳。假令俄不常胜,而土亦不常败,四方之奉穆罕默德之教者,群袒臂而起,印度民族之一部,能否敛气抑志,服英之令不敢违。虽在常智,犹罔不为之虑,况英固有剥肤噬脐之惧者乎。故尝以回教与基督教之战争,西告急于美。苟美徇英请,则美转瞬且敌土,是欧陆之战祸,渐传染于亚洲,又渐传染于非洲、美洲。而所谓世界之大战争,乃真于是成矣。其时期之短长,与方来种种之变动,夫宁今日所及测欤。

又回我目及于我国,回教之信徒,所在都有,大抵同化久矣。然若甘新之间,从其人询其国籍,尚以土耳其之民自居,则内向既非甚坚,有清又尝盗兵为边患者有年。自项白狼西叩关,回伏而不之应,诘甘人之东来者,谓由新旧教之相忌。唯相忌故谋相制,抑且新旧之中,又往往自相分派,其多至不可纪(新教分派多至五十余)。故其力益分,而其势亦积衰,盖无足患矣。顾吾熟念有清西南之已事,往往以新旧教之纷争,遗祸汉民,洎汉民弗能堪,聚谋相抵,乃成为汉回之仇杀。且滔天之祸,自此起矣,若云南,若陕西,同此辙,无异形也。则以新旧教之相忌相制,谓足保地方之治安,而绝不于同化之本计。殚我虑以洽其情,使不复作自外之想,则吾甚惧土耳其苟得志。我西方又将弗靖。当国之大夫,将视吾言若河汉乎,抑犹以为千虑之一得乎?

土耳其与印度 *

许家庆　译述

土耳其京城君士坦丁堡发行之周刊杂志曰"土耳其回教界"者，登载此文，兹译述如下。

土耳其与印度，以地理论，仅隔一喜马拉雅山，诚利害相关之兄弟国也。试阅两国之历史，即可发现彼此相同之点甚夥。于此历史上之关系，更加以宗教上之感情，故彼此之团结力，日臻于巩固。欧洲人遂因此遽生疑惧，积之既久，乃施其村妇骂鸡之故智，诬蔑印土两国民，为无诚实之宗教之徒，且视为世界蛮族之苗裔。夫亚细亚大陆，为宗教与文学发源之地，而印土两国人民，尤为发明宗教上之真理之先驱。此二民族之悟性，实凌驾他种族之上。此固非欧洲人所知也。

土耳其帝国，为保存回回教之光荣，兴宗教上之义战者，不自今日始。其前仆后起，百折不挠，掷大好头颅于沙场者，不止一再。于此足证彼辈之造谣，出自私心之嫉妒，毫无疑义矣。

查欧人之宗教，毫无价值之足言。在彼辈不过假借宗教之名义，吸收金钱之利益而已。我印土两国之回回教人则反是。现今印度回回教之同胞，约有数千万人，同心倾向土耳其政府。盖因土耳其帝国，为世界回回教之首都故也。印土两国之联结，既巩固如此。彼外教者，虽欲破坏两国之联结，岂可得哉。夫世界回教徒，由宗教上之陶冶，得有最坚固之团结力，为人人所尽知。而印土两国人民亲密之原动力，实由英俄二国合谋以侵夺其自由而发生。英人尤欲设计鲸吞印度全境，以获得印度各地之宝藏，及人民所贮之珍玩，此贪婪无厌之徒，阳则托词于希望平和之正义，暗中从事于绝灭东亚黄种之势力。历史学家雅高珂伦氏之言曰："英国人之锐意对付其殖民事业，不过欲扫荡东方人种耳。"此一语，足证明余言之不诬。近十余年来，印度人因荒歉而冻馁死于沟壑者，不可计数。推原其故，实英人将印度之生活必需品，输至彼国之所致。印度世界古国也，土地肥

---

* 刊于《东方杂志》，一九一六年第十三卷第六号。

沃，人情朴实，若无英人之足迹断不至遭凶年饥馑之困苦。英人因欲以印度为其永久之附庸国，惧土耳其势力东渐，将妨害英国在东方之政策，故设计使土耳其陷于极困难之地位。尤可笑者。英人既诬土耳其人为毫无知识之野兽，而又自称为土耳其人之良友，其出言矛盾，识者嗤之。俄人虽野蛮，尚不若英人之狡猾。英人恒扬言土耳其之衰弱，且谓土耳其苟无英人之保护，已为列强所瓜分，然则彼奉耶稣教之英人，岂果有诚意以保护其极端仇恨之回教徒耶。由此观之，可知彼等不过欲以此说笼络一般回教人耳。现今波斯南部，正在其图谋之圈中。彼阿富汗内政之受干涉，埃及之沦亡，皆其殷鉴也。

今日英国人所最以为念者，即土耳其之转弱为强也。盖土耳其称雄世界之日，即印度离叛英国而独立之秋也。总之土耳其及印度宜乘欧洲大战之机会，互相提携，力谋振作之良策。印度之回教人，其数虽寡，然长此屈服于英国人霸权之下，必将有断绝人种之日。回教全体之仇敌，推英人为尤甚。当今世纪，欲令世界之回教徒，联为一气，必当驱逐英人，使尽离印度。吾人须知亚细亚人结合为一体，即所以巩固世界和平之基础，亦即使世界各国势力均平之先导也。更联合土耳其、阿富汗、埃及、巴比伦、亚剌伯、撒马儿罕诸国，驱逐敌人离我亚洲，以势力言，绰绰有余。果尔，则亚洲始为吾人之亚洲。惟当此英俄二国将合力灭亡土耳其之日。非实行印土两国攻守同盟，恐难达此大目的。此次英人对土宣战，印土二国人之利害一致，正实行联合之最好时机也。

亚洲土耳其之将来*

胡学愚 译

近世外交之困难，未有如君士坦丁堡问题者矣。数百年来，欧洲列强，以欲得此富庶繁荣之城堡，并其控制东西横跨欧亚之海峡故。皆不惜牺牲生命金钱以力争之，力争之不已，最后乃有此次大战之发生。大战以后，联合方面，倘获胜利，则此问题，自可迎刃而解。后此欧洲外交上，尚有更较困难纷纠之问题，足以妨害国际之和平乎，则曰惟亚洲土耳其问题是。

大战以后，世界舆图，将尽变色。此次平和会议中所提议之问题，必有百千倍于百年前之维也纳会议者。于此会议中，一般粗忽之政治家，必视亚洲土耳其问题为无足重轻，而置诸脑后。实则亚洲土耳其问题，苟不早为解决，则其所伏之危险，将更有甚于今日。而世界和平，必无复有可望之一日。何以言之？夫酿成此次战祸者，君士坦丁堡问题也。而亚洲土耳其问题之困难，实远在君士坦丁堡问题之上。君士坦丁堡为黑海之门户，其所关系仅限于斯拉夫与腊丁日耳曼民族之霸业。若亚洲土耳其则不然，其地雄跨欧亚非三洲之中间，占世界最优胜之军事地位，故常为世界列强图霸业者之所必争。以为世界列强所必争故，此所以为外交上之第一重要问题也。

亚洲土耳其者，旧世界之中心也。世界人类，分居欧亚非三洲者占十分之九。而亚洲土耳其则适处此三州之垓心，故其地常占军事上、宗教上、经济上之重要位置。

何言乎占军事上之重要位置也。亚洲土耳其之地理，于军事上，进攻退守，皆占优越之形势。以言防守，则水有黑海、地中海、红海、波斯湾为其天堑，陆有高达万尺之滔留斯山脉为其拱卫，更有苏彝士运河阿剌伯撒哈拉两大沙漠，足以依为险阻。故全陆殆如雄峙海中之岛屿。虽有百万雄师，亦不能飞越而入。以言攻取，则其地当三洲之瓯脱，据高屋建瓴之形势。苟有雄厚强大之军队，则西

* 刊于《东方杂志》，一九一六年第十三卷第十一号，节译自《十九世纪及其后》。

窥君士坦丁堡、希腊、意大利，南取苏彝士以侵埃及，北定俄属高加索诸省，东略波斯阿富汗以指印度，皆如摧枯拉朽，莫之能御也。

亚洲土耳其之形势，与瑞士绝相类似。瑞士四境群山环绕，故其地为天然之堡垒。亚洲土耳其亦然。其四境有大海高山广漠之险阻，于军事上常占优越之形势。介于德法意三大国之间，而其地势足以控制此三国者，瑞士是也；介于欧亚非三大洲之间，而其地势足以控制此三洲者，亚洲土耳其是也。吾人就地图披阅之，恒视亚洲土耳其为隘小之国。试就下表观之，则当知其不然。

	方哩	人口(最近统计)	每方哩人数
亚洲土耳其	六十九万九千三百四十二	一千九百三十八万两千九百	二十八
英国(三岛合计)	十二万一千六百三十三	四千五百三十七万零五百三十	三百七十二点六
德国	二十万八千七百八十	六千四百九十二万五千九百九十三	三百一十点四
法国	二十万七千零五十四	三千九百六十万一千五百零九	一百八十九点五
西班牙	十九万四千七百八十三	一千九百五十八万八千六百八十八	一百点五
欧洲俄罗斯	一百八十六万二千五百二十四	一亿二千二百五十五万零七百	六十四点六

由上表观之，亚洲土耳其之面积，三倍半于德国，六倍于英伦三岛。惟其人口甚为稀少，虽较诸俄国，亦尚未逮。计其全境，殆尚可移殖居民一万万人云。

奥地利今已成为德意志国之附庸，而土耳其与保加利亚，则德国之藩属也。数十年来，德意志爱国者，常梦想其大日耳曼帝国之实现。所谓大日耳曼帝国者，北起北海并奥匈巴尔干小亚细亚诸地，南兼波斯以达印度洋之滨。此大帝国之建设，以亚洲土耳其为根据地，盖得此片土，则欧亚非三洲，皆不难一鼓而定。以是之故，德国人士，处心积虑，日谋并吞亚洲土耳其之方略。报达铁路之经营，即其方略之一种也。今试设想亚洲土耳其之地，竟为强悍好战之野心国所占有。则其危险为何如乎。此荒僻之土地，苟施以适宜之殖民政策，则人口可增殖至两三倍。其地可遍筑铁道。俾与俄国埃及波斯之边界相连接，黑海也，红海也，波斯湾也，又皆海军之良港。于是率土耳其劲旅二百万，以西攻埃及，则埃及破，东攻波斯，则波斯破。复率其雄大之舰队，以纵横于苏彝士黑海波斯湾之间，则君士坦丁堡、南部俄罗斯俾路芝、印度，必皆为之撼动。战祸蔓延，将无所终极。良以此天造地设之形势，苟为强国所占有，固足以捣乱世界而有余。昔当中古之世，一隘小好战之摩汉末德部落，崛起亚洲土耳其之边境，蟠据其地，出兵四向。而南而北，而东而西，而埃及，而阿剌伯，而波斯，而阿富汗，而北印度，皆入其手中。更逾博斯破鲁斯，袭取君士坦丁堡，兼并巴尔干半岛及匈牙利，直捣维也纳之城下。推其所以成此大业，实半由于地势之优越。则此雄峙三洲之片土，为自来兵家之所必争，固有非偶然者矣。

何言乎占宗教上之重要位置也。亚洲土耳其境内，包有耶回两教之圣地。麦加、米第那二地，为回教之中心。占有其地者，尝能勾致回教徒之欢心。且亚洲土耳其，尤为回教势力之策源地。故一般怀抱大回教主义者，恒以亚洲土耳其为大摩汉末德帝国之根据地。现今当国之土耳其族，未能得回教徒之欢心。然苟有有力之国家，起而代之。据此神圣之地点，联络回教徒之感情。则率此三万万之回教徒，可以飞扬跋扈于世界。而所谓大摩汉末德帝国者，固不难实现。彼德国皇帝，即抱此理想者也。一八九八年，德皇在某地赴回教徒之宴，其演说辞有云："土耳其政府与三万万之回教徒，当知德意志皇帝，将永为彼辈之良友也。"由是观之，德皇固久已自命为回教徒之保护人矣。

回教教主摩汉末德，为穷兵黩武之魔王。回教为尚武好战之宗教。今日之回教徒，分居于英属印度者，凡七千万人；分居于俄国者，凡二千万人。法属北非之居民，则全属回回教徒。苟有军国主义之国家，占有麦加与米提那之圣地。凭高而呼，天下响应。回教之大帝国，不难实现。而英法俄之属地，必可立陷于瓦解。此其影响于世界和平者，实非浅鲜。亚洲土耳其一地之关系于宗教势力如此。此英法俄各国之所当慎为防范者也。

何言乎占经济上之重要位置也。中古以前，世界文化荟萃于亚洲土耳其之一隅。其时文物富庶，人口繁殖。近世以来，累遭钜劫，日就凋零。至于今日，人口寥落，田野荒芜。盖繁华富庶之国，已一变为荒凉寂寞之乡矣。今将亚洲土耳其各地之面积人口，列表如下。

地名	方哩	人口	每方哩人口
小亚细亚	十九万九千二百七十二	一千零一十八万六千九百	五十二
亚尔美尼亚与高达斯坦	七万一千九百九十	二百四十七万零九百	三十四
美索波达米亚	十四万三千二百五十	二百万	十四
叙利亚	十一万四千五百三十	三百六十七万五千一百	三十三
土属阿剌伯	十七万零三百	一百零五万	六
合计	六十九万九千三百四十二	一千九百三十八万二千九百	二十八

政治之良窳，与人口之盛衰，常有密切之关系。亚洲土耳其之地，苟有良好之政府，施以治理，则必能复繁荣富庶之旧观。试征诸埃及，当一八八二年，英国

初治埃及时，其人口为六百八十三万一千一百三十一人；至一九〇七年，则达一千一百二十八万七千三百五十九人；至于今日，则已达一千三百万人。盖自受英政府管辖以来，三十余年之间，人口增至二倍，至其富力之增加，尤足惊异。当一八七九至一八八一之三年中，每年埃及平均人口凡七百万镑。至一九一三年，则达两千七百万镑。故衰弱贫乏之国，苟施以适宜之政治，则其富强，可计日而待。以此例彼，其理一也。

今日小亚细亚之地，仅有居民一千余万人。然距今二千年前，则已有居民一千七八百万人。彼时亚洲土耳其全境，农业发达，物产富庶，乡镇繁盛。盖亚洲土耳其为天然之农业国，其地气候温良，土壤肥美，五谷咸宜。低有苹柰柚橘之果品，高有松杉橡柏之森林。苟能施以新法，加以栽培，广筑铁路，俾利运输，则人民衣食之资，可以取给无穷。至若矿产，则金银煤汞铜铁铅镍之属，无不富有。然皆未经开凿。设有良好之政府，加以治理，尽发矿藏，以建兵工厂，尽辟利源，以养兵士，则富强之业，可探囊而得也。

语曰："时间即金钱。"商业之发达，全恃交通之便利，与时间之缩短。苏彝士运河为缩短东西交通之通道，而亚洲土耳其适当此通道之中心。此所以为商业上之重要地点也。一八七〇年，苏彝士运河之贸易额，为四十三万六千六百零九吨。至一八七六年，增至二百零九万六千七百七十一吨。后至一九一二年，竟达二千零二十七万五千一百二十吨。其增加之速，得未曾有。然欧亚间交通之发达，当犹不止此。将来欧亚间，必须建筑路程较短之铁道。而阿富汗西藏之高山，俄国境内之内海，皆足阻碍此路之敷设。故欲建筑此路，则舍经过君士坦丁堡与小亚细亚以外，殆无他道。此路一成，将使伦敦巴黎柏林，与加辣契、（印度要港）德列、（同上）加尔各答、广州、上海等地相联结，而以小亚细亚为其中枢。自欧洲至中国印度，皆将出小亚细亚之间，而苏彝士之航运，西伯利亚之铁道，必均如虚设。若然，则欧亚两洲之贸易，辐辏于小亚细亚。亚洲土耳其之成为世界经济之中心，有必然矣。

以在军事上、宗教上、经济上皆占重要位置之亚洲土耳其，今竟为一昏庸无能之土耳其族所据有，则其足酿祸端也亦甚明矣。土耳其族虽统辖亚洲土耳其之地，然彼不过为该地居民之一部分。其他则处小亚细亚之西部者，有希腊居民一百五十万人；处东部小亚细亚与俄国接壤地者，有亚美尼亚居民二百万人；又处南部者，有阿剌伯居民一千万人。其散居各处者，尚有叙利亚人、高达人、撒尔该斯人、犹太人等。土耳其政府之待此等人民，暴戾残虐，昏庸无道。人民处苛政之下，视土政府无殊虎狼。其望欧洲文明国之救援，如大旱之望云霓。不观乎欧洲土耳其乎？以土政府不善治其民故，巴尔干诸邦，纷纷脱离。今则并其君士坦丁堡亦不能保，由是推之，则亚洲土耳其诸民族之纷崩瓦解，为日当不远矣。

就上所言，请总括之如下：

一、亚洲土耳其之形势，易于防守。且其地当三洲之要冲，苟有好战尚武之国家，据而有之，更联络分居世界各地之回教徒，起图霸业，可以所向无敌，且必因此酿成世界莫大之战祸。

二、因其地有绝大之富源，且在商业上占最要之地位，而现在之土政府，又不知谋发展之法。故世界列强，必争在该国筑路、开港，谋攫得其农业、矿业之利权。

三、现住小亚细亚之希腊、亚尔美尼亚、阿剌伯诸人种，既不堪土政府之恶政治，势必引起列强之干涉。其时列强中以利害关系不同故，分排土政府与党土政府之二派。此二派互争权利，扰攘不休。则四百年来君士坦丁堡所演之话剧，必重演于小亚细亚之境内。

由是观之，当知解决亚洲土耳其问题之不易矣。

亚洲土耳其之地位，既若是其重要。苟为强横好战之野心国所占有，则其祸机所伏，必将使全世界人民无安枕之一日。故谋解决之法，惟有保护亚洲土耳其之领土安全，使长为土耳其人所拥有，勿入他强国之手中。然施此种方法，其流弊实不可胜数。有时有强有力者，顿起觊觎之心。其他诸国，无法禁止。亦惟有谋分一杯羹，以图利益之均沾。于是争端启矣，其结果所至，必酿成世界莫大之战祸。前车不远，君士坦丁堡之事，可以为鉴。故欲图良策，必使列强完全立于局外。于土耳其政府，不加干涉，无如此法，又万万不能实行。盖亚洲土耳其为天富之国，地处世界交通之要道。为联络欧洲大都与中国印度之枢纽。其国政府，又不能自谋富强。故诸商业国，势必力谋发展之法。俾便利世界之交通，横亘欧亚之铁道，必取道于此。此铁道一成，则战略上之形势，为之一变。列强商业上之竞争，将一变而为军事上之竞争。故经济上之侵略，其结果将与土地瓜分，同为危害，不特此也。以土政府之暴戾无道，亚美尼亚、希腊、阿剌伯诸人种，处此恶政府之下，必力图反抗其势，且招致列强之干涉。于是种种之国际阴谋，因而发生。巴尔干之惨剧，将重演于小亚细亚之境内。况亚洲土耳其之地势，优于进攻。在战略上与俄国南部及英属之埃及印度，最有关系。与英俄为敌者，必设法引起英俄两国之猜嫌。彼则坐享渔人之利，且乘间得攫有小亚细亚之地，以进攻英俄之领土。而英俄两国，乃无安枕之日矣。故维持亚洲土耳其之领土安全，并杜绝列强之干预，愈足引起国际之纷纠。欲谋解决之长策，不可不舍此而他求。

亚洲土耳其之地势之关系，与瑞士可谓绝相类似。瑞士处欧洲之中心，其地势足以控制法意德之三国。亚洲土耳其,则处东半球之中心,其地势足以控制欧亚非之三洲。之二地者,当为图霸业者之所必争,而世界战祸之所由肇也。欧洲列强,有鉴于是,故共同订约,定瑞士为永久中立国。订立此项条约之本意,非为维持瑞士安全起见,实为保障全欧之和平,并图列强共同之利益。瑞士自订此约后,列强对于此点之争端遂息其法甚善也。今兹亚洲土耳其之问题,与瑞士正同,故谋解决。亦非由万国共同承认为永久中立国不可。虽然所谓中立国者,必其国力强固,足以自卫。至若寡弱无力之国家,虽经万国承认,许其中立,犹未足恃。比利士之前例可征也。瑞士之能保守中立,良以其国能自强故。若亚洲土耳其则不然,彼其政府老大昏庸,国势衰弱,臻于极点。既无自卫之力,则虽明订中立之约,亦等于具文而已。由是言之,欲使亚洲土耳其成为永远中立国,以免国际之纷纭,必先使其国能奋发自强,具防卫之能力。土耳其政府之昏庸无能,久为世所诟病。令其治土耳其人种,犹且不胜。何况令统治亚美尼亚、希腊、阿剌伯之诸人种。欲其致国富强,殆未能也。为今之计,必以欧洲诸国中之一国或数国,为其保护人,监督其政治,导引其进步,善为扶掖,使臻自强,然后于事乃有济也。

虽然此保护人应为一国乎,抑为数国乎。欧洲列强在亚洲土耳其,无不有特殊之利益。故使诸国共同为土政府之保护人,其势不免于同施阴谋,以相排挤。欲其调剂和协,同尽保护之责,未易言也。质言之,欲使亚洲土耳其之国,返弱为强,成为第二之瑞士。俾维持永久之中立,必于欧洲诸国中,觅一恶战争无野心之一国以保护之。此负保护责任之一国骤思之,如瑞典,如荷兰,如比利时,皆可胜任,实则不然。此三国人民,与回教徒,皆无情愫。且其国小弱,其威力不足以镇慑土耳其人而绥怀之。故列强苟谋选一亚洲土耳其之保护人,则必择其国力强大无野心恶战斗且与回教徒素有情愫之一国,有此资格,而能胜任愉快者,舍英国以外无有也。

吾英之求为亚洲土耳其之保护人。舍谋和平外,决无他种之欲望。吾英但在土政府设一咨询之官,监其政事经济,为其指导一切,以尽保护之责任,他则非所希冀。亚洲土耳其境内,可以不必练兵,但照埃及成法,募警兵数千人,以防内乱。则列强之猜疑,或可释然。至于经济上之发展,则吾英战后,必无余资,以投入国外。欲谋垄断商业,亦势所不能。质言之,英国为亚洲土耳其之保护人,纯然为责任之事,而决无丝毫权利之念存于其间也。

大战以后,如联合国获胜,则法必兼并亚尔萨斯罗伦二州,或更及德国领土。俄则割德奥领土及君士坦丁堡诸地。惟英国所得之代价则甚希少。德殖民地,将来或归英国。然其面积甚狭,故此次英国之战,为平和而战,非为领土而战也。战争而后,欲求第二次大战之不再发生,其最要之手续,惟求使亚洲土耳其认为局外中立。俄法二国,战后皆得有价值之领土以为报偿。英国所求之报偿,仅此平和而已。英国政府决无占有亚洲土耳其之野心。英国之意,不过谋使土人能自治其国。土政府不知治国之术,而吾英国,则愿以教师自任也。

欲谋战后世界之平和,必使亚洲土耳其成为永久中立国。欲使亚洲土耳其成为永久中立国,必先改良其政治,使能达于自强;欲改良亚洲土耳其之政治,必以恶战斗无野心之一强国,为保护人。此保护人,舍英国以外,固莫属也。英国自矢对于亚洲土耳其决不敢有侵占领土之野心。即法俄意希诸国在该地之经济发展,英国亦决不敢有所阻碍。欧洲诸国,苟能信而任之。则世界平和,庶几有望。苟不然者,列强于英国之任保护人,不能同意,则其势必在亚洲土耳其划分各国之势力范围。吾英自当分享美索波达米亚、阿剌伯二地之特殊权利。势力范围既已划定,则亚洲土耳其,将无复复兴之一日。其结果必至于瓜分,而从古未有之大战争,或将肇端于此。此固亚洲土耳其之不幸,抑亦世界人类之不幸也。

和议中之土耳其处分问题[*]

君实 译

可哀之土耳其

此次之讲和,敌国方面,因受当然之处分而陷于最可悯之境遇者,莫如土耳其。土耳其自前世纪而降,常在否运之中,半月旗之片影,暗澹久矣。迩年以来,既被逐于欧罗巴洲之外,仅保残喘于小亚细亚之一隅,大有岌岌不可终日之势。考土耳其之所以陷于衰颓者,固由其国人之自取,而亦不免受国外之压迫所致。至于此次之加入战争,其受德奥之利诱威迫,自有不得已之苦衷。然其愚昧妄动之过,究不可恕。特以宽厚之心观之,则土耳其在敌国之中,与其谓为可恶,无宁谓为可悯耳!本篇就土耳其在议和后当遭遇之运命,加以推测,因先述其过去之历史,以资考证焉。

土耳其与中国

土耳其人,为蒙古人种之土耳其族。太古以来,为中国北方之患,与獯鬻、狁狁、匈奴等,属于同族。隋唐之际,始称突厥,土耳其即突厥之音转也。考中国历史,突厥为平凉之杂胡,匈奴之别种。南北朝时代,属蠕蠕国(即柔然)。后魏末年,始与中国交通,其后次第强大,破契丹,一时疆土大拓。东自辽河,西迄青海,南起漠北,拥有广一万里长五千里之领土。唐时屡次侵扰中国,既而析为东西两部,互相争斗,势力渐衰,受中国及其他诸种之侵陵,散居四方。其一支入中央亚细亚,乘回教国之衰,建立朝廷,以迄于成吉思汗西征之时。

---

* 刊于《东方杂志》,一九一九年第十六卷第四号,译自日本《时事新报》。

侵入欧洲

成吉思汗勃兴,中央亚细亚之土耳其族,大受蹂躏。有酋长斯贲曼者,率其一部,走亚美尼亚,继乃渐伸其势力于小亚细亚。十三世纪之末至十四世纪之始,在酋长奥斯曼指挥之下,蚕食东罗马帝国之领土。今土耳其之元祖所谓奥脱曼者,实即奥斯曼之音讹。其后帖木儿得势,允东罗马皇帝之请,征伐土耳其族,十五世纪之初,大破之,势复稍衰。帖木儿既没,势又大张,即于是时侵入欧洲,行君士坦丁堡之包围,是役也。土耳其族铸造新式之大口径炮,有步兵十二万,骑兵二万,军舰大小三百二十艘,施行长期攻击。卒于一四五三年五月陷君士坦丁堡,东罗马皇帝君士坦丁第十二死之,于是有欧洲土耳其帝国之建设。

保加利亚人亦属蒙古种

土耳其人完全为亚细亚人,既如前述,其在此次战争同立于敌国方面之保加利亚人,本亦属于蒙古人种之芬恩族。保加利亚人,汉名称不里阿耳,曾在里海之北方,组成部落。七世纪之顷,侵入欧洲之巴尔干半岛,助东罗马帝国击退阿拉伯人之入寇。十世纪时,自黑海跨外海(Adriatic Sea),建保加利亚帝国。其皇帝先于俄帝而称沙(云系卡萨之略称),惟保加利亚人早归希腊教,且与白人盛行杂婚。致今日其血统与斯拉夫族相同,自人种系统上考之,实纯粹之蒙古人种也。

回教文明

土耳其帝国之成立,既如前述,自其创建跨欧亚两洲之大帝国,迄于今日,已历五百余年。虽其间不无变迁,然在前世纪以前,固俨然成一大国,受欧洲诸国相当之敬畏。方此帝国成立之际,欧洲正渐入文艺复兴之时代,而宗教改航海殖民之时代,亦在此后五六十年至七八十年之间。故当时土耳其文明之程度,与欧洲各国,不相上下。而土耳其人所信之回教,虽因有下述诸弊,与世界之文明,不能两立。然此后于耶稣教五百余年之新宗教,其教祖摩罕默德,对于耶稣,亦不失为一大人物。即其宣传之教义,亦大致正大,非尽妖邪迷信当在排斥之列者比。而勃兴于此宗教之下之撒拉逊帝国 (Saracens 欧洲人称奉回教之阿拉伯人)之文明,因一时之隆盛,以其文明之结果输入于黑暗时代之欧洲,为搜集整理希腊罗马古典之欧洲人。开文明复兴之端,厥功匪细。故继承回教的文明之土耳其人，可谓无负于欧洲。况其武功之隆，更能震骇当时之欧洲人乎。

衰弱之原因

然土耳其自建国后三四百年，国势陵夷，日就衰弱，迄前世纪以后，遂陷于悲惨之状态。其原因果何在乎？盖欧洲诸国，因文艺复兴而学问技术之基础以立，因宗教改革而人心健全，因航海殖民而富强大增。国力既非常发达，自不得不向外发展。而首当其冲者，实为土耳其。然使土耳其帝国，果能内政修明，上下振作，则虽强邻密迩，亦无所用其觊觎。无如缺陷滋多，不思补苴，因循泄沓，自趋衰颓。其所以卒有今日者，岂无故哉！今为约而举之，盖有四端：其一，土耳其文明，与其他之东洋文明，同为停滞不动，未能与时推移，以现状为满足，以排异为本能，遂至昔日光彩灿烂之美服，终成褴褛百结之丑状；其二，回教虽非劣恶之宗教，而因土人信仰过深，遂以其教义混于政治，以教典之可兰，为制治之国宪，墨守成法，不知变通，皇帝自为教皇，握政教两界绝对的全权，永远施行其极端之君主专制，遂使人心萎靡，个人的活动力，丧失无余；其三，即回教所许一夫多妻之制度，此一夫多妻制，固非我国达官富商任意购置妾媵蹂躏人道者之比，在土耳其，一人娶第二以上之妇时，须遵守种种条件，故在事实上，尚鲜虐待妇女之事，然其弊害，亦复甚多，既使家庭之空气，污浊不清，人间之精神，淫荡怠废，而又以扶养数妇之故，增加物质的负担，精神亦为之耗斁，积人成国，国力之发达，自不得不因之阻滞，其尤足为土耳其国力衰弱之显著原因者；其四则其领域内之人种宗教，复杂过甚，除为其国中心势力之土耳其族人种回回教教义以外，其人种则有希腊、亚美尼亚、犹太、亚尔巴尼亚、阿拉伯、南斯拉夫诸民族，其宗教则有希腊加特力、犹太、罗马加特力诸教以及他种野蛮的宗教，且此等民族，常受土耳其人之虐待，未尝心服，特为土耳其人武力所屈，得以暂就统一，故常有乘隙而动之意，而他国人之觊觎，亦由是而生，此尤为土耳其积衰积弱之直接原因也。

与俄国之接触

土耳其帝国之入否运，盖始于十七世纪末奥京维也纳一役之失败。及入十八世纪，与奥国之战争，迭遭败北，前此之领土，尽为匈牙利所夺。既而复与俄国之彼得大帝相接触，尤为致土耳其于今日之衰运之主因。盖俄帝彼得，既立求得海口之计划，一面以波罗的海为目标，与瑞典战。一面以黑海为目标，与土耳其战。对于黑海之计划，彼得死后，至十八世纪之末，完全告成，由土耳其夺取黑海北方莫大之领土。然至十九世纪，土耳其尚不失为欧洲之一强国。即十九世纪之初，土耳其之领土，在欧洲者，巴尔干半岛全部以外，尚有摩尔达维(Moldavia)、襪拉几(Malachia)等地；在非洲者，有自埃及至摩洛哥地中海南岸一带之地；在亚洲者，有小亚细亚、细利亚、美索波达米亚等地，并握阿拉伯全境之保护权。但入十九世纪后，不久即有希腊之独立战。土耳其遂与俄英法三国为敌，卒有大败于俄之辱。以亚得里安堡(Adrianople)之条约，承认希腊独立，割黑海东岸及达尼犹布河口之地于俄，开巴尔干诸国奋起之端。其次埃及曼海末亚利之雄图，亦使土耳其大受打击。一时几有全国分裂之恐，幸托欧洲诸国干涉之庇荫，其可恐之灾难，仅至埃及成事实上之独立国而止。然而土耳其之势力威严，因埃及之丧失与希腊之离畔，极端失坠，不可复振。加以所受于俄国之败辱，复为此后连年受俄国大压迫之发端，此土耳其在前世纪之所以突现衰势也。

俄英德之竞争(一)

俄国对于土耳其之活动，既经开幕，英人继之，于是成英俄对抗之局，既而德国复起而代英。土耳其帝国，遂为英俄德三国逐鹿之地。此中因果，实与世界气运之推移，至有关系，而亦为极有兴味之问题。其根本原因，颇为复杂，兹叙述之如次。

俄自彼得大帝以来，力求海口，既如上述，盖俄国自古以来，所最苦者，实为海口之缺乏。至彼得之时代，仅有白海之亚尔千日尔(Arkhangelsk)而已，故彼得大帝，遂与瑞典及土耳其，起剧烈之战争。此战之结局，俄国虽获得波罗的海与黑海之港湾，然试按之地图，波罗的海与黑海，其与大西洋地中海等之世界的航路，尚形隔绝。俄国欲谋通商贸易之伸张，以至由海上之远略开拓，仍极不自由。但欲由北方以侵略面外海之土地，于势殆不可能。惟由土耳其夺取黑海地中海连络点之马莫拉海(Marmora)沿岸诸地，其事较易，此即俄国对土野心之原因也。至于英国则如何，英国于三百年来，拥有世界莫大之领土，其中尤为最要之宝库者，莫如印度。当苏彝士运河未通之时，英国由陆上与印度交通之欧亚非交界地方，苟有一处入其他欧洲强国之手，即足以困英国而有余。故英国对于拿破仑之经营埃及，不能不竭力对抗。及希腊独立战争之秋，又特与俄国一致，加压迫于土耳其。洎夫俄土战争之后，英国见俄人大露锋芒，有并吞君士坦丁堡之势，惧俄国由土耳其入手，伸其羽翼于地中海，以妨碍与印度之海陆交通，于是始幡然变计，出庇护土耳其之方针，关系此事之诸会议，皆以牵掣俄国为务。自是以后，英人所以助土抗俄而久久不变者，大都为此重要之利害问题。及苏彝士运河开通，作成英国与印度间最捷之路，故其对于土耳其埃及及其他之注意，益为敏锐。

俄英德之竞争（二）

英俄两国在土耳其之对抗，为时颇久。其中如克利米亚战争，如柏林会议，尤为两国勾心斗角之处。而保加利亚虐杀之事件，圣司提反那（San Stefano）条约之强请，复不绝而起。然柏林会议，实为两国竞争最重要之尾声，自是以后，此竞争之戏剧，别换一幕。俄国不复向土耳其加直接之压迫，其目标改注于巴尔干诸国之一部（尤以保加利亚为重），与之对垒者。则易英而为奥，而奥国之后面，复有德人为之操纵。此种竞争，直迄于此次之战争。惟本篇以直接关于土耳其者为限，巴尔干诸国之问题，当别著于他篇。姑从阙如，要而言之。俄英两国在土耳其之关系，自柏林会议之后，为之一变。俄既不复图直接致力于君士坦丁堡及马莫拉海之两海峡，英人亦遂不复措意。加以此后俄国渐注意远东方面，悉力于中央亚细亚及波斯方面之经营（其目的在太平洋及波斯海之海口），英俄之竞争，遂由近东而移于远东。中日战争以后，俄国在远东之举动，极形奋亢。对于与英国利害关系最深之中国，压迫颇甚。故英国益不能不竭其全力于远东方面，以与俄人相对抗，日俄之战，实与英日同盟大有关系者也。迨至英俄缔结协约，而英俄间之关系，又为之一变，欧洲大舞台之外交剧，遂起极大之变化。

俄英德之竞争（三）

英国之所以注重于土耳其者，实为印度之故。及英俄协商告成，英法俄三国联合，而日英同盟，又复改订，使日本为之任防备印度之责，英国遂不复忧俄人之肆志于印度。而俄人背英以求逞于土耳其之事，亦可无虑。假令俄人不肯弃其对印度土耳其之野心，则日本既为英守印度之门户，俄人亦难以窃发。且英印之交通路，亦不复如前此之重要。即无捷路，而好望角之航路，俨然存在，亦不致过于狼狈。此英国对于土耳其之所以冷淡也，况英国对于埃及及北非洲之经营，日有进步，不必更以土耳其为念乎。

俄英德之竞争(四)

日俄讲和之明年,土耳其发生亚美尼亚民族之虐杀事件。又明年,克利地岛发生希土战争。当是时,列强在土耳其之外交,极为混杂。此战之结果,土耳其卒占胜利,而胜利之原因,则德人之力为多。盖不特土耳其陆军,久受德国军人之训练,德国并默许其军人加入战争。故德国之出现于土耳其舞台,实以此役为始。虽十余年前,德国势力,已浸润于土耳其,为土耳其改良陆军。然其着手于小亚细亚铁路,实以希土战争为初步。希土战争之明年(一八九八年),德皇与皇后及首相霍显罗赫外相褒罗等,游君士坦丁堡,访问土皇,此实自古未有之创举。自是以后,德土之关系愈深。且因此一行,始决定所谓报达铁路之计划。将前此既为德人所有之亚德里安铁路,扩张组织,使达于波斯海。此实使英人大生惊惧之一事,遂不得不以前此之所以防俄者防德。盖恐报达铁路一达波斯海,印度之安全,必将受莫大之影响也。(英国前此惧俄之出波斯海,亦为此故,其后因英俄协商,将波斯南部收归英国势力范围,始得安心)故报达铁路一事,遂成今后英德间表里之大问题。

俄英德之竞争(五)

德土之关系,积日累月,以趋深密。既有然矣,惟一九〇八年之土耳其革命,不免使自来结欢于土耳其皇之德国,略生困难。然革命之中坚,实为受德国式教育之新军,而青年土耳其党,尤与德国相好,故此次革命,适足为德土关系益深之原因。然而土耳其革命,一方面既为保加利亚独立之起原,他方面尤为奥国并合波赫二州之诱因,土耳其遂同时丧失两方面之宗主权或主权。其对于保加利亚,虽以违背柏林条约之理由,诉之列强,但列强均以保加利亚独立之机,由来已久,无可阻遏,遂一致承认其独立。惟波赫二州之并合,一时遂成欧洲之危机。即此次大战,亦未尝不以是为远因,德人对于此事,处置殊为巧妙。而奥之于土,亦复善为弥缝。遂使土耳其与德奥之国交,不因之而稍损。惟向在巴尔干互相竞争之俄奥两国,形势益为切迫,卒因德国对俄之暴压,仅得免于战祸。后二年,因意大利对亚非利加土领的利波里及几列奈加之野心,发生意土战争。巴尔干诸国,复乘土耳其之多事,继起对土之战争。土耳其既丧失其亚非利加之领土,而欧洲最要地域之大部分,亦被夺取。仅在君士坦丁堡之附近,保有其寸土而已。其后虽因第二次巴尔干战争,收回其已失之亚德里安堡,然土耳其益因此而呈萎靡不振之状,以迄于欧洲之大战。

德土之恶因缘

土耳其于此次之战争,所以援助德人者,盖由平日亲德之故,深信德人必能获最后之胜利,故不恤牺牲全国,以结好于德。盖德自一八八三年至一八九五年之间,遣其陆军之伟才,努力为土耳其改造陆军,并供给以克虏伯炮及各种兵器军舰。而在商业一面,亦复力谋进步,以与英法俄诸国相抗衡。夫英法俄之在土耳其,久有历史的之优先权,本非德所能骤夺,然因德人努力之经营,竟能着着奏效。一八九八年时(德皇游土之岁),英国对土输出额,为一千零二十八万镑。而德国对土贸易额不过四十三万六千镑。及一九一一年(第一次巴尔干战争之前年),英国之额,减为九百七十二万九千镑,而德国则增至五百三十六万五千镑,几有与英国相颉颃之势。此非因德国商品,较英国为廉美也。盖以土耳其人之信仰德国,日以益深,故不知不觉之中,遂为德人所左右。土耳其前皇哈密特尤为德人囊中之物,而土之新知识派,则几全为德意志崇拜者。故自青年土耳其党革命胜利而后,土耳其遂益惟德国之命是从矣。

恶因缘之益密

土耳其之革命,或谓暗中实德人为之主持。盖以革命首领安惠尔派沙,留学德国时,极受德皇之优遇,及德皇游土,复极力赞扬其人,与之交欢。德皇之所以为此,无非欲结好于崇拜德国之新进,俾足以供其傀儡而已。此说是否可信,姑不具论,要而言之。自土耳其革命而后,德土之关系,益为密切,则固显著之事实也。然意大利之的利波里战争,德以意之同盟国,而不能为适宜之调停。又巴尔干战争,由德人造成之土耳其军队,竟遭败衄。此二事者,实足以伤德国在土之信用。惟德国仍能巧于弥缝,善乘时机,以取信于土人。土耳其当战争之后,财政大为困难,向法借款。法国要求监督财政,德国遂起而应之,此举大为土人所感激。故德土之因缘,复固结如旧。其后如土耳其皇太子游德,大受欢迎。以及柯尔茨之游土,与派遣山台尔将军,回复德国式训练之信用。而两国之恶因缘,遂益形深密矣。

土耳其之参战

德意志土耳其间，所以结如此之恶因缘，其出于德人之意志，固无待言。至于德人何以如此热心于土耳其之经营，则不得不归于德之东进计划。惟篇中于"英俄德之竞争"一段，言之过于冗长。故关于德人之东进计划，当详诸他篇，不再赘述。兹姑就今次土耳其之参战及屈服之经过，简单述之。

当一九一四年大战开始之际，土耳其与保加利亚，均尚在中立之地位。然一般人之想象，皆谓土耳其早晚必助敌国。盖德土之恶因缘，是时已达于深密之极点。而大战开始之前年，土耳其方任前述之德人山台尔将军，为第一军团司令长官，守备土都及两海峡(后因英法俄抗议取消)。而大战开始之岁，土耳其复任山台尔为土耳其之元帅，并命其随员薛棱德夫代理参谋总长。此足见土耳其军事之实权，全在德人之手。故一般人之想象，决不能谓为无理也。及大战开始后未几，在地中海之德国战舰两艘，为英法舰队所追蹑，遁入他大尼里海峡。英法即向土耳其政府，援军舰不得通过海峡之条约，要求解除两舰之武装，并拘留其乘员，土耳其以此两舰未入海峡前已卖于土国拒之。自是以后，土耳其虽仍守中立，然屡由德国输入军人及军需品。及是岁十月之末，法国行商船及克利米亚半岛之炮击，实为土耳其参战之发端。是时德土间之同盟条约告成，以德国撤去治外法权为重要之条件，订定对于一切危险对等且长期之同盟。但德土同盟之前，协商国曾与土耳其交涉，以土耳其之领土保全为条件，令土人不得助德，而土人未之许也。

土耳其之屈服

此四年之战争中，土耳其军队在巴尔干援助德国，至为尽力。而使英法海军攻击加利玻里半岛之终于不成功，尤为显著之功绩。然交战经年，其所赖之德意志，国力渐就疲弊，不能为财政上军事上之援助。军队之进退，非复如前之自由。至一九一八年九月下旬，卒有巴力斯坦及美索波达米亚两方面之大败。巴力斯坦一役，土耳其十四个师团之大半，均为英军所虏。十月下旬，由巴力斯坦攻入之英军，占领美索波达米亚、细利亚两方面铁道之分歧点亚列浦。然土耳其在是时，不仅军事上之失败而已，其国中物资之缺乏，国民生活之穷困，亦已达于极点，与他之敌国无异。故人民之萎靡咨怨，几有不可终日之势，且战局之前途，一时虽难断定。然敌国方面之内幕，已属显然呈露，不可复掩。于是切望单独讲和之念,早弥漫于政治界。七月以来,联合军在西部战场所行之反击,至八九月间,大告成功。德军遂不能复取攻势,奥国外交大臣勃利阳,于九月上旬,既提议交战国间关于平和恢复之意见交换。德奥两国之讲和空气,日趋浓厚。保加利亚力竭,首向联合国请求休战,至九月终缔结休战条约。土耳其亦以十月十四日向美国大总统请和,同时泰辣脱派沙内阁颠覆,德国最有力之傀儡安惠尔派沙陆军大臣辞职。及十一月十三日,联合国军队,遂占领土都及两海峡。

土耳其之罪状

德土之恶因缘,卒使土耳其陷于现在之逆境。今大战告终,土耳其在此次讲和会议中,惟有如法庭中之罪人,俯首以受判决,其为状诚可哀悯。然而土耳其之加入此次战争,除与敌国方面共有之罪外,不无可责之罪状。指而数之,则第一,土与德奥两国,素无攻守同盟之关系,而亦无不可相离之利害关系。故其援助德奥,实为无名之师。盖使与德奥本有攻守同盟,则其参战,尚可谓为同盟之义务,否则或与德奥有利害密切之关系。德奥破灭,土亦难以自存,犹可谓为不得已之行动。今土耳其之参战,于此二者无一焉。其与德国同盟,则全为参战之故,故不能不目为无名之师。第二,联合各国,与土耳其毫无利害抵触,而滥出敌对行动,其罪为不可恕。就历史上言,土耳其与英法俄各国,不无嫌怨。然各国相交,古来之旧嫌宿怨,在所难免,不能以之为敌对行动之感情的原因(的利波里战争与土耳其有新怨之意大利,至土耳其参战后七个月,始加入联合国)。况俄英法于大战开始时,不特与土耳其并无利害冲突,并向土耳其表示好意。愿保障其领土保全,使近年国土屡次缩小之事,不复重见于此后。土耳其乃不以为德而反以为仇,宁非可怪之举动乎!第三,土耳其因国中政治及社会制度等之失当,不能得巴尔干及亚细亚各方面人民之心服,以致纷乱迭乘,国无宁岁,常劳联合国之忧虑。彼当局者,处此多难之秋,宜如何谨慎谦抑,以求免于危亡。则此次大战,方且严守中立之不遑,而顾舍己从人以自败乎,此皆土耳其特殊之罪状也。

屏诸欧洲之外

然则对于土耳其之处分将若何。关于此事,联合国方面曾于开战之次年,约定以君士坦丁堡及两海峡为俄国之领土。一九一六年十一月,曾经俄罗斯帝国政府首相脱列波夫约略公表于议会。前年十一月,又由过激派外交总长笃伦斯基与他之秘密的条约公文,全部公表。前年一月,法国内阁议长勃利安,代表联合国为对于美总统讲和提议之回答,以解放苦于土耳其虐政之人民,摈逐土耳其于欧洲之外,为讲和条件之一部。就上述两事征之,足见夺去土耳其在欧洲之领土,为联合国战争目的之一,盖无可疑。但俄国之国情,自此约缔结以后,已生非常之变化,帝国政府被仆,过激派占权,不久即与德国单独讲和,宣言废弃一切属于秘密外交之协约。因将各种文书,公表于世,则此联合国与俄国所订关于处分土耳其之协约,不复有效。即讲和会议中,是否以土都及他地作为俄国领土,或别以他法处分,联合国可任意主张,不必更受前约之拘束。但观于此协约与对美回答之宣言,则联合国至今仍有放逐土耳其于欧洲外之意,固甚明也。

联合国与俄国之协约

此协约已成无效,既如上述,然在考察今后土耳其之处分法上,不得不谓非一种有力之参考材料,兹略述协约成立之经过如下。

俄国于一九一五年三月,以下列诸条件希望于英法两国,即现战争之结果。以(一)君士坦丁堡市,(二)颇斯福拉斯海峡、马莫拉海及他大尼里海峡之西岸,(三)南部斯赍司达于中爱诺斯、弥迭亚间之线,(四)自颇斯福拉斯海峡至撒加里亚河之小亚细亚海岸,(五)伊斯密德海之一地点(其地点日后决定),(六)马莫拉海诸岛及因布洛斯、台奈特诸岛为俄国之领土,但仍保留英法在此等地方之特殊权利。英法对于俄国之答复,声称两国倘得最后之胜利。在土耳其帝国及其他得贯彻其诸要求时,当承认俄国之希望。而英法之诸要求中,关于土耳其者如下:即(一)凡货物之非来自俄国或赴俄国者,得自由过君士坦丁堡,并对于诸商船允许两海峡之无限制通行;(二) 承认英法对于亚细亚土耳其之特殊权利,但此权利,当以英法俄三国间之特殊协商决定之,又回教之圣地当受保护,阿拉伯属于独立回教君主之治下,英国又要求以一九〇七年英俄协约所决定波斯国内之中立地带,属于英国之势力范围。以上英法国各种要求,均经俄国承诺,及意国参战后,俄国复提出其希望于意国,亦经意国承认,惟意国亦提出要求条件与俄国交换云。

我们竟不如土耳其 *

化 鲁

土耳其的名称,在洋人的嘴边,往往是和中国并提的。因为这两个老大帝国都有病夫国的称号,又都拥有富饶的领土,而为列国野心的政治家之所垂涎的。这两个国家过去的运命完全相同,但从最近看来,那位西亚病夫,倒比这位东亚病夫争气的多了。斯密那一役,土耳其民族使出从来未有的大气力,战败希腊军,摆脱百余年来西方列强所加于土耳其的镣锁。在洛桑会议中,土耳其自居战胜国的地位,利用列强意见的分裂,收回土国历来已失的领土及经济利权。最近崭新的土耳其共和国业已成立,都城迁至安哥拉,政治完全采行代议制度。对于一切建设事业,无不兼程并进。在数年前,西方学者早已有回教民族复兴的预言,在现在却已得到了事实的证明了。

许多人都说土耳其的复兴是全仗着凯末尔和伊斯美两个英杰的力量,没有凯末尔,土耳其决难在小亚细亚得胜,没有伊斯美,也决难在洛桑会议中争回土国的国权。但其实这话只说的一半真理。土耳其的复兴,决不是一年半载的事情,乃是二十年来少年土耳其党努力活动的结果。二十世纪以来,土国青年因为要求民主政治,排斥列强压力,曾经过几次的奋斗和牺牲,土耳其大学生在战前和俄国大学生一般,是以从事政治运动著名的。欧战后土国表面虽似屈服,实际上民气却非常激昂,凯末尔本是战前少年土耳其党领袖之一,到了这时,率领着数万义勇青年,投身疆场,卒救祖国于危亡。所以这次土耳其复兴,可以说是土耳其民族主义运动的结果,也是一部分渴慕民治主义的青年奋斗的结果。

现在老大的土耳其民族复兴了,造成强大的新共和国了。这是亚洲被压民族抬头的一大纪念,我们应该珍重这纪念,并且不要忘了我们自己现在已成了世界唯一的老大病夫国。我们又将怎样呢?

---

* 刊于《东方杂志》,一九二三年第十二卷第二十一号。

土耳其废除回教教主 *

化 鲁

近年东方民族——除了中国以外——的政治地位，都有飞跃的大进步，而最可惊异的，是向被称为病夫国的土耳其，在一年之内，居然大变面目，宣布共和，放逐苏丹，实行民治。可见近来"德先生"在东方的势力着实不小啊！

我们知道土耳其帝国向来是在苏丹(Sultan)的统治下的。苏丹在灵的方面是全世界回教的教主，在肉的方面，又是阿托曼帝国的大皇帝。所以土耳其直到最近为止，不但没有脱离君主独裁政治，也且也没有脱离教会专断政治。近代土耳其的苏丹权力还是和中古时代罗马教王的权力一般伟大。当二十世纪初头，土国青年因受欧洲民主主义思想的渲染，愤苏丹政府的昏庸窳败，丧权辱国，屡谋推翻苏丹，改建民国。其间土国青年，因从事政治运动，而被杀戮放逐的不知其数。在当时是被称为少年土耳其运动。在欧战时，少年土耳其党因被武力压迫，暂时缄默，战后，君士坦丁堡的苏丹政府把土国领土权利，拱手让人，因此激起土耳其人民的爱国热，土国国民党便在安哥拉组织政府，对内反对君士坦丁堡的苏丹政府，对外奋力作战。前年安哥拉国民军在小亚细亚连战连捷，尽复土国所失领土。凯末尔将军乘胜入占君士坦丁堡，掌握政权。前苏丹知势不敌，仓皇出走。一面国民会议改选太子阿白杜尔米杰德为苏丹，这是一九二二年末的情形。

但国民党政府成立后，政权已操于国民内阁及议会手中。苏丹权力已不能及于行政方面。自从去冬土国会宣布共和后，对于苏丹更视若赘疣。且新政府为谋革新秕政，实行民治起见，觉非把黑暗的宗教势力扩清不可。所以到了三月二日，土耳其共和国国会提出议案三种：(一)废除教主；(二)裁去宗教基金部；(三)停闭宗教学校。其第一案规定废黜现任教主，并永远废除回教教主的职权，教主及其家属限于十日内放逐国外，并剥夺其公民权，永远不得返国。由政府付以款若

---

* 刊于《东方杂志》，一九二四年第二十一卷第五号。

干,其数不得过三十六里拉。教主所住宫殿,归政府没收,其私产限一年内派代表清理。此三案提出国会后,因土国会本以国民党占绝对多数,所以立即通过。当是宗教党及保守党曾建议以教主职权移转于总统及国会,想借此保持宗教,但即被否决。三月四日,土政府将苏丹阿白杜尔米杰德和家属押解出境,奔赴瑞士。千余年来受领回教世界神圣不可侵犯的回教苏丹的威严,从此便一扫而光!

但是回教教徒布满全世界,不下一万万人,向来处在苏丹的卵翼之下。土政府一旦废除苏丹,或者会因回教徒的反抗而生动摇,正未可知。不过现在土国情势和从前已大不相同,人民对于宗教信仰已逐渐冷淡,凯末尔政府大概不至因此一举,便失威望。至于除土耳其以外的许多回教国——阿拉伯、汉志、巴力斯坦、波斯、印度等——对于土国放逐回教主一事,都非常反对。但因各国回教徒意见不能一致,所以也无法对付:巴力斯坦回教徒主张改选汉志国王为苏丹;印度回教徒会议,主张苏丹驻在地,应仍在土耳其(因土耳其为回教第一强国);埃及教徒则主张召集回教徒大会改选教主;而被放的前苏丹阿白杜尔米杰德,则又在瑞士发出宣言,说他于前年继任教主,是出全世界回教徒的公意,土耳其政府无权力废黜。照一般情势看来,经各国回教徒妥商以后,将来回教苏丹的职权,势必复立,不过驻在地不能再在土耳其,而且将来的苏丹,在事实上也一定是等于虚设,不会有什么政治实力。君士坦丁堡教廷,本为世界有名腐败黑暗的宫廷,苏丹向来是一个专供外国政府愚弄的傀儡。经这一次扩清,土国政治从此或有澄清之望,我们不能不佩服土国国民党的勇于改革了。

接着土耳其废除教主的事件而起的,又有波斯改变国体之争。自从前年波斯王出奔国外后,波斯人民因受土耳其复兴的影响,共和运动颇盛极一时。三月间国会中进步党提案变更政体,修正宪法,引起国会内保守进步两党的武力冲突。现国会因教士和大部分民众的反对,已将改建共和的计划打销,但决议废现国王,而以其两岁的太子继任,另举大员摄政。可是无论如何,民主潮流,已倾注东方,波斯的改建共和,也不过是早晚间事罢。

土耳其占领摩塞尔[*]

幼　雄

　　洛桑近东和会把英土间一切争端解决不少，但还剩有一个摩塞尔主权问题未曾和平解决。摩塞尔在美索波达米亚境内，富有油矿，土国主张摩塞尔应归土国领有，而英国因保有伊拉克王国的政权，主张摩塞尔应并归伊拉克，双方争执，甚为坚持。洛桑会议时，曾议定留待日后再行谈判，并约定如遇有必要可提交国际联盟公决。但事久则生变，去年九月间，英土二国军队在摩塞尔境屡起冲突，又以公文互相诋责。于是英国向国际联盟陈诉，联盟理事会乃始着手办理，特派委员三人，至摩塞尔实地调查，英土双方皆担任维持现状，静待解决，这是去年十月底边的事情。

　　本年九月联盟理事会又在日内瓦开会，根据调查委员发表报告，又派定西班牙、瑞典、乌拉圭三国代表为股员，研究摩塞尔问题，并条陈解决办法。十九日该股员会建议两种办法：(一)摩塞尔区域仍应为伊拉克王国的一部，但须英国对于该国的政权管理亦延缓二十五年(照该国与英国所订条约，英国之管理权于四年之末停止)，因该国政局尚未巩固，未达可以管理摩塞尔的地步；(二)如照约办理，英国停止管理权，则摩塞尔区即应归还土耳其，盖因该区多数人民意见愿归土国管理之故。现联盟理事会已将此项争执问题提交海牙法庭审查，等十二月间得到法庭的办法后，即将该案解决，且英土二国亦均正式通告联盟会容纳此项办法。

　　联盟会的解决方法虽如此，但是正在股员会报告以前，摩塞尔地方却又发生重大的事情，就是土国竟派兵占领摩塞尔，驱逐基督教徒，以致问题愈加困难。据英国驻土外交大员报告，九月八日，土人曾将包围拜州地方之基督教徒村落，将居民驱逐至加尔喀，又将萨拉华地方之礼拜堂包围，教徒一百二十人脱险逃至白拉克。九月十日基督徒之避难者状极可怜，据称土人刻正将某地约八千

＊刊于《东方杂志》，一九二五年第二十二卷第十九号。

人之基督教徒驱逐至巴沙加拉云。

此事发生以后，英国方面当然十分注意，出席联盟的英代表即向联盟提出抗议，以为土国有意破坏去年所协定的界线。但土国代表却不承认有此种事实。于是英代表请联盟派员调查。联盟会遂于九月二十八日派定爱沙尼亚莱顿纳将军为委员长，并辅以捷克军官一人，理事会摩塞尔事件委员二人，前往摩塞尔实地调查。据最近消息，伊拉克向联盟会要求自派军队一师，防土耳其人的袭击，土国亦派大兵四师驻防边界，形势之紧急可以概见了。

土耳其的新法典 *

何作霖

  土耳其自从一九二三年改为共和国,选举凯末尔将军(Ghazi Mustafa Kemal Pasha)为大总统以后,凡百庶政,皆逐渐革新,大有蒸蒸日上之势。从前女子是要戴面网的,现在已经取销了;男子所戴的帽子,是用红毡做而带有流苏的 fez (土耳其毡帽),现在已经改为通行全世界的 hat(帽子)了。此外尚有其他的改革,皆以西方化为主,如最近关于法典的改革,即其一例了。

  最近土耳其国民议会议决采用三种新法典,即民法法典、刑法法典和商法法典,这三种法典都是由外国法典稍加改变,移译而成的。民法法典采自瑞士,刑法法典采自意大利,商法法典则采自德国。这三种法典当中以民法法典为最重要,因为这种法典把土耳其旧法律中之最繁杂而不适于现代状况的部分,通通改变,使之趋于统一,而且合于现时的社会状况。本年——一九二六年——二月,土耳其司法总长爱沙特在国民议会关于提出新民法法典案的演说,很可注意,兹节录一段于后:

  土耳其共和国现在并没有编纂好的民法法典。只有所谓土耳其法律全书(Mejelleh),这书只注重"契约"的部分,而且是很不完全的。其中一共有一千八百五十一条。起草于回历一二八六年(即西历一八六八年)而于一二九三年完成和施行的。现在这个法律仅有三百条可以适于现代的需要。其余都是由那些古代的法度和规条合拢而成的,所以现在完全没有实行。这种 Mejelleh 的根据,和起源,都是含有宗教的性质。而人类生活是每天变化的,这种人类生活的变化和转移,实在不能加以停止和限制。大凡一个国家,如果他的法律是以宗教为根据,则不久就不能满足国家和人民的需要,因为宗教所表示的判断,是永远不变的。但是,生活是流动的,环境的变化是很速的,所以结果宗教的法律,在进步的生活中就变成毫无意义或价值的东西,仅成为一种具文而已。

---

  * 刊于《东方杂志》,一九二六年第二十三卷第十七号。

因此，新文明和旧文明的重要差别，和现代文明的基础，就是以宗教为仅属于一种良心上的事情。凡是以宗教为根据的法律，皆足以妨碍文明，而成为阻压进步的主要原素。我们的法律，不用说是受了宗教的思想所陶冶的，所以使土耳其全民族，即在本世纪之内，仍然守着中古时代的见解和法度。这是和现代文明的需要，和土耳其革命的意义与目的相冲突的。

爱氏又说土耳其所以要采用瑞士的民法，因为他是所有的民法法典中之最新、最完备，而且是最平民的法律。

原来瑞士民法法典是于一九〇七年十二月十日采用，至一九一二年正月一日方才实行的。自从一八九八年十一月十三日，瑞士人民投票决定将各省关于民事的立法权，移交联邦政府后，当局即请胡贝教授(Engene Huber)从事起草民法法典。胡氏生于一八四九年，肄业于察里殊省(Zurich)，一八七二年毕业，著有论述瑞士继承法之发达的论文，后来曾充编辑和法官等职务，至一八八〇年，任巴锡尔大学(University of Bosel)瑞士私法教授。自一八八六年至一八九三年间，著瑞士私法制度及其历史一书，凡四巨册，为胡氏一生的杰作。一八九二年居伯恩(Bern)，任大学讲师，旋被举为国民议会代表。胡氏经此长期的准备，遂造成后日起草瑞士民法法典的主要人物。本法典的第一次草案，发表于一九〇〇年十一月十五日，当时政府曾举法学专家及教授，法官等三十一人，组织委员会，审查该法律草案，至一九〇三年五月二日，讨论终结。旋又由胡氏等组织委员会重行检读，至一九〇四年五月二十八日，由联邦行政会向联邦议会提出计划书。从一九〇五年至一九〇七年间，经长期的讨论后，始获采纳。胡氏草案内容异常精密，而且因为经过长期的讨论，所以当时虽未正式施行，但已经普及于全国了。迨一九一二年，始正式施行。

瑞士民法法典内分人事法、家族法、继承法及财产法等。其中再分为许多部分。土耳其之采用瑞士民法，就个人的自由和婚姻的关系方面来说，完全是属于革命的性质。从前多妻制和奴隶制在土耳其颇为盛行，迨十九世纪，奴隶制逐渐销灭，加以经济上的进步，和受西方各文明国的影响，多妻制亦渐次改革。瑞士民法法典，本废除奴隶制与多妻制，此次土耳其实行采用他，结果这两种制度，或将从此绝迹了。

土耳其的新税制 *

作　霖

土耳其可以说是欧战后最奋斗的一个国家，从前一切的弊政，现在都已次第改革。最近因为要使预算案均衡的原故，又施行一种消费税。其手段虽不免操之过激，然其改革的精神，于此可见了。

土耳其于一九〇八年以前宪法没有成立的时候，政府是没有所谓预算案的。自从那年起，虽然每年都有预算案，但不足额都是由外债填补，所以结果更坏。迨共和国成立，始由伊斯美氏(Ismet)制定一个收支相抵的预算案，和适合于新预算案的租税制度。近来因为要抵御古的斯人(Kurds)的变乱，和防范英国，意大利，或希腊的攻击，竭力扩充军备，政府的经费，大为增加，渐有入不敷出之势。为弥补这种经费起见，于是把火柴、糖、挥发油、烟纸及其他几种货物，都收归政府专卖。但是预算的不足，依然不能够填补。于是又增设一种消费税，据关于施行这种税的法律规定：各行的商人于售卖物品时，须对消费人征税。税额普通为百分之二点五，至于高等的旅馆及娱乐场所，则征税百分之二十至三十。并由政府发出印花税票，每张发票，均须按律黏贴。违禁者处以五十元以下之罚金或监禁一个月。这个法律不但适用于普通的商店，并且适用于一般在街上叫卖的小贩。土耳其的人民有百分之九十五是不认识字的，因此有许多不认识字的小贩，迫得要雇用一个书记随着预备发票，因为如果不如此，只好把生意不做，否则就要坐监牢了。据说厄斯启瑟耳城(Eskishehir)因为施行消费税的结果，肉也没有得卖，并且有许多咖啡店因为没有人过问，迫得要关门了。该地的商人，因此在商会议决，要求政府特别予以恩恤。斯密那(Smyrna)商会亦谓这次施行消费税的结果，生活费已增加百分之十五，预料将来出口货必定大减等语。现时土国的商店，因为没有人光顾以致关闭的很多，一般商人因违法被捕的亦时有所闻。土政府施行这种新税，商民虽觉骚扰，但该国著名的杂志如 Joumhouriet，

* 刊于《东方杂志》，一九二六年第二十三卷第二十号。

对之颇持赞成的论调。据该杂志的社论说：

"消费税初次施行的时候，就惹起很大的纠纷。尤以对于酒楼，旅馆，及其他娱乐场所征收百分之二十至三十的消费税的规定，反对得最剧烈。须知这类的商业，不到全国各种商业的百分之一，至于其他一切的商业，仅税征百分之二点五而已。

"而且政府施行这种新税，并不是没有理由的。从前对于农产物的什一税，现在已经取销，国民议会当然不能不另找其他的财源，这种消费税就是其中之一了。

"消费税在我国是一种新税，欲得群众的同情，一定要经过相当的时日的。"

同时土耳其财长也发出布告，竭力维护这种法律。内容如下：

关于修正这种法律一层，是完全不成问题的。那些说消费税有如何如何困难的人，都是没有细心读过关于这种税的种种训令的。我们现在正研究施行这种法律的便利方法，务期不致影响于国库。固然，无论那一个政府，凡是虚耗经费的，都应该责难，应该攻击，但是试问谁能够说土耳其政府是浪费呢？现在政府各部都有极低限度的预算案。土耳其的预算案一定要由自己的财源使之均衡，我们共和国决不借助于外债的。有些外国或本国的绅士，曾提出种种关于解决我们外债利息问题的方法，并主张我们应该放弃一些政治上和经济上的让与权，又主张我们应该和外国增进政治上和经济上的关系，使我们的信用增加，将来可以获得巨额的借款。这些话对于我们土耳其的政治家不发生一点儿的影响的。须知外债只可以用于公共建筑的事业，不能拿来供政费之用的。我们要时常存着利息难付的心。土耳其良善的公民，能够共同起来，维持这种税制，那正是政府所愿望的呵。

照上述的言论看来，土耳其政府确有整顿财政的决心的，不过这种税对于一般的小贩，未免过于骚扰了。

土耳其法律和法庭的新制度 *

鲍思信　译

　　远东的我国和近东的土耳其,同是被称为病夫国的,同是受不平等条约束缚的。现在近东的病夫,已经打退了病魔——帝国主义,从半殖民地国进而为完全独立国了。我国呢? 却仍旧宛转于帝国主义的铁蹄之下,不能自拔。一比土耳其,是如何的可愧! 本篇为埃及会审公廨上诉院法官布林顿(Jasper Y. Brinton)所著,述土耳其取消不平等条约以后所行的新司法制度,更用客观的态度,公平的眼光,加以批评,不以美人而涉偏见。我国的不平等条约尚未取消,治外法权,虽则已经收回一部,但是还未完全收回。要想完全收回治外法权而改良原有的法律和法庭,这一篇文字似乎值得参考。

——译者识

　　一九一九年夏季驻巴黎美国参谋长哈蓓特将军由威尔逊总统委任为赴亚美尼亚使团的领袖。将军以我(著者自称)为法律家,请我加入使团,以便报告法律事项。于是我得有机会调查土耳其和外高加索(外高加索包括乔治亚、阿才倍疆 Azerbaijan 及亚美尼亚三国,今都属苏维埃联邦)的政制——包括一切司法制度。事毕回美,想不到再会服务于近东。在一九二一年圣诞节,重临地中海而列席于埃及会审公廨的上诉院。埃及距土耳其颇近,且曾为土耳其的藩国,因此我在埃及得知土耳其进步的状况。然而我以美国人的眼光,重再研究土耳其问题,实自一九二三年始。因为那年美国和土耳其在洛桑会议时,我适因暑假赴洛桑游历。回美后鉴于一般人的反对洛桑条约,尤其反对土耳其的取消不平等条约(Capitulations),谓取消后土耳其法庭对于美国人的利益,没有充分的保障。于是我决计于回至埃及时绕道君士坦丁堡,直接研究我上次离土耳其后该国发展的

　　* 刊于《东方杂志》,一九二七年第二十四卷第十号。

状况，以定我自己的见解。翌年夏季我再回美国，觉得美国人反对洛桑条约的态度，仍无变更。我乃再到土耳其考察。本文所述，即以我这几次的考察为根据的。

凡纯凭感情，以以前土耳其专制朝代的残暴行为（此种行为常由外人激动而为两方所共犯）为反对洛桑条约的口实者，我们可舍而弗论。反对论中最有理由的一说，则以为土耳其的不平等条约，一经取消，将使外人以土耳其的不完备的司法制度为保障。这一点为洛桑会议美国代表葛柳河（Grew）所见。到他在会议中说："土耳其司法上的设施，其有关于土耳其将来的经济状况以及和各国的关系，比了任何其他原因为切。"这是三年前的话。究竟土耳其对于这一个忠告，曾否注意？外人向土耳其法庭申理的，今日是否得有保证？

一九一四年战事开始后，土耳其通告列强取消不平等条约，谓此乃"土耳其帝国进步上的障碍"。并谓以后土耳其和各国的关系当以国际公法的原则为根据。自那时起——十余年前——不平等条约即不复存在于土耳其。后来经土耳其和主要各国订立条约，经各国国会核准；又经土耳其和美国订约，正待美国国会核准。于是不平等条约完全取消。但是取消以后，外人有何损失？又战后土耳其设立新朝后的改革于外人有何得益？

所谓不平等条约，乃基督教国因不欲它们自己的人民受奥托曼（Ottoman）法律的保护而向未开化的国家勒索得来的优权。据近来研究所得，不平等条约在奥托曼土耳其出现于历史前已经存在，当时大概即系以商业利益为根据而订立的契约。此种条约于殖民颇有利益，因为殖民驻在国对于该国商业发展上大有贡献而在条约上给殖民以充分的自主权。一四五三年奥托曼人克服君士坦丁堡时，此种条约，仍旧继续有效，其理由因奥托曼政教合一，而可兰经的规律又仅限于回教徒，自然不适用于外人。泼林斯登大学白郎教授说："重要的事实为我们所应该注意的，乃系土耳其人于大胜之后，竟宽大的承认被征服的民族对于回教徒所认为神圣的事件以及于国家不甚紧要的事情，有按照他们自己的法律和习惯治理之权。"

按照不平等条约，凡完全关于外人的讼案，不论两造国籍相同与否，外人得向他们的领事请求裁判，以避去土耳其的法庭（倘两造国籍不同，则原告须向被告领事起诉）。不但是民事如此（此处所谓民事包括完全商业上的讼案，倘照拉丁制度解释，则商业讼事和民事有明细的分别），而且刑事案件，倘奥托曼人不愿在本国法庭起诉，也得向外国领事起诉。美国、比利时和葡萄牙，因以前和土耳其订有条约，凡刑事案件，不论何方起诉，有完全的裁判权约已二百年。这种裁判权为土耳其政府所反对，因此常因解释条约不同而发生外交上的争执。

除了上述的讼案之外，外人都须受奥托曼法庭的裁判，但是也有限制。

译员问题

凡平常的刑事以及不满五十元的民事，都须由涉讼外人的领事派一译员出席于法庭。译员的职权，视他所代表的国家的地位，审判官的态度，以及译员自己的能力，而有分别。虽则译员没有表决权，然而一切重要的文书，须经他的签字，才生效力，因此他可以把任何案件变为外交上争执的问题。不消说，译员的出席，常使土耳其法官发生烦恼。至于外人和奥托曼人倘因商业上特别的讼案以及五十元以上的民事而涉讼，则由土耳其特别法庭，即商业法庭审理。特别法庭，由土耳其法官三人，关系国领事所指定的陪审官二人组织，当然译员也必须出席。

以上所述的领事裁判权，不过示其大概而已。这种制度去有条不紊的司法制度不尚远吗？虽则领事操司法上的全权，然而他们却非受有法律训练的法官；而况因国籍、语言、习惯等的不同，往往发生许多问题，虽富于经验的法官也不易解决。再加上美国"领事法律"的不易了解其弱点更是很多。种种的法律，往往弄得少年的领事头昏脑涨——他于解决复杂的商业问题时，先要参考"美国法律"，然而再参考"普通律、衡平律和海军律"。倘若这种种法律上也没有明文规定，则又须参考美国国务员所示的训令和所定的规则。因此，虽有精明强干的领事，也难成为宜于处理这种法律问题的法律家，这是显而易见的。

领事裁判权的重要缺点正多。当商人订立契约时，两方都不知将来受何种法律的裁制。所以遇到讼事要发生时，两方都想先攫得财产，以使对方在自己的领事署起诉（因为原告须在被告领事署起诉）。倘被告人数众多而又国籍各异，那末讼事须经许多领事署审理。所以这种权宜的司法制度，必须废除，然后可以成立符合"公正(Justice)"之名的司法制度。

商业法庭，也不见得是光明。当洛桑条约未发生以前，我在一九一九年致哈蓓特将军的报告中，曾经撮要陈述一般合格的评论家——包括曾奉职于商业法庭的法官——的意见，并作下面的申说：

> 最大的困难是在商业法庭的法律问题，因为商业法庭没有确定的法律可为裁判的根据。奥托曼的民律系从宗教法律纂集而来，常和欧洲的法律不符。为法官的往往受两方的责难，一方是土耳其的司法总长和争讼者要求引用奥托曼法律，一方是外国的陪审官要求引用外国法律，且以拒绝

裁判为恐吓。结果往往两方让步，而所下的裁判，乃全无科学的法律上的根据。

少年土耳其法律家之解决法

法权如此的紊乱，无怪土耳其的少年法律家，在战后发生少年土耳其运动时，对于阻碍土耳其司法上进步的领事裁判权，切齿的反对其重现了。一九二三年协约国和土耳其订约时，承认土耳其的反对领事裁判权为合理。所以为尊重土耳其的主权起见，拟定办法，救济土耳其人所受痛苦甚于外人的以前司法制度的缺点。美国鉴于各国取消不平等条约，是否仍要求维持条约上的权利，还是取消已经成立一世纪而今不适于变迁情形的旧条约，我们可暂且不谈。我们现在要问的是订立洛桑条约以后土耳其对于救济的办法已经实行到了如何程度？

一九一九年在土耳其司法界中引起辩论而无法解决的就是五种分立的司法制度。商业法庭和领事法庭的两种制度，上文已说过了。第三种是寻常土耳其民刑事法庭。第四种是土耳其宗教法庭；这种法庭虽则着重宗教问题，及家庭法律问题，然而也包括其他各种问题并大部分的土地制度问题。第五种是非回教徒的法庭：如希腊人、亚美尼亚人、犹太人和其他的人民，凡有家庭问题等讼事，都由这种法庭独立裁判。

不平等条约废除以后，领事法庭、商业法庭和非回教徒的法庭，当然都取消。但是有一个根本的错误尚未改正。这一个根本的错误就是回教法庭的司法独立权。虽则一九一七年把回教法庭隶属于司法总长，以为改良的初步；然而回教法庭仍为一种分立的制度。直至一九二四年司法改组案通过，回教法庭才取消，而土耳其司法制度才得完全统一。

司法制度改良以后，土耳其在今日只有一种组织密切的法庭，其间包括(一)县长的法庭，(二)审理民事及细小刑事案件的法庭，(三)审理重大刑事案件的法庭，(四)大理院或上诉及解释法律问题的机关。

最近我到土耳其时，往君士坦丁堡和安哥拉(Angora)参观这些法庭，每次由土耳其译者伴往，因他的帮助，得以详细研究土耳其的新司法制度。参观之外，并曾和司法总长，和司法总长的安哥拉属员，以及许多法官，律师等熟悉法庭状况的人们谈话，也得到许多资料。据我观察，凡土耳其的法官、律师、官吏等，办事时都很诚恳。在谈话时从他们的面上都可看出他们对于职务有尊重的态度。凡空气、感情、态度等，都和一九一九年不同，着实使人感动。这样的努力改良，虽土耳其的敌人也不能不承认土耳其的司法制度已经转入美善的途径。现在的法庭，显然是事务繁多。往往过了四点半钟停止工作时间还在审理案件，有时且审至傍晚。这种的景象，简直和欧洲的法庭无异，我觉得他们真能实事求是。

土耳其的新法律

土耳其一方改良司法制度，一方也澈底的改良原有的法律。原有法律最重要的一种即一八六九年的民律，也叫做曼特吉勒（Medjelle）。此律和其他法律不同，大部分乃以可兰经中回教法典的原则为根据的。此律和欧洲法律的立意不合，早经要求改良。但是土耳其的政教合一能维持一天，则法律的改良即一天不能实现。后来幸而废去了教主，统一了法庭，于是土耳其宗教制度的威权不复存在，而改良法律的阻碍也得去除。一九二四年我至土耳其时，改良法律一事正在进行。一年以后，土耳其取消修改法律的原议，进一步采取激烈的办法。为什么取消原议呢？因为一八五一条的旧法律颇难修改，所以不能不取消原议而直捷了当的尽量采取适当的欧洲法律。经过研究之后，即采取了瑞士的法律。所以采取瑞士法律，有种种的理由：（一）比了法国及其他大陆国的法律为新，（二）富于"德谟克拉西"性质，适合于欧洲完全"德谟克拉西"的组织，（三）在三种大不相同的民族所组织的瑞士国内著有效果。因此土耳其于一九二六年四月四日采取瑞士法律，于六个月后即实行。十月四日起，土耳其有了为其司法制度基础的民法，足以和欧洲最新的法律相颉颃。至于其他各种法律，也都一一修改：如商法则参考德国完美的商法而订，缓刑条例则参考意大利最新而最合科学原理的缓刑条例修订。

按照洛桑条约，土耳其允许直接和非回教徒们磋商整理家庭问题等的遗传律。所以关于这些问题，非回教徒不一定须遵守土耳其的法律。不过为调和非回教徒的法律和土耳其的国家法律起见，曾经设立过几个委员会以担任这件工作。可是这件工作竟无成功的希望，因为要修改非回教徒的种种宗教制度，须召集各教会的最高团体会议——这件事不但困难，而且最后也得不到彼此满意的结果。再者这些宗教的法制，倘若严密的研究起来，实在有许多陈腐而不妥的地方，如婚姻问题等即其一端。就是那般教徒自己，对于他们的法律也表示不满。他们对于自己的法律既觉得不满，而对于近代欧洲的法律觉得简单而到处可以应用，于是各种基督教徒为自身的利益着想，取消固有的结婚和离婚制度而采取新法制的原则。其他各派的人对于宗教法律问题也都让步。但是让步最大的要推回教徒：他们完全取消可兰经中婚姻的法典而代以男女平权的法典。在这种新法典之下，土耳其的妇女得享欧洲最进步的国家的妇女所享的权利。

美国的特别地位

按照现在正在讨论的条约，在土耳其的美国人关于家庭问题有例外的办法。各种的家庭问题，包括结婚、离婚、分居、父母和子女、保护人及受托人、财产的承继等问题，除非两造愿意受土耳其法庭的裁判，则应由土耳其国外的美国法庭处置。倘由土耳其法庭裁判，则应援照美国法律。这一个例外，乃系美国和土耳其对于旧的司法制度彼此让步的办法。然而侨土美人所兴的讼事，大部分已包括在这个办法之内。这一种保证，使得竭力批评土耳其司法改良的人们可以放心罢！

土耳其改良司法时也注意到限制律师问题。第一步设立了一种规则，限制给执照与律师，结果律师的人数减了一半。并且仿照法国的办法，禁止律师经营商业。至于例外的讼费，也在严禁之列。讼费是由法庭在最后判决时征收的。凡一千镑以下的民事案件，至多收讼费百分之十，千镑以上则收百分之五。其他案件的讼费由审判官酌定。倘一地方有律师十人或十人以上，则照章必须组织公会。公会对于会员有诉诸法庭而惩戒之权。

新司法制度所最注意的是减少民刑案件迁延不判决的积弊。赖改良者的努力，此事已有明显的成绩。刑事方面，全国分为六区，每区设监督五人，以督促刑事案的从速判决。按照定章，凡被告受拘三个月而仍未审判，须将理由呈报司法总长。民事案件，现在差不多也没有搁置不理的情事。普通讼事，一年内须了结。就是向大理院上诉的案件，至多六个月内也可以判决。所以能如此，因为大理院是照法国制度，法官分厅集议而判断的。大理院暂时设在爱斯开希黑(Eski-Shehir)，在君士坦丁堡和安哥拉之间，共有法官四十一人。普通每厅有法官六人，他们既无须听口头的辩论或在记录上下判，而且办事规则严切，自然能够收良美的效果。

新法庭的增设，也是讼案速结的一个原因。土耳其的司法总长曾告诉我："以前在帝国国内，普通民刑事法庭约有八十处，重大刑事案件的陪审法庭等之。现在国境虽则缩小，然而法庭却增至五百八十，法官人数在二千五百以上，合上办事人员，差不多有五千人。"至于训练司法人员，尤其是下级者，政府颇为注重。政府于君士坦丁堡大学原有的法科之外，于一九二五年在安哥拉新设一法科学校,目的在训练少年使成为法界低级的职员——自治安判官和检察助理员起始。这是仿照拉丁司法制度,视司法为终身事业,凡投身于司法界的须自最低的职务起逐步升至司法界最高的地位。

保护人民不受错误的拘捕,也为新制度的特点。为检察官的不独负有检举的责任,而且须保护被告。凡在土耳其被拘的人可以向其区内的检察官申冤。检察官知悉之后,应当立即派一代表去看这个人;倘若经证明为非法的逮捕,那么不但须立即释放,并且须惩处非法逮捕的官吏。这样的办法,使得外国人有了确实的保障。

土耳其法官和律师的完全克尽厥职,使人十分满意。现在全世界的人士都注意于土耳其的新司法制度的试验,而土耳其的法官和律师等对于新土耳其和他们的新事业都有自信之力,这是他们所自豪的。所以我敢信土耳其司法上的设施,以前有利于外国人的,现在却也无害于外国人。

训政时期的新土耳其 *

陶百川　译述

　　土耳其与中国近年来都很努力于国民革命运动。现在土耳其的国民命已告成功了,已由军政时期而入训政时期了。我国呢,军政时期也快要完成,自然也应努力于训政时期的建设。陶百川君特就美国现代史料杂志第二十七卷三号法国著名作家马尔根所著书,以华文译述,登于上海新闻报一月三十一日学海栏,颇足资我国的借镜,因特转录于此,以广流传。

——记者

全书鸟瞰

　　马尔根在土耳其有年,对于土国之人情风俗,政教地势,无不了如指掌。最近将其在土国目击心赏之事,著成专书,以饷当世。时人对于革新后之土耳其,往往漠不关心,即关心亦苦无专著以资参考,故此书之出,备受欢迎。书分十一章。第一章题名曰安哥拉(Angora),略述历年在安哥拉发生之运动,与革新之气象。安哥拉为土耳其新都,较之旧都君士坦丁,真有天壤之隔,云泥之判。盖君士坦丁代表静默,而安哥拉则象征生动;君士坦丁不免暮气沉沉,而安哥拉则朝气焕发。安哥拉在未革命前,本为一中古式之村落。惟历来之革命运动,皆以是为根据地。在土国所有城市中,能屹然保其土耳其之本色,一千年来不为异族所同化者,亦惟安哥拉一村。迨凯末尔起,此村遂为一般人所注目。今则规模宏壮,市政修明,俨然世界上一大都会矣。时人有谓土耳其与凯末尔,犹美利坚与华盛顿,而华盛顿之与华盛顿(地名),亦犹凯末尔之与安哥拉,信然。

---

* 刊于《东方杂志》,一九二八年第二十五卷第二号。

第二章题为凯末尔及其功绩,详述凯末尔之为人,与其为国奋斗之经过。本章结论谓"凯末尔为土耳其惟一大豪杰,亦为世界伟人之一。盖土耳其不独于今日恃有凯末尔而兴,即他日亦将随凯末尔而逐渐伟大"。英国驻土大使克拉克伯爵,推凯末尔为"时代之人"(The man of the Century),非过誉也。

三四两章,介绍土耳其议院之性质,与人民共和党之组织。中谓土耳其之宪法,业由议院制定,宪法中最显著之事例,即为内阁集权制。国会付大权与内阁,与英国责任内阁制,依稀仿佛。次谓人民共和党为土耳其有史以来惟一的革命政党,惟以土国地跨欧亚,故受欧化颇深,于是人民共和党之组织与纪律,一以欧洲已成政党为根据而略变之。

第五章以后,为马尔根精神汇注之处,亦即该书最精彩之部分。希腊败后,土政府即开始训政,其工作之可纪者,类归之得破坏与建设两种,而尤以建设工作为难能可贵。四年来土政府已完成之破坏工作,最著者为苏丹专制政体之推翻(按土耳其王悉称苏丹,王后称苏丹纳),回教主之显位及其管辖权之打倒,民间对教徒之恶感之消灭,宗教师或类似神甫等特权阶级之划除,政教之分离,与人神之隔绝。其最足记述者,厥为回教化之法律的废除与修正。此等法律,在昔盖皆神圣不可侵犯之条文也。以上皆为土政府革命后之破坏工作,举数千百年牢不可破之制度与习尚,一举而摇动之,再举而破坏之,从此可知凯末尔及其部下之毅力与手段为何如矣。兹更将土耳其政府建设事业之近况,分九大类略述于后。

农业状况

土耳其以农立国,农夫占全国人口四分之三,农事之兴衰,为土耳其国运之所系,故土政府自成立以后,兢兢也以农事之改进是务。迟至今日,农夫之生计日裕,农田之产额亦有上驾战前之势。西历一九二六年,全国土地之在开垦中者,计有一千二百九十万英亩,一九二五年,糖萝葡之产量为六百五十万启罗,番薯之产量为七千二百五十万启罗,棉花之产量为七千六百万启罗,烟草之产量为三千五百万启罗,此等产物年来尚有突飞猛进之状,土耳其之前途,正未有艾也。

最可佩者,土耳其在独立战争时,仅小亚细亚西北一带,被希腊兵焚毁房屋二十万所,拔去葡萄藤二千万支,牲畜之被杀戮及掳掠者,多至无可计算。创钜痛深,为土国空前未有之浩劫。然土人卒于战后二年间,悉复旧观,其毅力之可

111

惊也率如是。

土耳其承凋敝之余，当大乱之后，其农业进步之速，何以一至于此？曰：是盖有故。其故维何？即一为田赋之减轻。土政府抱"寓奖于征"之意(按寓奖于征之用意甚善)，将旧时按十抽一之横征制度，根本打倒，而代以减轻人民负担之新制，于是民乃大安。二为田地之赠与。土政府成立后，将公有之田地，与尚未垦植之荒郊，统计一过，随时得应人民之请求，酌量赠与。受土之人，得将土地如私产之遗传子孙，若非连荒三季，政府决不临时收回。三为款项之贷与，土地固给与矣，然无资本以垦植之，则临渊羡鱼，何能为力。于是政府复就各镇设立农村银行，农夫得无条件向银行借款。大概以三年为期，不取子金，贫农称便。四为兵役之改良。土耳其向为民兵制，人人有服兵之义务。此等制度，于农事不无妨碍，然自革命后，兵役时期已缩短至十八个月，在此十八月中，服兵者仍得于收获时解甲归田，料理农事，田作完毕，再来服役，故公私两便，民无怨声。

此外政府于农事科学教育，提倡奖掖，不遗余力。(一)普通方面，现由政府设立中等以上之农业学校十二所，农科大学已成立一所于司蒂番拿，将来更拟在安哥拉创办一所。大学生与教授之由政府资送外国，研究农事者，比较其他各科为多。以上系指普通者而言。至(二)专门方面，土政府亦设有讲习或养成所于特定之处，以资深造。例如在米纳地方之农校，其课程偏重葡萄或烟草之栽培与改良，在勃罗赛则注重果园，在爱达纳则注重棉花。盖棉也，果也，烟草也，皆为各该地之特产，是以知土耳其农产之复兴，迥非靠天投机者可比。

卫生状况

据君士坦丁特讯，依土耳其人口调查局最近调查，土耳其全国妇女，比男子多四十八万一千一百三十七人。盖土耳其于三十年中，迭遭巴尔干战争及欧洲大战，男丁死于战场者不少。国内建设事业，恒招妇女以襄助不足，则欢迎外侨以承其乏。故侨民之移入土国者，年有十二三万之多。惟此等侨民，类多穷苦不堪，公私卫生，初难顾及，以是疫疾流行，较前更甚。且大战之后，必有大疫，故土国在二三年前，居民之死于传染病者，实繁有徒。幸土政府扑灭得法，未惹大祸。近年除瘴气病尚未根本划除外，卫生局别无接到他项传染病之报告。土政府之卫生事业，已大有可观云。

土耳其自一九二〇年设立卫生局以来，成效颇著。截至现在，国内已有药房一百数十余所，模范医院四所，分设于安哥拉雪华士等处，医业专门学校之卒业学员,例须在瘴气病最流行之区,实习三月,然后调回总局,派至各县担任医士,期限两年,供给颇优。此等医士,土国现有三千余名,然与英美比较,相差尚巨。(按美国每十万人有一百三十三个医士,英国每十万人有九十二个医士,德国每十万人有五十一个医士,即法国每十万人亦有三十五个之多。)故卫生局最近又设看护学校两所。入学生员,各费皆免,又免费招收特别生,课程专重公共卫生之研究,与传染病之防范,俾卒业后,分往各地,指导民间之卫生事业。此外土政府又于安哥拉与科尼亚两处,设立保姆养成学校,专门研究儿童之健康与道德等问题,法至善也。

教育状况

土耳其为礼拜上帝之国,回教势力,特别伟大,不独无知细民,迷信宗教,即学校课程中,亦以宗教为人人必修之科目。革命政府成立后,即于一九二四年法律中,规定统一教育之方针,将旧时奉行甚力之宗教规条,及复古思想,设法清除。另代以凯末尔派之新教育制度。迨一九二六年,国会又通过废止宗教教育之议案,除小学校尚有极低限度之宗教课程外,中等以上之学校,丝毫不留宗教之臭味,与回教之迹象。即此一点,凯末尔及共和政府当局之眼光与毅力,实足使人钦佩无地。目下土耳其之教育,悉以真正之民族精神为体,而以科学与新文化为用。小学教育定期五年,完全免费,为人父者,皆有送其子女入校就学之义务。一九一四年,全国有小学校二千六百三十二所,一九二六年则增至五千八百八十三所;一九一四年,小学校中共有教师八千一百六十五人,一九二六年则增至一万一千七百七十人;而学生亦自二十五万增至三十八万五千四百五十五名。中等学校全国计有六十九所,内女校十五,男校五十四所。一九一四年,全国共有中等学生一千四百八十六名,现已增至六千九百九十四。此六十九校中,业由教育部指定十八校,实行男女同学,藉以试验而观成效。如结果良好,则全国各校皆可于最近之二年中,一律开放。大学教育不甚发达,全国仅有大学一所,设于君士坦丁。自一九一四年至一九二六年,大学生自一千余名增至二千八百三十七,大学教授亦自一百二十七名增至二百六十五人。在最近之将来,土政府尚拟新添设一所,以宏造就。至专门教育,则以环境需要,发达颇速。一九一四年,负笈于中等程度之专门学校者,计有三千五百余名,而一九二六年则增至七千九百十一名,超过原数一倍以上。较之普通中等学生,亦多九百十七人,其需要之殷如是。

土耳其复兴与教育之关系，既如上述，至其与文化之关系，尤为显著。欧洲自文艺复兴后，神权主义即被打倒，惟土耳其则在宗教师压迫之下，文化进步，迟钝异常。人民之思想，因神权而外复有君权高临之故，更无自由之可言。迨共和告成，土国文化始放一线曙光。今则日悬正中，光芒万丈矣。二三年来，不独回回教统治下之宗教化的文化，业已淘汰净尽，即西方新思想之输入，亦已有相当之成效。而自回教法律废止后，女权尤日见扩张，向来度非人生活（至多是半人生活）之女子，今已与西方女子不相上下矣。

法律状况

土耳其共和国之法律，一以欧洲法律为脚本而加以改窜。如刑法则借自意大利，民刑诉讼法则本诸法兰西，商法则仿自德意志，而民法则以瑞士国一九二五年之修正本为根据。司法部以下，全国共有初审法院六百五十所，再审法院（The Court of Cassation）一所。再审法院之判决，即为最后之判决，故别无上诉院之设，再审法院共设六庭（拟增至八庭，惟尚未实行）。司法部之下，复设一司法委员会，委员九人，由司法部各司长及再审院院长充任，专司再审院法官之推举与惩奖。再审院法官之资格綦严，除特定之学识外，至少须在初审法院担任推事职务在十八年以上而有功绩者。初审法院之组织，除院长一人外，复设推事三人，惟在狱讼较简之偏僻地方，得仅设一人，若遇重大刑事案件，推事须增至五人，不足之数，则由再审院随时指派。法院无陪审官，拘票须有检察法官与初审法院院长等三人之签名，方生效力。

共和政府成立后，对于实体法大加删订；其中最堪注意者，首推多妻主义之废除（代以一夫一妻制），与妇女享受遗产权之确定。此外，新法典中，复规定信仰宗教权取得之年龄，男子为十八岁，女子为十六岁，父母不得借箸代办。在规定年龄前，"回教徒之子世为回教徒"之恶习，至是乃为法律所打倒。

工商状况

过去两年内，土耳其工商部之成绩，大有可观。对外贸易，日见发达。土国总商会现拟于君士坦丁设立一对外商业机关，仿法兰西海外商业推广公司之办法，以求海内外供求之相应。其组织办法，已得土政府之核准，不久即可实现。土国政府与他国之商约，已成立者，计有德意志、匈牙利、芬兰、苏俄等数国，其他各大国亦正在交涉中。此等商约，一以平等互惠为原则，且关税自主，随时可增减其税,以资调节,故不受外货之压迫。而工商业亦有日增月进之势。查一九二三年,全国进口货总计约值土币一亿四千四百七十八万八千六百七十一镑;一九二五年则增至土币二亿四千二百三十一万四千一百一十八镑。此项进口货赢利之大部分向为英吉利所占,今为意大利所得。至出口货亦自八千四百六十五万一千一百八十九镑(一九二三年),涨至一亿九千三百一十一万九千四百五十镑(一九二五年),较原数多出八百四十六万八千二百六十四镑,与进口额相差亦不过四千九百一十九万四千六百六十五镑。且进口货超出口货,有时亦为一国商业发达之象征,故吾人在未知土耳其之需要前,不能以入超为土耳其喜,亦不能以入超为土耳其忧。

商业之发达,与航业之发达,恒相互而成正比例。土国商业之发达,既如上述,其航业之发达,可以想见。据最近调查,土国 SS 轮船公司,在一九二三年所有船只,载重三万六千一百九十七吨,一九二六年则涨至六万四千零五十吨。其预算案亦由二百五十万镑土币,加至五百九十八镑,合计全国船只之载重量,一九二六年为十四万二千二百四十二吨者,一九二七年已可增至二十一万吨矣。

商业之发达,与社会之富厚,及城市之发达,又相互而成正比例,故土耳其自商业发达后,商业会社日见增加。统计全国,欧战末年仅一百三十八所,今则属于外人者一百七十五所,属于国人者三百八十七所。此等会社,无论本国或外国,悉受土国政府之管辖,故无操纵市面,垄断商业之弊。至银行业之发达,尤使人咋舌;闻土国现有银行八十六家,内四十家由外人经营,四十六家则完全由土国政府及商人主持之云。

以上系土国四年来之商业状况,此外则工业状况,亦有绍介之必要。土国在过去四年中,赖政府之奖励,私人之投资,与外人之帮助,工业方面颇称发达。全国现有工厂一千九百二十二家,发展之速,实出前人所逆料。出品之大宗为丝织物、毛毡、面粉、肥皂、糖及水果等。矿产方面则以煤、铜、锰等为最著。煤之产量,仅海拉克利一处,已有一百万吨之多。全年矿产收入,一九二三年为土币十万镑,今则增至一百二十六万镑矣。

财政状况

土耳其财政基础,年来已非常稳固。其经济之来源,如民间税项,外国借款,机关收入等,不一而足。英国某理财专家,特为考查土国状况,留土半载,回国后,与友人谈及土国财政,伊辄频频点首,表示赞许。并谓土国如欲向他国借款而偿余签名担保者,则其数无论若干,余必欣然承诺。其褒奖土国之财政也如是。

在昔土国财政制度,往往重征农民,优待城市之特权阶级,以致食肉者食肉,吃糠者吃糠,形成太不平等之局面。鼎革后,土政府毅然改良,使城市与乡村悉受相当之待遇,一视同仁,无所轩轾。遗产税所得税等亦陆续征收,以跻于平。此外政府对于外人之投资开发本国实业者,竭诚欢迎。此与中山先生之实业计划,不谋而合。陆象山有言曰:"东西有圣人焉,此心同也,此理同也。"岂不然哉!岂不然哉!

人口状况

土耳其二十年来,迭遭巴尔干战争及欧洲大战,男丁之殁于战役者,更仆难数。现在除安哥拉一城外,其他各地,无不现阴盛阳衰之状态。此为土国最大之隐忧。且多妻主义业已取消,此后人口之增加率,将益见缓慢。为补偏救弊起见,于是遂有欢迎外人之规定。查土国现有人口共计一千六百万名,十年之后,预计可增至二千万名。外来侨民平均每年可增十万。此等侨民类多来自巴尔干半岛,勤劳质朴,于土国颇有利益,是以颇得土政府之优待。过去三年中,土政府为招待外侨所费之土币,每年约在一亿二千万镑之巨。此外,土政府更为外侨造屋六千间,修缮一万二千椽,而耕犁之无条件赠与外侨者,共计三万七千四百七十六柄,耕田用之牲畜,亦多至二万八千六百四十头。将欲大来,必有小往,土政府可谓所见深远矣。

交通状况

自来交通事业与国家之隆替,所关甚巨。土政府之建设成绩亦以交通事业为最著。故殿篇末以结吾文。

为便于理会起见,请分三项,略述于后:

(一)铁道

土国现政府最著力处,即为铁道之修理与建筑,故时人为题一绰号曰"铁道政府,"极言其扩充铁道之努力。在过去三年中政府虽感财政之困难,然铁道上之费用,每年至少在土币二千五百万镑以上,今后尚拟大事扩充,故一九二七年新预算中,铁道费用已加增一千一百四十四万三千镑。每年共计三千六百四十四万三千镑,最近十年内,预料可以完成下列诸线:

(甲)自君士坦丁经安哥拉而至客色利亚(Callarea),长凡九百六十个启罗迈当,业已通车。

（乙）自客色利亚经雪华士（Siwas）而至考尔士（Kars）以与苏俄高加索线相衔接。

（丙）自雪华士直达黑海之滨。

（丁）自客色利亚至热格突。

（戊）自安哥拉至海克利亚（此为煤区）。

（己）自君士坦丁安哥拉铁道放一支线,与海克利亚安哥拉铁道相衔接,以横断小亚细亚西北之大森林。

（庚）此外如产铜产糖产锰之区,皆拟建筑铁道,以与大城相交通,惟成功尚缓,故不列举。

此项铁道之建筑,需款甚巨,若尽取诸民,则民将不胜其苦,为智者所不为。土政府深知其然,特与外商合资举办,订立合同,按股任款,至铁道之主权,则仍归国有。

（二）道路

铁道之建筑,固称重要,而道路（如马车路等）之修铺,亦不容稍缓。土政府已将全国道路,计划一过,自乡村至大镇,皆须铺设一路,以便行旅。此项道路,系由政府责成各地方筹款自筑,如此官民合作,轻而易举,计至得也。

（三）其他

交通利器之难办者,铁道而外,则惟电报电话。关于电报之运用,土政府已与大东电报公司订有三十年之合同。电话线拟自小亚细亚各村镇直达安哥拉,君士坦丁等处。此项工程,已由瑞士意拉生公司承保,五年内可以完成。无线电台已在安哥拉建筑一座,可与华盛顿互通问讯。短距离之无线电台,亦已设置一座于君士坦丁。皆由法兰西人代为建筑,代为管理,惟规定于竣工后十八月中,承造人即须将所有主权,全归土国。即大小职员亦非土耳其人不准充任,故于土国前途,毫无障碍。

土耳其废皇的新婚与新回教运动[*]

微　知

　　土耳其前皇，回教教主，摩罕默德六世，自被土耳其国民政府放逐，亡命瑞士，已经三年，每年仅由政府供给一万八千镑的金额，以作日常零用之资。他今年已达六十岁之衰龄。但传闻去年十一月中旬，复和芳龄二十二岁的巴黎女子赖帮缔结新婚，这正和德废皇在荒岛新婚，是无独有偶的了。

　　当土皇在朝时，后宫之数，虽无三千，足有五百。这次在巴黎新娶的赖帮已是第五百零一位后妃了。多妻主义，本为回教经典《可兰经》所许，但也限于四妻，除了教祖摩罕默德有十三妻以外，一般教徒都恪守着四妻主义，莫敢违背。摩罕默德六世表面上也不敢破坏。他的后宫五百，正妻也只有四人，其中一个病死，一个于旅行意大利时，适遇火车冲突，成为牺牲，这次新娶巴黎女子作为正妻，是算不得违犯教规的。

　　考回教徒之所以允许多妻主义，原因实出于回教传教的积极手段。盖当回教势力风靡之时，回教军欲迫令被征服者改宗回教，有抗拒者辄被杀害，因此孤儿寡妇之数，骤然增多。为保障他们的生活起见，故令有财力、有地位的聘娶四人，作为正妻，予以同等的待遇，其后风习相传，遂成为正规了。

　　不过话虽如此，一般的回教徒，也不是全体实行多妻主义的。实际上这种多妻主义已因文明的进步，时势的推移和环境及经济状况的变迁，无财力的固不必说，有财力的，实行也很困难。即如我国三千万的回教徒中，实行多妻主义的，确属很少。近东一带的回教国，亦渐受欧美文化输入的影响，于知识级阶之间，倡导男女同权的，年多一年，所以现在回教的多妻主义，实际上可说已经断绝了。

　　多妻主义的绝灭，一半也由于民族自决运动的勃兴。大战以后，回教国家的民族自决运动，风起云涌，就中土耳其的复兴，尤与回教民族以莫大的光荣。凯末尔一派的革新运动，更彻底的模仿欧化，把向来一切弊窦，都归之于回教生活

　　[*] 刊于《东方杂志》，一九二八年第二十五卷第三号。

即宗教传道之罪，绝对否认宗教，废除多妻制，实行一夫一妻制度了。

不过凯末尔一派虽主张否认宗教，但是回教徒的潜势力，却依然非常浩大。回教教徒非特不会减少，反而努力运动，在印度以摩罕默德埃里等为中心，有所谓 Ahmadiyya Movement 的回教运动，各国回教徒亦尚真心一意的皈依。他们的运动，是要把旧来的回教，打破一切的弊害而与以更新的面目，这种回教更新运动传播极速，是非常值得注意的。

单就《可兰经》来说，由印度 Ahmadiyya 运动团体所出版的，也是摩罕默德埃里所亲自英译的，已经销去了数万册，今更计画就此英译本，翻译成马来语、苏门答腊语，以弘布回教教义的新解释。我国的回教徒，传教以来，千余年来，视翻译阿剌伯文《可兰经》为冒渎神圣，但最近也预备汉译了。上海有名的富翁，且信奉佛教的犹太英人哈同由于世界宗教研究的见地，现方督励数个学者从事于《可兰经》的汉译。此外伦敦、巴黎、柏林、莫斯科等大都会年年有巨大回教寺院的建设，白人基督教徒，改宗回教的，更年年加多。从可知回教徒的更新运动，已在着着进展，不可小觑了。

与回教新运动及民族自决运动同时，近东一带的回教妇女，向来出门则笼着面幕，居家则幽居闺房的，现在亦自由出现于市街，妇女运动的风潮，亦渐渐兴起于各回教民族之间，而尤以土耳其为已进于实行。这实是回教民族复兴的机运了。

凯末尔不容易揭去土耳其妇女的面幕*

哲 生

土耳其共和国的总统凯末尔将军,对于土耳其妇女的生活,已曾有许多改革,但要揭去土耳其妇女们的面幕,则终于未见成功。

在君士坦丁一带,旅行者固然不能见到一个蒙面的妇女,但在安那它利亚等处,则情形便不同了。这是因为土耳其人民在这点上,不容易接受政府的好意。而土耳其政府,也没有像其他改革的坚决。凯末尔虽处事十分的坚强,他也知道这个习俗,是不容易对付的,所以他不下坚决的命令。他命令土耳其男子从某日以后,不得再戴那特有的赤色的帽子,这是容易办的,但一触到妇女的问题,特别是妇女的面幕问题,事情就不是这样简单了。

那塞尔那富商的女儿,虽曾有几年纠缠过凯末尔,但凯末尔的独身生活,是向来以此自傲的。他以独身的男子,竟能深知土耳其妇女的心理,他对于妇女面幕的问题,只是劝告,只是宣传,报纸的言论,无线电话的演说,从种种方面来宣传。或诉之于妇女自傲的心理,或诉之于妇女的爱国心,或诉之于行动的便利,或同男子们辩论。最后一点,是因为守旧而有权力的土耳其男子的要求,根本须加以矫正。政府虽仅是宣传,但暗中也有点警告的意思,即关于蒙面废止等问题,人民不得有反对的言论。

宣传的结果,则行人走遍了安那它利亚见不到一个女子的面孔,简直可以说,自最近的土耳其人口的变动以来,土耳其裸露着面孔的女子的数目,愈加少了。因为这次人口的变动,土耳其境内的希腊人、亚美尼亚人及其他少数的信奉基督教的异国人——他们原占到土耳其全人口的百分之十五——都走了。他们的不蒙面的妇女,自然也跟着一同走了。

例外的,只有官吏阶级中的妇女——学校教师与学生、政府的女雇员,以及政府中人的妻女。土耳其妇女,果然有许多是自愿揭去面幕的,但在内地的小村

---

* 刊于《东方杂志》,一九二八年第二十五卷第七号。

镇中，公共场所，很少见妇女的踪迹，这就是证明妇女们或则不遵政府的意旨，或则简直打那少出室门的主意了。

穆罕默德并不曾教回教的女子把脸遮起来。蒙面的习惯，是后起的一个恶习，是《可兰经》以外的东西。《可兰经》只说，女子不应把她的美丽，显露给陌生男子看见。而所谓女子的美丽，是指头发、珍珠，以及其他衣饰而言，脸孔倒没有说起。但不知何故，却来此蒙面裹头的习惯。在今日的土耳其中，妇女们有已揭去了面幕，剪去了头发的，但见客时，仍是非裹头不可。老年女子，头上裹着黑布，见男子时，更把它拖一点下来。年轻的女子，尽管她着得漂亮，穿着短短的裙，露着长长的腿，像一般时髦的西洋女子一样，她必定要包着头，正如西洋女子所戴的帽子一样。

土耳其妇女，对于裹头见客的礼节的不肯改革，从下面所述的一个例子中可以明显的看到。有一个美国人，在土耳其交到一个朋友，这朋友是一个铁路上的职员。他生长于美领的赛泼赖斯岛，讲得一口好美国话。生活的方式，不消说是已经西洋化的了。他的妻子，不消说也是一个配得上他的新式的土耳其女子了。她的服饰、语言、举止，都已西洋化的了。这一天，那美国人第一次到他家中去访问，一叩门就出来一个女仆。她见这位美国人，是异国的男子，便一手把门关了，不让美国人进去，她只在门缝里窥探着，要那男客人略待，以便她的女主人把大衣穿起来，把头裹起来。她让客人等了许多时，才得把大衣紧裹着，把头缠着出来，其实她是早已剪了发的了。

在君士坦丁——也许在安哥拉——所见的不蒙面的女子，她们的情形，好像病人经过几个月的病院生活以后，一旦被释出来，有许多很不容易习于这个新的变动的表示。当一个男子，趋近她们的时候，她们辄不自觉地，会动手捉那向来缠着的，但现在已经脱却了的，颈上的缠布，做出要藏起脸来的手势。这可见习俗入人的深固了。

土耳其当然也不乏美妇人，妇人中当然也不乏欢迎新习惯的人。况且普及的女子教育，渐将在土耳其成为真实。政府设立的女子学校，又规定现代式的服装，则蒙面习俗的破除，迟早总可成为事实的。

在别项的事件上，土耳其的妇女，也显示出一点迟慢的进步。你可以在君士坦丁的街上看见一个男子，抱着小孩，他的妻子空手跟随着，或并肩走着。这一种男子体惜女子的情形，在土耳其的较不进步的几处地方，就是不易看到的。

在比较的繁盛的土耳其城市中，社会上地位较高的妇女们，已在迎合欧化的社会生活了。跳舞渐渐的盛行了，不过在跳舞场中，男女的比例，大相悬殊。大抵愿意在舞场上现身的，四十个男子，才当得一个女子。许多女子，只与他们的丈夫跳舞，要是有个男子手腕漂亮，得偕一个人家的妻子相拥跳舞，那么，这位丈夫，便不免要怒目以待，预备决斗了。

在社交上，男女间致礼的问题，土耳其人也只能得到半欧化。他们相见时，是先和男子握手，或者只和男子握手。

在君士坦丁，女子也同男子般自由出入于回教的礼拜寺，别处则女子便不容易在宗教的地方看见了。在安那它利亚很少有女子在店铺中，公司中，或官舍中服务，只学校及邮政局中，比较的多一点。

从法律上说，土耳其是已经废除了多妻制的了。在一定日期以前，所娶的许多妻子，男子得继续占有。但自此日期以后，则男子除一妻以外，不得再娶第二妻。但宗教律还没有变动，回教徒得娶三四妻而极不自疚于道德的意识。不过他那正妻以外的妻，和她们的儿女，不得受法律保护罢了。又新定法律上，多妻的限制，对于乡间的农人，是吃亏的。因为土耳其乡农，不易得到田上工作的牲口，于是田土的面积，如新有所增，农人的妻子的数目，也就不得不增了。如农人有四处的田作，则他便于每一个田作上，留一个妻子。他如只有一处田作，他便只要一个妻子，或再添一个以备他出门服兵役的补缺。这是土耳其乡间经济生活所产生的习俗。

城市的男子，便不需要，而且也没有能力供养这许多妻子了，所以他们早也就跟了欧洲的样子，走向一夫一妻制上去了。新法律既有这样的规定，自然于他们是更合宜的。但竟有妻子因此会怨怼的说：假使她的丈夫多引几个女子进门，作他的妻子，则她对于丈夫的琐琐的护持，便可卸责不少。这样的说法，便非欧洲的妇女们所能了解的了。

今日土耳其的结婚手续，已极简单。结婚的男女，只要到市政公所去登记，便够了。登记时，呈出医生的证明书，两方的照片，纳相当的手续费，然后乃得政府许可的公文，公文上贴有两方的照片。又结婚前的两星期，须有结婚通告。外国人或非回教人，亦得娶回教妇女，不过所生子女，则必得为回教徒，丈夫得不携其妻子入基督教的教堂，或犹太教的教堂。妻子也得不偕其丈夫入回教礼拜堂。如有人不得医生之证书，而擅自结婚，则将受十五年监禁之处罚。如欲于市政公所所行的结婚手续而外，再加以宗教的手续，则或前或后，不妨举行一度，但于结婚的实际不生任何影响。

当苏丹时代，土耳其的离婚，是极便易的。离婚时，只消丈夫对那剩余的妻子说一声"请你走罢！"则这个不幸的妻子，便只好走。至于妻子，则不能离异她的丈夫的。现在则在离婚事件，及其他事件上，土耳其的男女，已立于法律上平等的地位。离婚比较的不容易得多了，且离婚时，必须经过相当法律手续。

在昔法庭上做见证时，男子一人，当得女子二人，现在则并没有这种差别。不过在土耳其，女子至今还不能选举，虽然妇女主义的运动，已在萌芽了，但这是些出过国门有政治野心的几个女子而已。凯末尔对于这点，也是不甚急进的。他的政府中人有的具体地说："我们不能让女子去选举，或去执政，因为土耳其的法律，不允许这个。"现在土耳其男子对于妇女还不能有相当重视，他们还是用了穆罕默德的眼光来看女子。乡村中人，更把女子看得与厩中牛马同等，她们只是一种工作的便利品而已。

新土耳其财政上改良的施设*

颂 华

大战期间，交战各国莫不增发纸币，以致财政紊乱。故迨至战后，她们财政上的整理，都很困难，过了好几年，才有头绪。有许多国家，不能不利用外资，以图补救。土耳其本非工业发达、富有的国家，而于大战时却是参加大战的一分子。大战告终，别的交战国都停战议和，而她则仍在交战状态，因为希腊和她打仗，国内又起革命。故她于财政上实在比较欧洲参战的各交战国还要困难。因此早有人推测，新土耳其如果不借外债，财政上的破产终是难免的了。但是革命后的新土耳其至今尚没有借外债。究竟她的财政情形怎样呢？我们读了她财政部长 Sarajoglu Shukry Bey 于四月十八日发表的演说词，以及根据外讯，考了她最近的财政状况，不但明了对土耳其财政不免破产的推测是不确的，而且还觉得她财政上因有种种改良，故以后尚有渐入佳境的可能。

照她财政部以前公表的统计。土耳其于一九二四至一九二五年间财政上的赢余达三百二十六万八千三百六十二元（以美金计，以下仿此）；于一九二五至一九二六年间财政上短绌四十二万一千二百三十九元；于一九二六至一九二七年间则又赢余五十五万九千五百一十七元。一九二七至一九二八年总支出和收入的确数虽尚未完全明了，但亦有赢余的可能。财政部长于演说词中谓上述的数字，足为新土耳其的一种光荣，因为土耳其不但没有借外债，且能于财政上使收支适合。不但如此，新政府于公共建筑以及补助教育上所支出的经费额比从前旧政府时代还高。旧政府时代，领土较广，但于公共建筑所支的经费始终没有超过财政上总收入的百分之三点五；而新政府这项的支出则差不多占财政上总收入的百分之二十五。旧政府时代，教育经费不过占财政上总收入的百分之二；而新政府的教育经费则占财政上总收入的百分之十二点五。以现在的情形与旧时相较，已经有许多进步了。

---

* 刊于《东方杂志》，一九二八年第二十五卷第十三号。

然照财政上的支出看来，有一点是不能令人满足的，这就是年费仍颇浩大。现在新土耳其的年费占到财政上总收入的百分之二十四。按她财政部长的解说，则土耳其年费的支出，虽仍颇大，然比较欧洲各国，还是要算少的。大战之后，土耳其对内对外，战事延长，未能早熄，以致军事不从早收束。这于军费的不能立刻大为收缩，颇有关系。

至于新土耳其财政基础所以尚能稳固的原因，按财政部长的报告，并不是全在加税，一半实由于收税方法的改良与国内经济状况的逐渐进步。这是我们值得注意的。土耳其在从前旧政府时代是取包税制的。承揽者为图利起见，便不恤竭泽而渔，以致民不聊生。现在新政府改良了收税的方法：一面注意民生，一面剔除收税的弊病。故国家的收入比从前多，而人民的痛苦比从前少。至若从前旧政府对内对外所负的债，为数虽多，然已列入预算，预备清理。旧时对外的债务，俟与列国议妥办法，就可开始拔还，而内债则于新政府成立以来，数年之内，已偿还了二千五百万元了。照我们看来，这与国家财政上的信用是很有关系的。

财政部长于他关于备算的演说，提及创立国家银行的必要。因为现在的银行制度有根本改革的必要。照他的计划，创立国家银行的资金，可从以下三种来源得到：（一）国库中所有五十万元的现金储蓄；（二）出售了国家所有的，无甚历史上价值的珍宝所得的现金；（三）以新纸币代替旧纸币时所得的一注赢余款项。

关于第一种的来源，外间以前不大有人知道。及至财政部长发表了，大家方始晓得。第二种的来源，知道的人很多，因为政府尝表示过这个意思。而批评者亦很多。不过据说国家银行的创设，不很靠托这两注现金。财政当局所注意的倒是第三种的来源。何故呢？因为到大战时旧政府所发行的纸币，总额计有八千万元。从本年正月起到六月止，为旧纸币一律调换新纸币的期限。过了这期限，旧纸币一律作为无效。现按外报所载土耳其的消息，从今年正月到到四月下旬，政府由调换而收回的旧币不过五千五百万元。民间所藏的旧纸币从前因革命与战争而毁失者至多。故财政当局预计从第三种来源，可有一千万或一千五百万元赢余之谱。而国家银行的创设，大部分可赖从这种来源得来的赢余。

现在新纸币的总额，将与从前一样，总共八千万元。从前的旧纸币毁失了许多，金融上已呈周转不灵之象。结果于工商业的发展，颇多不利。所以代替旧纸币的新纸币，总额八千万元，不能算太多。滥发纸币本来是新政府所竭力防止的。一般人预料至六月底止市面上旧纸币完全绝迹。有了八千万元的新纸币流通，金融界上不患周转不灵了。

看了上面所述的情形，我们便可知道新土耳其虽没有借外债，财政上并无破产的危险。财政上的收入虽靠加税而增加，但因用时改良收税的方法，剔除中饱滥用的弊病，故尚不致病民。他如创建国家银行，已有具体计划；改良币制，又已见诸实行。故金融界与商业方面，比较在前，可望进步。这都是新土耳其财政当局从困苦艰难之中，奋斗努力得来的成绩。可算是东方新共和国一种可喜的气象。

凯末尔——新土耳其的创造者 *

潘世杰 译

凯末尔的生平，要想知道的人必定很多。本篇为最熟悉土耳其内情之埃及前内务部长 Ibrahim A Khairallah 所著，曾刊登于本年四月份之美国现代史料杂志，现由潘世杰君氏译为汉文，以飨读者。

一　凯末尔的经历

甘齐·穆斯塔法·凯末尔(Ghazi Mustapha Kemal)，是新土耳其的创造者。他于一八八〇年，生在萨罗尼加(Salonica)地方。晚近这地方因是推翻旧土耳其政治运动的中心，而且因为这种运动的目的，是在努力建设合乎时代精神的新国家的基础，现在已有相当的成功，故已成为著名的城市了。甘齐或"得胜者"，出身于中产阶级。他的父亲曾做过政府里中级官吏，晚年为木商。他在早年，已于数学上表示其天才，教师因他聪颖，就唤他"凯末尔"(Kemal)。"凯末尔"的字义就是"尽善尽美"(Perfect)。这个表号，他是担当得起的。

一九〇四年，他毕业于军官学校，得了陆军大尉的职衔。他因抱自由思想，反对哈密德(Hamidian)的专制，参加"少年土耳其党"(Young Turkey)的秘密组织，故尝激怒了贤迪才皇朝(Yildig Palace)，且比别方面许多扰乱足以激怒它的程度还高。后来就被政府拘捕下狱了。他遇赦后，便被远遣到帝国的偏僻地方——因为他还在青年时代，并不是过于危险的自由党人。凯末尔未曾放逐于叶曼(Yemen)，或是阿拉伯(Arabia)的荒村，却是被遣到叙利亚(Syria)去，可谓侥幸极了。他先在大买司寇(Damascus)，住了几时，后至耶法(Jaffa)，即被任为低级军官，他于那时交结了许多在"红色苏丹"(Red Sultan)专制魔王下备受残暴虐政的同情志士。从耶法他就潜行经埃及、希腊，而至萨罗尼加。他到了那边，

* 刊于《东方杂志》，一九二九年第二十五卷第十六号。

即与其他吏员组织了一个"统一进步委员会"(Union and Progress Committee)。于一九〇八年他与他的同志谋将亚伯都哈密德(Abdul Hamid)推翻,宣布立宪。可是他的活动,被军事侦探报告于政府,政府认为叛逆,即下令通缉。幸得其友人,当时任萨罗尼加警务司令,及安哥拉(Angora)内务长的谭其密耳(Djimil Bey)之援助,幸获逃免,复至耶法。于是一场波澜,乃告平静。

　　一九〇八年政变之后,凯末尔由耶法回到君士坦丁堡(Constaninople)了。萨罗尼加宪法颁布后,旋即召集"统一进步委员会",当他在那地的时候,他对安佛尔(Enver Bey)所提议的政策,即是引起军队冲突的政策,极端反对。他坚持军队须绝对的脱离政治的主张。这是因为他早有真知灼见,认定安佛尔的政策施行后,必有莫大的弊害,结果必致有人造成军政的狄克推多制,使军队腐化,并牺牲国家的幸福,以图私利。所以他在那地的时候,诚恳的申诉,要建设真正的民主政体,切不可重行苏丹的腐败制度。在这里,我们所可注意者,即在他一生事业开始的时候,他即信仰他的主义,而努力奋斗,以促其实现。当时他的忠实的声请,终于无效,故他就决然脱离委员会的关系了。

　　一九一一年,意土战争时,他在埃及,因欲避免当局的注意,即前往的黎波里(Tripoli)去统率防御军于旦挪(Derna),直至休战。

　　一九一二年,巴尔干之役,他被调遣至加黎波里(Gallipoli)去,抵御一往直前的巴尔干军队。及至凄惨的和平告终后,他又被派到索菲亚(Sofia)去当公使馆的侍卫武官。直至大战开始方始离职。

　　凯末尔不是一个羡慕德国的武力者。当严重紧张的一九一四年的夏间,他即坚决反对土耳其的卷入战争漩涡,且坚决主张土耳其应该取自卫的政策。但安福尔是一向倾慕普鲁士古京波此潭(Potsdam)的军事计划和德国的枪械的,他怎不赞成将土耳其降为德意志的附庸国的地位呢!凯末尔既然不主张如此,故在仓皇戎马之中,他始终继续不断的奋斗,反对德国的威权,并在可能的时机,常批评德皇的将领们,直截痛快的说,这次战争,于德国是不利的。但他一方面批评,一方面还是依然尽他的责任,为顾全大局起见,肯做他所不愿意做的职务。不消说,安佛尔是很忌他的,故设计排挤他,且故意命他担任尚未完全成军的军队指挥官,这军队是从前线残部和伤愈的兵卒召集而成的。虽是这样,他担任了这个职务,却把所有如在海洋上飘浮着的弃物的残部,编成了模范的军队,显其指挥的声威。于加黎波里的战役中,在他大尼里(Dardanelles)一役,又迎头痛击了协约国的军队,使敌军大败,这是大战中很有名的一仗。尤其是在这方面,他所得到的胜利,能于大战中表现他惊人的伟绩!

他后来自加黎波里被调至高加索的前线去,便援救了安佛尔所支持不下的重大丧失。在俄军手中,他夺回磨雪(Moush)与别脱里斯(Bitilis),扫除土耳其军所受耻辱的失败。后在叙利亚之役,他时与德将领反对。故谭其密耳的随笔录里,多记述他自己与凯末尔,及凯末尔与德将不睦的事情。当时凯末尔因与德将不睦,故常向陆军大臣及土国务大臣报告申诉。但虽上了许多申诉与报告,总是得不到复令。他明知在此情况,和德军合作是万不可能的,故即行辞职,退居君士坦丁堡。后又被派与土国皇太子同伴,前往德国,游历前线。那时他以极不客气的话,使向导官员难堪。有些话拉纳马群(René Marchand)曾摘记在他的《民族晓鼓》(Le Re'veil d'une Race)书里:

"你有后备军吗?"

"我们没有。"

"那么你们便不是如你们所自负的胜利者了,你们情况真是危哩!"

"你于战争是已失败了。"这是他对德国路登道夫(Ludendoff)将军的答语。

因路登道夫尝问他对于战事的感想。

当他重返土耳其时,新苏丹(Sultan)任他为叙利亚的第十七军指挥,他固辞不获,只得就职。惜为时已晚,战役将了,在被迫的抵抗中,土军不得不退至亚拉波(Aleppo)。停战后,他即以敏捷的手段,自英国军队的侧面,解其本国军队的围。虽君士坦丁堡下令禁止他继续抵抗,然他仍能尽其能力,从容将土国炮队步队救出后,方始卸职。

既回君士坦丁堡,他见到全城悲惨,即一般热忱的国民党员当中也有人趋于消极了。祸患之来,无可救药了!大家都听天命的安排。有些人还做最后万一的希冀,就是盼望美国出面维护,以救这将要纷崩瓦解的帝国。可是在悲凄恐怖的时日中,穆斯塔法·凯末尔对他祖国的命运,从未失了他的忠诚。他依旧相信挽救土耳其的危机,不在靠外国的援助,须赖自己的奋斗与固有的实力。

斯密那(Smyrna)既被希腊占领,他奉命至黑海撒崇(Samsoun)为第九军检阅官。他在该处从事聚集全土国民军,整军经武,以求其祖国的解放。由是协约国际及皇朝都猜疑他,故后来他即被召回土京。回京后他即辞职,住在京中。他旋召集第一次国民党会议于埃尔斯伦(Erzroum),继又开第二次会议于西威斯(Siwas)。在会议终了之前,与会者组织了一个永久委员会。他被推为该会委员长。虽苏丹剥夺他一切法律赋与的权利,而他的声势浩大,内阁菲理得(Damad Ferid Pasha),竟于事实上被他逼迫告退。新内阁亚里列才(Ali Riza Pasha)成立,即力谋休战。当内阁进行议和时,他飘然远引于小亚细亚内地,并在该处召集国民大会,藉以远避协约国的压迫。其时亚里列才因不肯承认协约国方面的要求,英军即占领君士坦丁堡,解散议会,驱逐议员于马耳太(Malta)。凯末尔乃毅然另行召集新会议于安哥拉。其后苏丹便变成了英国的傀儡,故遣派所谓治安军(Army of Order),去镇压凯末尔,且煽动阿那托利力亚(Anatolia)一带农民,起来反抗他。但治安军终于溃败,而农民的暴动,亦卒被凯末尔压平了。

到了这个时候,英国就以希腊为工具,怂恿希军,乘机深入土国的内地。幸于正月和四月间的二次鏖战,凯末尔能够制止希军的前进。英不忍见希军失利,即输送大批军用品帮助希军,鼓励其直取安哥拉。于是土军大苦,不得不竭力抵御,酣战二十二日以制止敌军的前进。国民会议又任命凯末尔为大元帅,令他亲临前线指挥。惜其时土军军容不振,为了军需不足的关系,不能制胜。故遂任希军在爱斯启瑟耳、阿飞温、卡喇喜萨(Eski-shehir-Afiour-Karahissar)一带,筑起坚固的炮台了。战事日复一日的延长,土人的情况,日益艰难。土国经过了八年来连绵的争战,元气大伤,而且土耳其大部领土,被协约国所占领,海港都被封锁,军火未由输入。故此时大家又复悲观失望,而众议员与军队,相率吁求平和。但凯末尔猛烈反对一切懦弱之举,准备忍苦最后的挣扎。他到处——在安哥拉唤起议员积极的精神,在战场上鼓励士兵杀敌的勇气,在内地则设法安慰人民的疾苦。所幸到了后来,他所期待的时机,果然到了。至一九二二年八月二十五日,他通告国会,决于次日采取攻势。他采取了攻势,便进逼希军于阿飞温、卡喇喜萨。此处为希军战线的最要隘。结果,他将希军的战线截成二段,且随即下令在四十八小时内,驱逐希军。至八月三十日,复作第二次攻击,希军又溃退。及至九月九日,土军乃长驱直入斯密那了。此时敌方向土要求休战。继即谈判和议,而土耳其乃收复欧洲旧有领土,远至马里才(Maritza)。伊斯美德帕沙(Ismet Pasha)前往洛桑(Lansanne),列席会议,得协约国的同意,将从前屈辱的条件取消了。

一九二三年十月二十三日,共和国正式宣告成立。凯末尔的初步事业便完了!土耳其虽曾被压迫于一时,至此乃重光其色彩于世界的地图上面,而积弱和可耻的屈辱,也都洗刷干净了!

二 凯末尔是解放他祖国者

穆斯塔法·凯末尔是个解放他祖国者,同时又是创造土耳其将来的伟大和兴盛的人,所以他是将来历史上不朽的一个人物。他像古今来伟大的人物一般,有深切的信仰与远大的眼光。他信仰土耳其民族的命运,是永远不能动摇的。当那一九一八年大战和会后的悲惨时候,当那一九二一年希腊侵略的时候,他的祖国满呈瓦解的危机,但他始终独能坚持他的信仰,依然反对懦怯与沮丧。且在那时,他发表几句至理名言,足以传诸后世,垂训畏惧灭亡的民族。那句名言是:"我们的民族是不会灭亡的。除非这地球的壳面不紧实,不能载我们的棺木的重量,我们的民族才会灭亡。"

至于他战事上的成功,我们不必在这里多讲。不过照军事上公平的眼光观察,则他于(一)他大尼里之役,(二)长驱希腊军之战及(三)解救阿那托力亚之围,都能显出他军事上的天才,故称他为大战中第一流的将领是确当的。即以战后的改造而论,他亦已有足以使他不朽的基础,因为土耳其共和的成功,及其几年来短期间内的进步,已足令人明了他真是个改良家,是个行政家,是个政治家了。

在现代土耳其的政治家中,唯有凯末尔能够明晰的见到挽救土耳其灭亡唯一的途径,能够见到废除旧时的习惯,以建设未来发展基础的途径。土耳其前辈的政治家所用过的头痛医头、脚痛医脚的方法,都归失败了。以欧洲的法典和制度硬配在土耳其固有的制度上,结果非惟无效,而且更糟。因为土耳其所需要的,不是镇痛的药膏,却是去腐的针刀;不是新旧并存的计划,却是根本整理的方略;不是将颓废的国家机械,使它适用于现代的需要,却是摧尽一切不合时宜的组织,重新建设较合于时代精神的制度。总之,土耳其所需要的是彻底改造一切旧制度。那些不相融洽的,外来不能同化的民族,无论他们以前或由征服,或由归化,合并于土国,总是要分离的。熔合一盘散沙的民族各分子,使他们团结起来,成一个性质相同的大族,从而建设一进步的现代民族的国家,乃是建设土耳其最根本的要着。凯末尔所主张的,就是这种政策,他所一心一意欲达的,也就是这种理想。他并不取躐等的手段,所采的是渐进的,但是一贯的手段。一个自信力坚强者做一件事,在每一步骤都有充分的预备,不是委诸幸运的。他对于每一方策,在未决定以前,必先从可能的各方面去细细观察。但一经决定了,他就有条不紊地去是实施它了。

让我们再举几件具体的例子来说吧。多年以前,大家都已认明土耳其所包含的各民族太复杂,太不和谐,要想设法去同化他们,陶冶他们于一个洪炉中,以形成坚固的、集合的政治团体,实在是不可能的了。远在穆罕默德第二世(Mohamed Ⅱ)克服君士坦丁堡的时候,行政方面,便有一种差误。当时在土耳其统治下的各民族,已有许多政出多门的行政。积年既久,愈加不可收拾。那时不但没有在可能的范围以内,设法同化国内的异族,且又助长各族间宗教的偏见,使欧洲奉耶教的列强,借口于保护少数耶教徒而来干涉了。所以土耳其的国家或民族,是无所谓同种的,不过是由军阀造成的异种民族的散漫的邦联罢了。因此,后来国势也日渐衰微了!或者,有些人是能诊断其病根的,可是没有人有远大的眼光与毅力,去对症下药,改良土耳其的政治,使外国的势力不致日益侵入。有了,如今有凯末尔能够毅然决然,奏其去腐的针刀,运用有力的手腕,去治土耳其的病根了。

在和平会议中凯末尔派了能干的代表,去与列国的代表直接谈判,结果竟是使欧洲列强赞同了交换人民的政策——即将往在割让于巴尔干诸小国的领土内的土耳其人,移回土境,而将土耳其境内的耶教徒迁回去。这件事情,虽是牺牲极大,应付艰难,但他始终本其过往的精神去实行。这就是他对于抟捖同种的土耳其民族,使土耳其的国家不再受外人的干涉的努力。这种努力的价值,于土耳其可算是高极了。

三 凯末尔的交换人民政策

现在交换人民的政策已经有条不紊的实施了。移民的迁回土耳其不是漫无限制的。而在房屋够住,应用的器具足敷分配的范围以内是容纳的。因为这样才可以使他们达到开垦和发展阿那托力亚广漠荒壤的目的。在过去的三年间,土国政府计费去了一千二百万土耳其利拉,建造六千四百所新屋,修理了一万二千幢其余旧屋,并且还购备了有牲畜二万一千六百四十头、犁锄二万七千四百七十六个分配于移民。

不宁唯是。在凯末尔感动力之下,土耳其的复兴,有这样的成功,就是波斯及邻近委任统治下的各民族,也都向新共和国呈请归并了。但他们一切的请求,皆被拒绝,因凯末尔放弃扩张新土耳其的观念,除坚持其土耳其化的土耳其的政策外,再也没有别的了。邻近的各民族,看了这个榜样,他们也竭力表示他们自己能料理本土的事情,以期各国尊重他们了。

凯末尔重要的工作分二步:第一步骤便是创造一新国家,使她有不受外人干涉的可能性;第二步是使列强各国同意于一切不平等条约的废除,并使她们承诺土耳其为现代的国家。

不合法的屈辱条约的存在,列强不尊重土耳其的主权,都是与回教主阻止土耳其的法律和制度变为世俗化有关系的。凯末尔知道若是维持回教法,当它为国家政府的法律,则欲土耳其能尽其现代国家的职能,是不可能的。回教法(Moslem Law)仅是适用于回教信徒的宗教的法规,非回教徒当然是在范围以外的。但是《可兰经》历来非但是忠实信徒的圣经,并且是政府的法典。国家的法律既不能治理一切的人民,又不能不顾到他们不同的宗教信仰与民族性,则法律的权威当然不能普及全国,而国家便因此难以进步了。在这种情形之下愿求土耳其成为现代的国家,也是不可能了。但是回教主(Caliphate)的生命与灵魂寄于《可兰经》,而数世纪来,苏丹的统治土耳其靠了回教主。故土耳其的政教是混合难分的。苏丹赋予 Hodjas 阶级以权。在帝国内阁中,这阶级有个很有势力的回教司 Sheikh-ul-Islam 为代表。该回教司常常干预内阁所施的政策,阻碍政治上抱改良主义者政见的实行。此外,还有一种夏利法(Shari Law),有人将它曲解,以致大家以为女子的地位较低,应该幽居家内,与外界隔离。这实在耗费了民族全体的有用劳工与智力的一半。且因回教徒在政治上有特权,足使国内各异族分子各怀宗教的偏见,难于融洽。因此,欲建设新土耳其于坚实的基础上,非使政教分离不可。非使土耳其脱离回教律,苏丹与回教主的羁绊不可。

四 凯末尔撤消苏丹统治与回教主的统治

凯末尔因有鉴于此,故他次第实行了这种重要的改革。第一步,他撤废了苏丹的统治。因苏丹倒行逆施,当希腊征土的军队败北,土军夺回斯密那,乘胜向君士坦丁堡前进时,竟逃避于英国军舰上面,丧失了国家的体面。第二步,就是抑土耳其回教主的势力。因苏丹撤废,教主已失去了一重保障了。最后他于一九二三年十月二十九日照预定的步骤宣告土耳其为共和国了。

土耳其的改建共和国,是在凯末尔的建设政策上第一个目标。自共和告成,法律和国家,都脱离宗教的羁绊而成世俗化了。特种宗教的信徒不像从前那样容易操政权,而列强各国,亦不能再借口于宗教,来做干涉土耳其的内政了。《新民法》颁布后即实行。而《洛桑条约》所保障的少数民族,也纷纷请求,愿受土耳其新国家的保障,共享利益。宗教上不再将妇女的地位视为较低,土耳其回教徒与非教徒通婚的障碍也取消了,女子的面幕、内院及一夫多妻制都成为过去的事物了。至于信教,则法律有明文规定男子年满十八岁,女子年满十六岁都有宗教信仰的自由。还有新近的立法,规定凡男女结婚之前,须经医生的检验。男女于举行结婚仪式之前,须将医生的证明书呈缴于地方官。向来斯坦波尔(Stamboul)城及在其他土耳其的城市里,有光怪陆离的 Shershef(即流行的服装)陈列于衣铺中,到现在则已没有,而代以模仿法国的新式服装了。虽衣铺中仍有新服装陈列,但经了一度的改革,新的服式已经欧化了。其他如音乐厅、电影院等的公共娱乐场所,颇为发达。在那跳舞场上,也有青年男女,按照了抑扬顿挫,新式音乐的拍子,翩翩轻舞了。

土耳其的改革,在凯末尔和他的能干的官吏的领导之下,进步很快。足征他有知人之明,能将适当的人放在适当的位置。因他的政策是在破坏旧的不合时宜的制度,所以现在土耳其制度风尚,没有什么与欧洲人有十分两样的地方。土耳其的红毡帽 Tarboush,由明令废除了。可是 hodjas 特权阶级认为小题大做,很是不对。不过政府为欲洗涤从前的耻辱,有这样的改革,也是情有可原的。在他们有偏见的人看来,带新式帽子简直与食猪肉和喝酒一样的非礼,一样的异端。但这是爱国志士将他们的祖国从耶教徒亵渎的手中解救出来,怎能说他们非礼和异端呢?凯末尔的手指,按着民族的脉息,早洞悉症结。他以同样的大无畏精神,在某省的市镇中,显他特异的举动,攻那牢不可破的戴红毡帽的习惯。在晴和日丽的一天,他特地戴着西式呢帽,闲游于一个有许多守田者的小城中的大街上,他对群众详细解说,新式呢帽比红毡帽的好处。他那单纯的诚恳的态度,使听众悦服,而在那城及附近各地,就首先风行呢帽了。

因为欲使革命根基的稳固,杜绝旧统治习惯的恢复,故凯末尔与国民议会,不辞劳瘁地下新文化的种子,而致全力于普及教育的进行。现在于小学则已实行强迫教育,免收学费。在高等学校则已实行男女同学。于一九二四年及一九二六年间,国民会议通过两项法律:(一)压制"麦得拉斯"(Madrassas)的反动宗教教育,设立现代的学校;(二)宗教的课程,在初级学校中,已经删除,在小学校里,亦已大为减少,务使儿童明白宗教基本的伦理的原则,不以宗教上武断的理论灌输他们。

教育方面的统计,是很有进步的。当一九一四年,全国国内有二千六百三十二所小学校,学生注册的总数有二十五万零二百九十人,教师有八千一百六十五人。及至一九二六年,小学校已有五千八百八十三所,三十八万五千四百五十五学生,一万一千七百七十教员。这数目若和美国小学校总数的比较,也许是很少,但我们要知道,在教育改进刚才开始时,这数目却已足表示在可惊的,短促的三年中,有了相当的进步和成功了。土耳其百废待兴,有赖于财政部努力的地方很多,我们亦须想到。"人民交换条约"上所允许对于每年十万移民的补助,以及铁路、电话的建设,卫生事业的举办,工商业的革新,等等,都需浩大的经费。

如今在这战疲，财政空虚的国家，凯末尔与国民议会仍能进行许多建设事宜，不是很可赞扬的么？

在这里不能详细叙述凯末尔与国民议会所施的种种政策。但土耳其国内最近重要的状况，我们不能不略述一二，以告读者。在公共事业方面，预算上已规定每年支出二千五百万土耳其利拉，十年为期，建筑铁路。至于修筑国道，以及各处乡村与省城联络要道，预算上亦有相当的规定。农具，牲口，及种子，政府亦设法购置，以备分配于农民和移民。工商业的进步亦因此促进了。照进口总额看，一九二三年为一亿四千四百七十八万八千六百七十一镑，至一九二五年则已增至二亿四千二百三十一万四千一百一十八镑（土耳其的镑，以下仿此）。出口额则自八千四百六十五万一千一百八十九镑，增至一亿九千三百一十一万九千四百五十三镑了。土耳其船只总吨数，在一九二六年为十三万二千二百四十二吨，至一九二七年增至二十万吨了。商业团体，在一九一四年只有一百三十八个，现已增至三百一十个了。汉拉克利(Heraclea)煤矿的收入，在一九二〇年为十万镑，至一九二七年增至一百一十八万六千镑了。

土耳其的种种改革，免不了受人反对。有些地方，发生积极的反抗，有些地方则起消极的反对。其中激烈者，尝结党图叛。因此，国民议会特开会，像军事法庭一般的审问他们并判决他们死刑。施行这种极刑，在有些地方看来，分明是残酷一点，但另外从别的地方看来，却为促政治进行的便宜起见，亦有不得不然的情形。况当那希腊军侵逼安哥拉黑暗的时候，英籍印度人穆罕默德衣斯赛其(Mohamed esSaghir)所施的阴谋的印象，依然在民众的记忆中，而新政府的命运也尚未十分稳定，故他们用严刑对付反抗新政者，我们不能笼统地说他不对。平心而论，土耳其革命，较诸其他各国革命，人民的惨遭残杀，毕竟是少得许多哩。且被处死刑者，仅是这辈结党图叛的人，其余民众则依然得保全他们的地位，发表他们的意见。

土耳其军队从希腊军夺回斯密那时，城中大受炮火的破坏。凡是称赞凯末尔者，关于此事，亦加以原谅。他们以为假令炮轰的责任，全归于土耳其人，也须记住土耳其的军队，目睹了败退的希军，灰烬了他们的家屋与田园，实已愤慨到极点，如中风狂了。有人说，这次的损失，计西部小亚细亚焚毁了二十万余家，摧坏了二千万株葡萄树。这或者是对的。不过对于这件事变，要下公允的评判，为时尚早。待将来当可得到一个，比较确当的评判。

即凯末尔与士麦那富商女儿的结婚，不久就离婚了，也受人不少的批评。他们以为凯末尔自己签字的那张离婚命令中，有句"做了土耳其人终是土耳其人"

的俗语,有些恣意任情的专断。殊不知他的离婚,是在《新民法》尚未颁布之前,那时候全国还是回教法统辖着呢。夏利律对于离婚一事,是无须法律上的解决的:男的是公判人,只要有三次的正式宣告,就可与其妻离婚了。凯末尔,其实不能说他是个独裁者,因他一生的事业,也足否认这种称号。他是一个全国所崇拜的英豪。他可以自为苏丹,要是他愿意这样做。可是他不愿为苏丹,宁愿做个公民,竭其全副的精力,建设共和国的根基。他实在不是个独裁者。即使他现在愿意为独裁者,事实上也断不可能了。何以呢?因为土耳其政权,是在国民议会,总统与其政府,不过是国民议会的执行机关罢了。

凯末尔最显著的几种特性,便是鞠躬尽瘁,专心为国。意志的坚强,和阿那托力亚农民一样。他对于自己的民族是十分忠心耿耿的。他是第一流的军事家、行政家。他有坚决真切的意志,能够不辞劳苦的工作。他是个能够感动民众的领袖,对于事物有极锐敏的眼光。他是个深渊的思想家,当担负责任的时候,竟是个百折不挠的铁汉。然他于一日万几之暇,有时能去散心,悦乐,喝喝醇酒,跳跳舞,看看表演,做歌台舞榭中顾客的良伴。

这是关于凯末尔的一个实录。土耳其共和国便是他伟大的纪念碑。由于他对于民族命运的一种至诚,故他的祖国竟重现色彩于地图之上,而在民族社会中,成为有用的,而受人尊重的一员了。

土耳其的最近经济状况 *

育　幹

　　复兴后的土耳其,她的建设事业的进行状况最值得我们的注意。在本志的前几期,曾载有土耳其的财政状况一文,最近英国商部,又发表该国驻土商务参赞关于土耳其的经济状况报告,内中所述足供我们借鉴之处也很多,兹特根据此项报告并参照其他材料综述如下。

　　先就财政方面言之,土国政府近来颇注重于预算的确实和支出的节省。查一九二七—二八年度岁入为土币一亿九千四百五十余万镑,较之前年多出四百余万镑;而岁出为一亿九千四百四十余万镑,比前年虽亦多出四百余万镑,而收支恰适合。本年度(一九二八—二九年)的预算,现在也已提出议会。据《国际时报》所载,本年度土国岁出预算总计二亿零七百十六万九千三百三十八镑,比去年度增加九百零七万余磅。但岁入预算总计,本年也较上年为膨涨。考是年岁入估计为土币二亿零六百三十万镑,比上年要增加一千一百七十余万镑。所以收支还是两相适合的。土国岁出增加的主因,由于本年六月开始的外国公债支付和铁路建设费增加所致。预算委员会于讨论本年度预算的时候,曾力求行政费的节约:如官吏之减员与旅费与自动车费之节约等,均颇费斟酌。又岁出预算中的土木费(即铁路与道路之建设)年年加多,这也是很可注意的一种现象:查前年度仅为一千四百万镑,去年度增至二千五百万镑,本年度便变突增至三千二百万磅以上。此项金额几占岁出总额百分之十七,可见土国现在注重交通建设的一斑。至于岁入方面比较值得注意的,即其来源之分配。现时土国国库收入的大宗来源,以交易及消费税为最巨,本年度估计为三千八百八十余万土镑,其次关税估计为三千一百四十余万镑,又次烟草专卖估计为二千二百余万磅,他若土地税、所得税、家畜税、盐专卖收入,也都估计在一千万镑以上。砂糖、煤油、酒精饮料等则在五百万镑以上。这里值得我们注意的,便是她的岁入来源不仅注

　　* 刊于《东方杂志》,一九二八年第二十五卷第十七号。

重税收,并且对于政府专卖事业也特别重视,所以专卖收入的总计也竟达六千万镑之谱。其次关税一项,在岁入总数中不过占百分之七,而且年有低减趋势。低减的主要原因,由于谷类及面粉输入之减少,这就经济上的见地以观,要算对于土耳其是有利的现象,因为由此可以窥见土耳其谷物之能逐渐自给。

其次就实业方面来考察:土政府年来对于农业极力奖励。如对于农民垫款,先后废除什一税及出产税,这都足以促农业之逐渐发达,一九二六—二七年农产收获预计本佳,不料后来旱魃为灾,致结果不见大好,本年农产收获,预期可在平年以上,惟目下还未可断言。土国农产除谷物外,棉花产额年来也有进步,例如阿达纳(Adana)地方的棉产,去年(一九二七)便较上年增加一万包,价格也比前年高出许多。除农业外,土国政府自前年来又订立工业奖励法,对新设工场予以减免捐税及收用土地的种种便利,工业受此鼓励,因之也有进步。此项工业奖励法的要点,即对于工厂,免除建筑税、土地税、营业收益税、地方附加税等,又对于其输入之建筑材料、原料、包装、机器及零件等,则免除其进口税。此外政府并得按其每年生产品价格对于国内工场予以奖励金。又规定各地方自治团体和外人经营之实业公司所需原料等,如国内物价较之输入品不超过百分之十以上,有购入国货之义务。这都是援助本国工业很有效力的方法。

复次,就土国的贸易观之:土国所已发表的海关统计,还只截至一九二六年份为止。是年输入为二亿三千四百五十九万一千七百二十二土镑,较前年减少七百余万土镑;输出为一亿八千七百七十四万二千八百零一土镑,也较前年减少五百四十余万土镑。惟输出的价值虽减少,而数量却增加十万吨以上,这不能算是国际贸易衰退;又进口货值由于谷物输入数量减少,上面已经说过,这也是经济上一种好现象。不过就贸易的全体以观,土国的国际贸易,还是年年入超。一九二三年的入超数目,曾达六千万土镑以上,嗣后三年也都在五千万土镑上下,这不能不算是一种坏的现象。土国对外贸易的关系国家,在进口方面以意大利和英国最占重要地位,最近一九二六年意占土国进口货值百分之三十七,英占土国进口货值百分之三十三,不过这还不算是成数最大的年份,上年两国所占土国对外贸易的成数还要大呢。意、英而外,德、法、捷克、比、俄等国在土国的进口货易上也占重要地位。至土国出口贸易方面,仍还是意大利居第一,美国次之,德、法、英三国又次之,希腊、叙利亚、埃及、俄国则又较逊。考最近一九二六的土国出口货之输往意大利者,竟达其出口总额百分之五十二,美、德、法、英四国则均占百分之二十二三。土国进口货之大宗为棉货,年达七千余万土镑,五金、砂糖达二千余万土镑,机器、煤油达一千余万镑,谷类、毛笔、纸张、颜料染料等各年达五六百万镑。这种情形正和中国差不多。惟土国不产丝织物及毛货，又车辆船只为建设所必需，每年也都有大宗输入。各国在土贸易竞争情形，刻下颇烈：如英意两国之棉货竞争，英国几于不支；又毛货从前本英国居首位，现亦为法国所夺，而目下捷克竞争亦颇激烈；五金机器则向以德、比两国工业发达，故莫与并比。至土之出口货物比较可称的，一为烟叶，一九二六年的出口值六千七百余万土镑，其次水果蔬菜也值三千四百余万土镑。烟叶多半输出至意大利，再转口往中欧或美国。水果则那运至英、德。我们就这些与土国贸易关系密切的国家一考察，也就可见她的国际关系之一斑了。

最后，我们就土国一般的经济状况中，还觉得有几件事情可称的，一为交通事业之发展。土耳其的铁路截至一九二七年八月底止，已开通之铁路里数约五千公里。惟其中有好几条铁路系由法人经营管理。又在修筑中的铁路，刻下也有二千二百多公里，其中仅有 Samsoun-Tourhal 一条长二百八十公里的铁路由土政府自行修筑，其余铁路多由外商包修，外商现在土国经营铁路事业者共有三大财团，一为瑞典财团，一为比国财团，一为德国财团。这是现时土国政府利用外资举行建设事业最著的表现。惟除铁路以外，对于港湾设备，土政府现在亦拟力求完备。议会已许工程部出费二千万镑为修筑港湾之用。

还有一件事情便是设立最高经济咨议会。会员二十四人，一半由内阁选派，一半由各商工业团体推选。这种经济议会，自欧战以后，各国为调节各种经济力，并增进产业效率起见，设立的很多，大抵作为一种咨询及建议的机关。凡关于社会的经济的重要法律案，须先经经济议会的讨论。又经济议会亦可自立法律案而政府不能取消，不过为全国行政之均衡计，最后须取决于国会。这种经济议会设立的好处，即关于社会经济的立法，得专门家和各业关系人的商订，比较可以切合学理和实际。今土国设立此种议会，我想对于土国的复兴事业上，定有裨益的。

土耳其人口调查及其意义 *

俞百庆 译

这篇文章可以暗示我们两点：一项是人口统计的重要，这是建设时期一大重要工作，我们处境与土类似，现在正可推行；一项是人才的应用，于专门事业亦正不妨借重外国专家。这只就土国委任业夸博士办理人口统计的成效，也就可以概见一斑。惟本文作者为英人，故于文中论土耳其和英俄的关系，不免多少有点国家偏见。本篇原文系载英国现代评论杂志，近由俞百庆君译为汉文刊登中央半月刊第二十期。兹特转载于此。

一九二七年十月二十八日土耳其所举行的人口调查，是近几年来近东很值得注意的一件事。

一般历史学家，及其他专门学校，常常在研究从前奥托曼帝国（Ottoman Empire）的人口问题。最近一般政治家及政客也都不明白土耳其民主国的人口数量。于是回教将军基马尔（Ghazi Mustapha Kemal Pasha）决定去解决这个问题。他就于一九二五年下令，全国人口调查须于最短期间举行。政府方面感觉着这件事很难遵令速办。因为事前有许多筹备的手续，更因为土耳其以前从未有过这种人口调查的事情；并且政府也就相信这件事情在政府本身是做不到的，须得请教于外人才好。于是请到一位比国统计学专门家叫克美尔业夸博士（Dr. Camille Jacquard）。

业博士曾在比政府统计部工作过二十五年之久，曾经参与三次的人口调查。他被派到土耳其，系经过万国统计学校的介绍。他于一九二六年二月间来土耳其。他就组织了一个中央统计处，是直属于中央政府的。此后业博士颇得内阁总理意斯曼 Ismal Pasha，The Prime Minister 权力内的帮助。这因为意斯曼总理

---

* 刊于《中央半月刊》，一九二八年，期号不详。

对这件事抱有十二分的兴趣。这个中央统计处是由一部分相当的人员组织的。业博士很费了几个月的工夫去指导他们的工作，并且在土境内地立下一些人口调查的组织基础。过了好些时间，业博士乃从事内地的游历，得与一般乡村及民众认识。他对人民演讲人口调查这件事的必要，并且对人民详细地解释他们须怎样做，才好使这件事得到美满的成功。

一九二六年土政府颁下一条法令，说一九二七年间，决定举行人口调查。而给予中央统计处以一切的职责，在全国各处开始试验调查。于是安哥拉 Angora、色佛斯 Saras、达亚皮恺 Diabokir、鲁独斯土 Rodosto 及其他各区域都做起来了。一九二七年一月业博士向政府报告说："这次人口调查，决定在本年秋季举行。"政府就择定了十月二十八日为人口调查纪念节。这好像就早明白土耳其第一次的人口调查，是不能和别国一样地成功。因为土耳其对于人口数量、性别，和其他种种的材料是完全缺乏的。所以必须采取特异的方法。最后的决定，在十月二十八日那一天为全国总休息日期。这种办法好像带有少许滑稽的意味，并且发现些显明的不便地方，最容易看得出的，是全国的一般生活，都在那二十四小时内无形停顿了。为在可能内减少不便计，就把一个金曜日（A Friday）定为人口调查纪念节了。

像这样因陋就简的办法，居然成功了，如果采用别种方法，或者那种统计竟没有把握也未可知。所以使调查人员所感着困难的事情，也可以简单地列在下面：第一，土耳其全境内不识字的人民太普遍了，大多数的农民和一大部分的市民，一律目不识丁，无知无识，如果不设法帮助他们，他们竟不知怎样答复简单的问题；第二，不过极小部分的人民所住的地方，是有名称和号数的，最要紧的，是把全土耳其境内的街道都定下名称及号数，这就感到困难了，尤其是君士坦丁堡那个地方 Constant-inople 的街道，不但是狭窄而湫溢，且又非常杂乱；第三，历来的战事，革命运动，人口的迁移，和人口的交换，使得土耳其人民最近几年间，受着极大的变化，而调查人口的人员，并没有用远大的眼光，注意到某一地方人口的密度（The Denity of the Population），所以就不能断定究竟在某一地方需要多少人员去做调查的工夫；第四，一般人尚在怀疑中，而乡农和市民都不甚欢迎，并且不明了这人口调查的意义，他们疑惑着：倘若他们把姓名及一切情形都报告给当局，他们担负的赋税定须加增了。

以上的几个困难问题，显明出业博士及其同事均逢到艰巨的工作。并且有许多人想：他们或者不能做出什么结果。可是这些预料，都不会应验。在十月二十八日下午十点三十分钟的时候，三百九十处不同县份的县长及副县长，都报告到安哥拉（Angora）说：在他们的管辖区域，都把人口调查办完毕了。君士坦丁堡那一处已证明是最感困难的区域，在那区五千个人口调查者之中，每一个人，须负责接待百六十个人口。并且每个人口须有十五句规定的问题的回答。所以这样做法，是很麻烦的了。各区域的结果得到之后，就马上电给都城安哥拉。在十一月六日——人口节过后九天——这完全的数目表就公布了。这公布的数目指出土耳其人口共有男、女、孩童，一千三百六十四万九千九百四十五个，君士坦丁堡占八十万。业博士更希望在一九二八年的最早期间，能把这次人口调查表内的性别、职业、国别，以及其他要点都确实地公布出来。

这是不能不承认的，自从这个总数公布后，便引起许多熟识土耳其事情的外邦人士的惊奇，就是土耳其人，也很觉着奇异。从前谁也不能确实地断定土耳其国的人口的多少。不过只能安稳地说它平均的计算，不能超过一千一百万罢。那么第一句读者不免问着：这次的统计，究竟准确么？这虽然不能确实地回答，可是业博士曾经说过："此次举行的人口调查，是从极有步骤次序和确切的方法做去。一切对他不正确的议论，是完全没有根据的。"如果有人对人口调查有什么意见，在安哥拉政府当然是欢迎而容纳的。这于政府是有益无害的，因为政府要的，是一般对于人口调查的正确的意见。所以谁都能够说；土耳其的总人口，大约在一千三百万以上。这种新创造，确是有兴趣而且重要的。

自土耳其在小亚细亚打败希腊军队，签定《洛桑条约》（Treaty of Lausanne）以后，土耳其民主国的行为及动作，就俨然是近东的一大国了。联盟国及其他各强国，原是不赞赏这些行为及动作，可是也只好如此，所以他们竞争先恐后地遣派公使到安哥拉去呢。他们差不多都用奇异的面幕，罩在土耳其的可能的势力的推展上。也差不多有四分之一以上，都相信土耳其曾美满地运用并且现在还在运用其奥妙玄虚的计划。过了许久，直到回教将军基马尔一气把土耳其改造下去，他们才有再进步的认识。在人口调查公布后，一定更要使他们的见解进步呢。

现在更十分地明白了，土耳其实在是一个独立的国家。基马尔信徒的毅力，运用于土耳其境内一般民众上，已足使他们悦服了。这是否最后的一幕，是另一问题。作者敢于自信地说：基马尔信徒的爱国主义的发扬，是能继长增高，而有持久性的。当然一个国家内用一个人的方法和意志去治理，往往使人疑虑，也会给人以议论的机会。可是吾们须记着，一个国家，总得一个相当的政府去治理。那么土耳其,当然不出这个规则的例外。

这位回教将军成就了许多惊天动地的改造事业——这种种事业,大家都知道,用不着在这里申说——他不肯把这件人口调查事轻易放过。他曾指示出要知道一个国家的命运的否泰,必须明白一个国家的人口的大小,他要用他的地位去治理这个生率繁殖已有千四百万以上人口的国家。

这位回教将军的做法是怎样?一方苏维埃俄罗斯对土耳其,而一方大不列颠帝国的对土耳其用意又怎样呢?这两个答案,虽非本题论及,但据作者的意见,关系土耳其民主国未来的命运甚大,现在也须提论一下。对于第一项答案,作者须先交代一下,作者自身并无直接的或间接的对回教将军有什么交情。所以这些意见是对得住读者的。

回教将军基马尔,是一个宗法的军人。可是他是极值得赞服的,他自在小亚细亚打败希腊军队以后,遂被推而上政治舞台。他起始就主张把土耳其的政治纳入小的范围内。他以民主国大总统的资格,选择他的顾问人员,各部部长,各驻外公使,以及一班主持内政的人员。自然,凡是军人须尽先登用而予以最重要的职位。他们曾很忠实的为国家出力,而放弃其报酬。可是时间渐渐的过去,这回教将军便慢慢地对军人疏远,而开始相信一般平民是和一般在位者有同样的用处。当然他不能立刻地把这一班官员免职,而易以平民,但是他很缜密地计划着民主政治的质量,须逐渐重在政治的及行政的领域上。在回教将军这种举动是极其重要的。这已经很显明地表示着他能看到近的及远的将来。照着土耳其国的地势,它的全部过去的历史,以及其民族性,看来土耳其好像不会从此以后丢弃本来的军权政治。但是这些考虑也未足阻住这种可能性。就是在基马尔或其他有同等的才干者统治下的土耳其民主国的政治,会逐渐走到民权的道路上。

回教将军很爱好和平,这可在一九二五年到一九二六年间的米索里事变,以及其他许多情状内看得出来。但是他又是一位实行家,他毫不迟疑的去求和平之实现。他从不主张土耳其加入国际联盟(The League of Nation),这因为他并不相信国际联盟是有利于土耳其的。在独立自主的原则上,他不相信土耳其须受任何外力的束缚,但是他曾坚决的主张,并且将继续这种主张,就是:土耳其一年的预算之半数,须用在陆、海、空三部分力量上。这种政策,当然容易引起一般舆论对于土耳其的经济及财政从此会发生恐慌。回教将军的答案是:"除非土耳其的国防得到担保再没有他事可言。"

土耳其的国防到什么时候才会得到担保呢?即使有人口调查的效果,即使近代土耳其有新的气象，即使土耳其有地势上的便利(其不便利处随后再举)，他是否能得永久的安稳呢？回教将军的政策，是要使土耳其引向于苏维埃俄罗斯及大不列颠帝国的二个关系之间，而彼此不相侵犯，虽然当土耳其、希腊在小亚细亚战争的时候，俄土两国曾发生过极亲切的关系，并且莫斯科政府曾予土耳其以经济上及军事上的协助。布尔什维克主义者，是最先设置公使于安哥拉政府的一国。可是它所派的雪利趋(M.Surrich)又是使土耳其人不满意的公使。俄土的亲善，从没有得到安稳的基础。安哥拉政府也很明白地看到共产主义者的理论及其宣传，是与土耳其民族主义不相容的。俄罗斯人倒好像知道这一点，所以他们只好在君士坦丁堡一处做近东宣传的中心地。他们如果不从事急烈的宣传，他们是与地方官不相侵犯的。

再讲到土耳其和英国亲善的关系，总是一种勉强的迁就。试看一九二一年到一九二二年间的我们的亲希政策，以及米索里的争端(Mosul Dispute)几乎促成战事。幸而外交当局态度的变更，以及吾们驻土公使林达史 (Sir Ronald Lindsay)灵敏的手腕，才挽回较好的局面。现在英土的关系，差不多是完满的。上面曾经说过，回教将军的对外宗旨，是把土耳其引向于俄英二种关系之间而相安无事。他感觉着他不能断绝任何一国的关系。同时他又踌躇着决定和任何一方面的命运。这一种政策，是值得称赞的，大概是土耳其所应采用的最适宜的政策罢。这当然需用灵活而敏捷的手腕，才可成功。回教将军及其重要人员，遇到对外的时候，都具有此种灵活而敏捷的手腕。一般舆论，都促进他们这种政策。如果今天有一篇亲俄的文字发表，那么第二天就不免有一篇亲英的文字发表来对抗它。

以上所述，可说是回教将军对外计划的答案。对内呢，他是信仰专断政府的。虽然国会里有三百余议员，但是他们都属基马尔派并且都是基马尔一手选拔的。用不着任何反对和异议。这种局面，是否能持久不变，这是不能预料的。但是像土耳其这一个国家，吾们就不用疑虑，可以说，这种政府是最适宜的了。舆论在土耳其是不算什么的。国家大部分人对政治与政治家是全无兴趣。正像美国一样，土耳其人要的是在能维持秩序，及减轻赋税的政府。基马尔主义的政府，当然是能保持秩序的政府。盗劫罪案，从未有如现在的减少。但是赋税并未减轻，反过来说，现在的赋税只有增高。其实在同一情况下之另一国，也很难改善其经济状况。一般的意见以为基马尔主义的政府是无内顾之忧的。

因此吾人想到一个国家，内治倘若因独断而得着强大，其对外政策自然是独立自主与民族的自由平等了。

译后感言：

土耳其，原是号称近东的一病夫国，和吾们中国远东病夫的称号，倒是同病相怜的。吾们和土耳其的地位和景况，同是受制于国际帝国主义者的侵略之下，同是感受不平等条约束缚的痛苦。所以说，中土两国可自然的成为难兄难弟。现在吾们的难弟，自经国民党领袖基马尔将军统率的国民革命军向暴虐的希腊军队进攻后，居然把希腊军逐出边境，而得着最后的胜利。同时苏俄想藉其经济上及军备上的帮助而肆行其共产主义的宣传与试验，而彼大不列颠帝国本系暗助希腊以消减土耳其国民革命军势力的帝国主义者，看到土军卒胜希军，更想从中煽惑而破坏。幸而土耳其国民党和党的领袖基马尔氏的政策和手腕极其完美而灵敏，卒于战胜希腊以后，把俄共产主义者及英帝国主义者都弄得帖帖服服，不敢妄图。因是而建立由国民党统治之土耳其民主国，取消各国间的一切不平等条约，而成为一完全独立自主的国家。吾们难弟既是得着出头的日子了，做难兄的，当然是要在同一的光明的道路上奋斗着。吾们的最后胜利，也就在这最短的期间得到了。

这篇文章是一个英国人做的。他对于土耳其这样一个久称病夫的国家，居然有振作的精神，而举行全国人口总调查，殊为惊异而赞服。土耳其振兴伊始，于此漫无头绪之中，居然举办最重要而最感困难的人口调查这件事。当这件事筹划及进行的时候，就感觉着不少的困难。基马尔氏及其党徒极力地排除一切困难，把这件事达到美满的效果。回视吾们中国，素来忽视这人口统计，到现在各省训政时期既经开始，应注意到这人口统计。更应于最近期间办理完竣才好呢。

原文中，作者论到土耳其和英俄的关系，不免含有多少国家的偏见。他以为土对英俄的关系，还是处于英俄两大势力之间。一则说，任何一国在没有得着两大之一的同意是不敢对土耳其有何行动的；再则说，苏维埃俄罗斯不欲土耳其受任何西欧强国的势力范围，尤其是英国……这未免不明土耳其的一般情形罢。其实土耳其对外的关系，只求在国际上的自由平等，谁也不得行使侵略的。

再者基马尔氏及其信徒之改造魄力，是极其雄厚而猛进的。作者很显出惊奇的口气来。不过作者的态度还算比较的公正，而处处都表示对土耳其的同情，这也算难得的。这足见基马尔对内则求民权之发展以及种种新建设之设施。对外除与英俄敏捷地周旋外，他并不主张加入国际联盟会。他说，国际联盟会是不能给土耳其以好处的。这种远大的眼光怎得不令人佩服呵！

土耳其的人口统计成功了。无怪使列强出以惊异的眼光。人贵自强,土耳其日前的现象固佳,未来之进步尤无限量,实在是吾们中华民国的一个好模范啊。

十七年四月于中央宣传部国际宣传科

土耳其革新事业的种种 *

幼 雄

土耳其好像是为我们中国特地预备着的一个榜样。她的国民革命成功在我们之前,她的废除不平等条约,在我们之前,而我们现在正由军政时期,转入训政时期的时候,土耳其又早已由革命时期转入建设时期,所有国内政治、经济、交通、实业、教育,等等,莫不锐意革新,大加整顿,其进步之速殊足惊人。向被人目为"近东病夫"的土耳其,在仅仅五年的短时间之内,已经一跃而起,变做了一个顶天立地的壮汉了。

土耳其和我国一样,也在国民党——青年土耳其党统治之下。国民党的领袖,现任大总统凯末尔已是全世界闻名的人,可不必说。他要把土耳其根本改造,对于土耳其旧时的法典制度,大加斧削,对于不合现代潮流的事物破坏无遗。甚至一帽之微,也严禁戴古式土耳其帽。他所采用的政策,悉本其欧化主义,即一切建设,概从欧洲新文化。现在我们先从政治方面说起。

新土耳其的政体,不消说是真正的共和政体,但议会中以青年土耳其党占大多数,所以一切政事,可以说全由该党总揽大权。向来土耳其是政教混合的,即宗教上的领袖,同时便是政治上的领袖,土耳其崇尚回教,所以回教教主即为土耳其皇帝,这已有很久的历史。但自土耳其革命成功,新政府成立以后,对于回教每以激烈态度压迫之。去年四月遂断然宣布政教分离,凡宪法中关于宗教各条,悉数废除。以后国会议员和总统就职,毋须再用回教主宰的名义宣誓。当时这个消息传出以后,颇有反对之声,但回教徒中的新派颇明悉世界潮流,对于这个政教分离政策,一致拥护。所以这件事情,便安然过去,没有什么变故。

次为经济方面的建设,土耳其更有极大的进步。原有的不平等条约已在订立《洛桑条约》时经列强承认取消,此后外人在土营业,概须服从土国法律。关税权亦已收回,她可实行保护关税政策以发展国货而拒斥外货。虽然现在所定的

* 刊于《东方杂志》,一九二九年第二十六卷第六号。

新税率，还暂维持一九一六年九月一日的特别税率，但她已完全享有"专利权"，对于外来货物，可以收取"专利特许费"，这就无异于关税附加。一方则竭力奖进国内的工业、农业，增加生产，这么一来，输出骤增，输入渐减，在一九二二年时输出入差额为输入超过输出五千二百万土镑的，到了一九二六年已减少至一千万镑，即减低了百分之六十五了。国家虽不增加新税，而国库的收入逐年增加三千万土镑。

再来说土国政府如何奖进实业。土国本来也是以农立国的，但因国内战争，连绵不绝，农村日趋衰落，全国已经开垦的土地，只不过全面积百分之二十。凯末尔知道农业不振，难以立国，所以他竭力从事于农民运动。自己经营一所欧化的模范农村，各种新式农业机器无不具备，自选种、灌溉，以至施肥，等等，无不采用科学方法。一面又在全国到处设立许多农业学校和农事试验场，聘请农业专家去实地指导农民，又复扩大国立农民银行的组织，指拨许多税款作为新增的资本基金。现在该银行资本已逾四万万法郎，支店遍于全国。这于农民经济融通上是有很大的便利的。

土耳其本是一个贫弱的国家，凯末尔要采行欧化政策，使她富强，那就不能不注意于工商业。可是欲振兴工业，不但资本缺乏，便是人材也是没有。所以只好容纳外资，把几种紧要的事业，如酒精、火柴、弹药等，让给外国资本团体去承办。一面却由政府严重监督，对该承办人加以限制条件，即如必须先缴大宗现款于土政府，又如必须在国内设立工厂，各公司均由土国国民党派人监督等。因此土国的工业，虽利用外资，而不受外资的压迫。

不过土耳其并不是把所有工业，一概让给外人承办。让给外人的，只限于几种罢了。至如石油、烟草、糖业等则仍由国家直接经管。她又竭力奖劝私人企业，每年拨定四十万土镑作为工业奖助金。凡足以阻碍工业发展的一切税则，概行豁免。因此土耳其的新工厂真像雨后春笋般的勃发起来了。

除此以外，矿业方面也采用利用外资以谋开发的政策。对于商业更竭力助成其发展。自新政府成立以后，即统一度量衡制，改组商会及交易所，规定洋商不得在土境内自立商会，禁止外国商船自由航行于沿海各埠。所以土耳其的商业，也因政府的扶掖而日有进展。

最可注意的是土政府的举办交通事业。尤其是铁路政策，这是新政府用全副精神去经营的事业。它先设法购回外人在土所经营的铁路，并开筑新铁路。现决定开筑的路线很多，约计有二千二百一十粁之长，中有五百四十八粁已经告成。筑路之款，系发行国库券，而以火柴、酒精、烟草等专利事业，十年的收入为保证。他们不向英美等大国借款，而与比利时、瑞典两国公司订立合同，由其包筑所计划的铁路。其所欠债款则逐年摊还，而铁路仍归土政府管理。所以铁路虽由外人承筑而绝无外人攘夺路权之弊。

铁路以外，全国国道亦次第举办。该项路款则系向全国公民征收公路捐，大概每人所缴纳的在三土镑至六土镑之间。

但是土耳其的建设事业尚不限于政治经济实业方面，在文化方面，他们也有惊人的革新运动。在去年七月土耳其国会议决废止土国所用之阿剌伯字母而改用拉丁字母，并立即着手编纂新字典，以备各学校应用，全国报纸暂用阿剌伯字母与拉丁字母参杂印刷，至一切公文则全改用拉丁字。规定以十五年为预备期，十五年后旧文字一律废止。全国一千四百万人，一律强迫认识新字。考阿剌伯文共有三十二字母，但其写法在一字之首中尾三位，各不相同，故实际上有九十六字母。学习颇不容易。土政府认阿剌伯文于土国文化大有妨碍，不易普及，所以决计实行文字革命。到了本年一月二日更举行大规模的识字运动。全国人民咸入学校无论男女老幼悉被强制召入课堂，学习新字母。于是白发龙钟之老人复尝其童时的学校生活。有孩待哺的，亦舍孩入校。诚为未有之盛况。闻土政府现定以一年的时间，对于土国三分之二人民施行新字母写读的教育。

总之，新兴的土耳其，仅仅五年功夫，已百废俱举，国家有日就富强之象。此固由政府能聚精会神努力建设有以致之。但人民能秉承政府的指挥，做政府的后援，亦为重要的事实。我国现在正在谋建设的时候，土耳其实是我们的好榜样啊！

不过土耳其的凯末尔事事维新，举旧有宗教习惯，悉数破坏无遗。自然难免引起旧派的反对。本年一月六日电称：土国现有蔓延颇广的运动，目的在鼓引叛乱，推翻现政府。但为首者已被拘获，将予以严重之处罚，事情决不致扩大的。

土耳其何以要决意采用新字母 *

哲 生

　　现世代的土耳其人，以他们的时间和努力的牺牲，结果将大有益于未来世代中的土耳其人。这件牺牲的事业，就是举国的土耳其人，都来学习罗马字母。现在凡是用土耳其语的人，都到学校中去学如何以罗马字母来写和读了。这件事的正式的变动，据路透社的传说，就在本年元旦的第二天。这一天，土政府，定全国人民都入学校，不论男女老幼，悉被强制召入课堂，学习新字母。那时须发斑白的也踯躅道路复作其儿时生活；有孩待哺的，也舍孩而入学校。这一天，普及教育之国立学校开幕时，礼节非常庄严，演讲者，发挥文字新革命的利益，淋漓尽致。土政府决定以一年的时间，使土国三分之二的国民，受到新字母的教育。这新字母的运动，土国当局确算得全力赴之，土国的教育部长纳遮第因此事积劳，而患病逝世，这真是为了国民幸福，而尽瘁以死的了。土政府为期此事之从速成就，曾用尽各种方法。一切的标语，一切的记号，一切的广告，都用这新字母来印写。新闻纸上，一行印着旧体字，一行印着新体字，新旧相并地排列着，以便读者的对照和学习。又广设夜学校，以新字母授给凡年在十五岁以至四十岁间的一切人民。而通常学校之采取这个新变动，其情形尤为彻底。即教师之教授儿童，一切都用罗马新字母，好像除了罗马字母以外，土耳其从来不曾有过别的字母一样。

　　这变动，在别国人看来——他们是不能了解土耳其在旧式文字下所受的种种阻碍和困难的——总以为有点像是一种对模拟西方方法的错误的尝试。事实上，这是一件极应该的运动。这运动，应该几年前，便做了的。按土耳其的文字，一向是弄得非常艰于学习的，土耳其人，自己学习困难，外人去学习尤难。其困难所在，就因为土耳其用的是阿剌伯字。当数世纪前土耳其为阿剌伯人所胜以后，旧的土耳其字母，便消灭了。阿剌伯是塞弥特(Semilie)文字，她用的字，并不

　　* 刊于《东方杂志》，一九二九年第二十六卷第八号。

一定都适合于土耳其文字的。这些字，甚至不能表出那些为阿剌伯人自己所用的声音。因为阿剌伯字中，有三分之一的字，是同形的，他们相互间的分别，必要在字上或字下加点，才能明白。例如同是一个字，可命义为 b，或 t 或 th，另一个，可命义为 r 或 z。还有更困难的，即这些所用的点子，有大于字的本身的。即使政府中所用的正式誊录，也往往有模糊莫辨之处。所以如要把土耳其文正正确确地写成功，则非得先有充分的阿剌伯文字的知识不可。

由这次土耳其人采取罗马新字母的变迁，所免脱的困难，上述种种，还未能包括得尽。在阿剌伯文字中，韵母是不表出来的。如英文的 catalogue 一字。读者如要明白这究竟是个什么字，必须寻索于上下文之间，方能认识它。虽然新定的罗马字母，未必是对土耳其文字的一种理想的适合，不过它的实用性，已经有成事可为证明，欧洲大陆中部及北部诸国中，如匈牙利，如芬兰，她们的文字，都极与土耳其文相接近。她们之采用罗马字母，已经有数世代了。以罗马字母写成的土耳其文，看去颇有点像意大利文，它有胜于德文和英文之处的一点，在它完全是宗音的（phonetic）。在新的土耳其文字中，没有被吃去声音的哑字母。每一个字母，随处保持它同样的一定的声音。

旧土耳其文字，是从右面起向左面横写过去的。新采的方法，则同西方文字一样，从左面起向右面横写过去。对于这个文字的新变更，守旧的土耳其人自然有表示不满的。他们说："文字从左面写到右面，实是一件可笑的事体。我们的祖先，从右面写到左面，这是自不可记忆的时候起，便这样的了。这些新的字母，有什么尊荣呢？这安能及得我们自昔传下来的美丽的曲线和笔画呢？"

凭他们怎样说，事实是在进行了。用新字母印刷的书，已经出现了。政府的发刊物都用新字母了。几年以后，土耳其便将发生一个新的世代，他们如学习阿剌伯文时，将以谙记阿剌伯字母为苦了。

波斯的文字，向来也是用阿剌伯字母的。她如采取同样行于土耳其的变动，她也必将大大地获益。那为苏联共和国之一，在里海边上 Azerbaijan 共和国也在采用罗马字母了。

土耳其今后的政治经济方针 *

周仁齐 译

此文为土耳其内阁总理伊斯麦派夏(Ismet Pasha)所著,原载于《世界政治经济》第六卷第三期,近由周君仁齐译登《天津双周》第一卷第三期。文中对于土耳其政治经济今后的方针,实为负责的言论,土耳其积弱已久,凯末尔振臂一呼,开亚洲民族革命成功之先河。洛桑会议尤表现土耳其革命外交的精神。伊氏为出席洛桑会议全权,折冲樽俎之精神,读这篇文章,可以回想当年气慨之一斑也。

在七年以前,希腊军队占领士密拿以及士密拿的腹地而向君士坦丁堡进展的时候,那时君士坦丁堡尚在国际共同管理之下,所以世界上均以为土耳其已无能为了。就是《儿尔札纲领》(Erzerum Program)所标榜民族的要求也公认为乌托邦而不能实现。今日的土耳其又是怎样的情形呢? 她的领土已包有全体民族所在的区域,在领土内又表现充分的统治能力,这一点不能不感谢军事及政治领袖凯末尔将军,而将此乌托邦现之于实际。

土耳其国家已经稳定,她的外交也告成功,他决不致再被征服而发生报复式战争。所以我敢深信世界上的人士,此后决没有含着鬼胎而说土耳其将破坏世上的和平。

土耳其要求满足以后,对于邻邦表现友好的精神。她与希腊的关系,一直到《洛桑和约》,实立在仇敌方面。两国人民交际非常的少,希腊人侨居土耳其者既不多,而土耳其在希腊亦复少。所以两国人民以后应下极大的牺牲,而避免双方的恶感。所以我们很希望希腊实现她的远大理想而复兴培忏尼帝国(Byzantinischer Kaiserreich)对各友邦亦望今后表现一致的行动。

---

* 刊于《东方杂志》,一九二九年第二十六卷第十二号,译自《世界政治经济》。

普遍言之,对于巴尔干边境尚称满意。所以巴尔干任何国家对于土耳其辖境我绝不相信有何种希冀。南拉斯夫国内尚有十万土耳其人,曾未见表示何种苦痛的事实,保加利亚国内亦有农民八万,因此土耳其与这些国家,均持有友好关系,即如罗马尼亚亦然,此外尚有数千回国而移居故乡的土耳其人,成为目前急待解决的问题。

对俄邦交极关重要,土耳其自与通好以来,双方国家的施设均彼此注意。即或苏维埃在土国领土内不完全杜绝鲍尔希维克的宣传,土耳其以民族构成的特性决不会发生危难,共产主义学说在土耳其农民群众和手工业工人群众里面,决造不出良好基础。对德邦交纯为军火的交谊,对意邦交已将前经多次战争的敌人化为朋友。至如与法国的关系,现正开始谈判叙利亚边境问题,很希望最近的将来以合法的手段解决。至如与英国的关系虽有摩索尔边境问题及其他问题,然尚称安谧。

土耳其地位,在国际政治生活上实堪满意,然其经济地位,诚有疑惑之处。以她的领土论,不算不广,然地处小亚细亚高原,气候不良,土地荒芜,且难于耕种。所以目前的需要为人工灌溉和近代作物方法以增加生产能力,但是一方面是时间问题,同时又是资本问题。可是土耳其尽可以仿效其他各国来借外债,然仔细考虑借外债以发展土耳其经济事业,实为危险的方法。因为每年支付外国息金和偿清外债,国家担负未免太重。增加阿纳托利(Anatolien)的生产能力,必经相当的时间,而土耳其的民族性崇尚节约,将来的土地未必不遭典质的危险。根据已往历史旧日政府屡借外债以发展土国的经济,结果在政治上迭遭外人的压迫而莫可谁何。

基于上述,在预算上实发生极严重的问题,差不多要四十兆金马克运到外国去支付息金和偿还债务,这个数目占支出总数十分之一,同时有百分之三十七为军费,养活十五万人的强大军队,如果军队数目偶有变更,使军队力量更形强大,来维持扩充的版图和巩固国家边防,我们自己又不能毁弃任何防卫,那么,军费将更增加,国家人民虽可安定,而实业必遭厄运。

土耳其人民成分,尚大多数为农夫,将来到一定程度的时候,必然的工业化。农业的增进和实业的发达,当然系乎国际贸易的反应。如果土耳其渐渐的在这条路上得到成功,则土耳其的解放必得胜利。土国大总统凯末尔氏渴望土耳其在新时代里面日进繁荣,居民希望发展到二十五兆,同时更希望居民努力增加生产,以本国的产物来满足生活上的需要。要一般的提高生活程度使土耳其人民得到适当的生活,而无失业之虞。对于外来人民当然以友谊容纳,但希望外国亦以相等条件以待土耳其人民。此外土耳其年来的进步，对于经济方面工作极多，我们可以拿共同努力的各国方面来证明之。故今后方针，对于民族性及由努力得来的政治经济自决决不放弃。

土耳其和阿才培疆改革文字之得失 *

颂 华

新土耳其的种种革新政策及其成绩,有许多是很好的,足供我们参考的,这是我们于第二十六卷第六号本志国际栏内《土耳其革新事业的种种》一文中已经讲过的了。新土耳其的革新事业并不限于政治、经济和实业方面,她在文化方面也有一种惊人的改革,便是废止从来所用的阿剌伯字母而改用拉丁字母。这也是我们已经说过的。但一国的文化是跟着历史、习惯,以及古来许多人为的努力传来的,所以要根本改革它,不是一件容易的事,而且也决非于一朝一夕就可发生很大的效果的。所以我们现在要根据最近的事实,将土耳其和阿才培疆(Azerbaijan)改革文字的得失,提出来和读者谈谈。

现在先说土耳其。土耳其改革文字原是一件极好的事。可是消息传来,现在她于改革文字之后,报纸的销数大减,书报业的营业颇形凋敝。这实在是一种不好的现象。因为书报是介绍智识的工具,书报的销数减了,人民得到智识的机会也要减少了。

按《纽约时报》所载的土京安哥拉消息,近时土耳其政界里也有人公然承认文字改革发生了不良的影响,并希望政府赶紧设法补救不要讳疾忌医了。即如加蒂里贝氏(Yacoub Cadri Bey)是个很有声望的国会议员,并且和凯末尔是很友善的。他最近对于文字改革,颇抱悲观的态度,也特在半官报上,发表论文讨论这事。

他在那半官报上发表的论文里说,君士坦丁有十种很有势力的期刊,每种销数在二万到三万左右。自从文字改革之后,销数均大减。从两三万的销数跌至二千、一千或五百不等。其他多数势力较小的刊物,因销路减少而所受的经济上的打击尤为重大。有许多刊物竟因经济上不复能支持,不得已而停办了。日报的销数也同样的消沉。有许多日报的销数比较从前减少一半,有的呢,竟减少至百

---

* 刊于《东方杂志》,一九二九年第二十六卷第十四号。

分之五十以下。所以加蒂里贝氏更在他的论文里,大声疾呼的说:"如果政府再不马上设法救济,则土耳其文字革命的结果,将使全国国民的智识程度,一落千丈,恐怕比较历史上最黑暗时期的情形还要不如咧!"但他并不是根本上反对文字革命的人,所以他主张政府应当一面赶快多教人民习新字母,一面补助书报业经济上的损失,使它们不至于停办。

我们从上面所述的情形看来,可以发见政府独断独行的改革和依照民主主义的方法所进行的改革,确是互有瑕瑜。政府独断独行的改革事情,往往做得快,譬如在开明专制的时代,有能力的政府可于很短的时期,大刀阔斧,放手地做许多事情。这便是政府独断独行的好处。可是有时也不免因为改革得太快,以致非但"欲速不达",且反发生许多流弊,这便是它的坏处了。反之依照民主主义的方法,万事必须等到多数人明白以后,有了准备,加以赞同,方才实行改革。其优点就是万事的改革,毫不勉强,恰到"水到渠成"之妙处;而其劣点就是所有的种种改革,都是必先经过迂缓曲折的路线,结果则非常缓慢。我们觉得土耳其政府的改革文字,未免有点太快了。假定政府中人于改革之前,先将种种的难处,预先用极周密的眼光看到,把所有的先决条件,使它具备,则改革之后何致发生那样流弊呢?因此,怎样使独断独行的政府,对于种种改革,不至于操切从事?怎样使民主政治的国家,一切改革不致于太缓慢?实在是研究政治学和干实际政治的人所应注意的了。

然我们并不是说土耳其的革新事业不好。因她于政治上经济上许多革新事业都是可以令人佩服的。据最近世界新闻社所得土京的消息,土政府用科学方法振兴农业并颁布农具及谷种的免税令以嘉惠农民。这也是值得我们注意的,兹将该社的消息节录于后:

> 最近土政府颇注重国内建设事业,一切实业均从事整理,对于农业,尤极注意。凯末尔总统热心提倡改好农业,近在首都附近自设一模范农园名曰凯末尔模范农园,聘请欧洲技师数人,予以指导,应用最新科学方法,努力经营。凯末尔于政务余暇,身着农夫衣服,在园中躬自耕作。最近政府发表一新法令,凡农业上所使用之一切工具及谷种,概免征税云。

我们也并不是说改良文字是一件坏事。如苏联中的阿才培疆邦(Azerbaijan)自废弃阿剌伯字,改用拉丁字母以来,已经六年了,据俄国著名的文学家高尔基(Gorky)的观点,那里文字改革的成绩却是很好的。高氏尝旅行高加索,躬逢巴库(Baku)地方庆祝文字改革六周年纪念节的盛会。他目睹阿才培疆邦的总统Samet-Ahamalla-Ogly到会演说，并听见他引用列宁的以下一句话以勉励其国人："采用拉丁文字乃是土耳其鞑靼人(Turco-Tatars)文化革命的初步。"高尔基又亲闻别的许多人盛称阿才培疆改革文字的良好的成绩。因此，他便述其到会后所得的感想如下：

> 我觉得参加了一个伟大的盛会。我所以称它伟大的缘故，乃因他们庆祝文化革新的纪念，十分热烈，并且阿才培疆的人民做他们族众的文化革新的前驱，在历史上也是有功劳的。他们的模范足资仿效。以拉丁字母代替阿剌伯字母的必要，近处和远方的人都已感觉到了。故对于这个问题，现在喀山(Kazan)、乌发(Ufa)、克萨克斯坦(Kasakastan)各地以及在巴希毂(Bashkir)邦，大家也都热烈的讨论了。

故何以阿才培疆改革文字，已经六年，未闻有何不良的影响？而土耳其实行文字的改革，未及一年，已有不良的影响发生呢？对于这个问题，不但记者很怀疑，恐怕连读者也有些怀疑。不过照记者的推测，大概阿才培疆文化的程度，本不很高，其人民不识字的原亦很多。故以拉丁字代阿剌伯字，比较上没有重大的障碍和阻力，容易见效；土耳其的教育比较阿才培疆普及，书报也比较的多，所以骤然改革文字，便不免发生流弊。倘使这个推测是对的，则于一般人所抱的以下的一个见解便添了一个证据：

> 一切改革，必先因时因地，斟酌情形，审慎周详，然后才着手进行，庶几可以一劳永逸。否则不但"欲速不达"，反有发生流弊的可能。至于模仿也得先经一度的研究和考查才实行，则比较上容易有良好的结果，否则"淮橘为枳"的弊病，亦是免不了要发生的。

综而言之，土耳其的种种革新事业大都按着"试误"(try and err)的原则进行。故她的种种经验，无论其效果怎样，都是值得我们注意的。

土耳其撤销领事裁判权之经过
与我国今日情势之比较 *

于能模

领事裁判制度,滥觞于土耳其,浸淫于我国。从法理上观察,侵犯我国家主权,破坏我司法统一,从事实上观察,袒护其本族,凌虐我人民。此制不去,奚雪国耻。土人既胜,可为我鉴。故特将其撤销经过,简述于后,倘亦爱国同胞所乐睹者欤。

惟吾人论述一种制度,与论人同,欲言其所以死,不可不先言其所以生。

当十六世纪时,基督教徒之生活于土耳其领土者日益众。此辈因土人信奉回教,觉其社会情状、风俗、制度,以及思想等等,均与己国不同,于是请求其本国政府,用种种方法,使土耳其政府允彼等得在土耳其享受一种特权——服从本国法律,而受本国官吏之裁判。此种任务,惟领事能尽之,遂成领判制度。就中最先得此特权者为法国(一五三五年),此后英(一五八〇年)、荷(一六一二年)、奥(一七一八年)、瑞典(一七三七年)、丹麦(一七五六年)、普鲁士(一七六一年至一八七〇年德国继之)、西班牙(一七八二年)、俄罗斯(一七八三年)、撒但匿(Sardaigne 一八二三年)、美国(一八三〇年)、比利时(一八三八年)、葡萄牙(一八四三年)、希腊等(一八五五年)次第效尤,而土耳其之法权,遂支离破碎,不可收拾矣。且事之最不幸者,乃土政府漫不经意,在大多数条约中,均有最惠国条款之规定,遂致一国取得特惠,其他条约国,咸得援例,其结果,各国遂协以谋土,而土国之受其厄者,几四百年(一五三五年至一九二三年)。

但是领判制度之不合,土人岂不知之,知之而不能即去之者,因自一八五六年以后,一九二三年以前,土人虽有愤慨之气,而未有相当之准备,故屡试屡败耳。然而土人前仆后继,百折不挠,八十年如一日,此种沉毅不屈之精神,实有足

* 刊于《东方杂志》,一九二九年第二十六卷第十六号。

多者。故其得最后之胜利，非偶然也。只将其经过情形分二段以说明之：

(一)洛桑会议以前之奋斗；

(二)洛桑会议之折冲。

第一段——洛桑会议以前之奋斗。

当一八五六年二月八日，巴黎会议开幕时，土耳其政府，即正式请求废止领判制度——此为第一次——各国代表，为答覆土国要求起见，仅表示一种"愿望"：期于和约缔成之后，再在君士但丁开会，讨论修改在土外人之地位，然而此种"愿望"，实欺人语耳。

在一八六二年及一八六七年，当土耳其允许外人享有土地权时，复将旧事重提。二年后，并曾发一通告(备忘录)，至一八七一年，更为大规模之运动，然均不能达其目的。此其故因土耳其屡次宣言改良法律及司法制度，然均未能实行，故外人即以此为借口。

至一八七一年，开柏林会议时，在俾斯麦纵横捭阖之下，土耳其之领判权，更受一重锁钥。当时列强与土耳其订立一条约，宣称：凡条约国应互相承认一重要之国际公法原则，此条约国若未得彼条约国之同意时，不能自行解除条约义务，变更条约规则。

俾斯麦犹以为未足，复于一八七八年之《柏林条约》中，明白规定："若不得关系国之承诺修改，领判制度将永存不变。"

然而外压虽重，而土人抵抗精神，未尝稍衰。三年后，复出一通告，以废除一切领事所享特权为目的。但欧洲各国政府，提出严重之抗议，并于一八八一年十二月二十五日及一八八二年二月二十五日，两次共同通知土政府，谓土国君主，不能以单独意思，废除久远之习惯。

至一九〇八年土耳其之专制政府解体，青年党取而代之，对于撤销领判运动，较前益有声势，而其机会亦稍佳，不复如昔日之动辄得咎，盖虽有智慧，不如乘势，势顺则事易举，此其理推之古今中外而皆准。谓余不信请举事以证之。

当一九〇九年二月二十六日，土耳其承认匈奥王国合并波斯尼亚(Bosnio)和黑塞哥维那(Herzégovine)时，土耳其即乘机利用之以为交换条件，要求匈奥放弃在土之领判权，斯时匈奥为相互利益起见，乃承认土耳其之要求为合理。——此为强邻允许在土撤销领判权之第一声。阅三年，至一九一二年十月十八日，当土耳其与意大利缔结和约时，土耳其复趁机要求撤除领判权，意大利亦认为正当，由是欧洲各国之空气，乃为之一变。

至一九一三年，当新土耳其代表 Djavid Bey 停驻巴黎时，即与法政府开始谈判，以废除领判权为目的，而其讨论之要点，则在废后之保证，与司法制度之改良，简言之，所谓交换条件是也。法国此种态度，实为其他各国所赞同。

由此观之，在欧战以前，列强对于土耳其之领判权，在原则上已承认有废除之可能，惟彼等所坚持者，为有条件之废除而已。

但是此种分国进行办法，土耳其旋即觉为不妥，因既须与各国一一交涉，则取径迂远，唯期速效。故当一九一四年欧战初发之际，土耳其即利用此千载一时之机会，于是年九月九日，毅然宣布自十月一日始，实行废除领判权。此时英法美俄意奥德诸国，虽一致抗议，然亦莫可如何。

不久，土耳其加入战争，随德奥之后，以与协约国相抗衡，而德奥之态度乃大变，察一九一七年一月十五日德土所签各条约中之规定，已不啻将领判权完全废止。至一九一八年三月十二日，土耳其与匈奥所签之条约中，乃明白规定废止领判权，较之德土条约，更觉痛快矣。

若然，在欧战期间，土耳其已实行撤销领事裁判权，且在条约上已得德奥之正式承认，使当日德国战胜，则他国或不敢复有异言，而此问题，或可从此解决矣。无如同盟国战败，土耳其不得不随德奥而为城下之盟，而协约国斯时，复得为所欲为，即在命令式之和约中，规定应恢复昔日各国在土耳其之领判权，于是在土国之领判制度，死而复活，且在凡尔赛(Vresailles)(一九一九年六月二十八日)圣日耳曼(Saint Germain)(一九一九年九月十日)及特里亚农(Trianon)(一九二〇年六月四日)三条约中，各以二九〇条二四二条及二二五条之规定，强使德奥承认：凡在欧战期内，德奥与土国所订条约，一概作废，简言之，协约国欲使土国与他国之关系，一仍战前之旧而已。

然而土国政府，却不甘屈服，对于色佛尔(Sevres)条约(此为列强与土国间之和约，一九二〇年八月十日在色佛尔(Sevres)签字，其一三六条及二六〇条，明白规定：在协约国未组织一专门委员会，以预备一种司法制度，以代替领判权以前，则根据一九一四年八月一日以前之条约而产生之领判制度，当完全恢复)坚拒批准，盖从土国之见解，列强在土国之领判权，自一九一四年九月以后，已不复存在，对于外人生命财产之保全，一如土国人民完全以土国法律为根据。而在协约国方面，却以为从一九一八年十月三十日强制土国休战后，在土之领判制度，登时复活。

双方意见之不同既如此，则列强与土国间之关系，遂在混沌状态中，且此种状态，一日不廓清，则列强人民之在土国者一日不安宁，故此时土国逸而列强劳，土国只须持之以坚定，而列强却不能速谋解决。明乎此，即可知洛桑会议土国克奏全功之秘蕴矣。

第二段——洛桑会议之折冲。

当一九二二年十一月二十一日，洛桑会议开幕时，土国代表，即要求废除领判权，谓此种制度，在实际上，自一九一四年以来，即已废除，列强尽可自言休战后此制复活，而土国方面断不承认。故凡尔赛等和约，虽有片面之规定，而土国绝不受其拘束。其态度之坚决，虽竭欧洲外交家纵横捭阖之手段，终不足以动摇之，并宣言在国际间关于司法之制度，土耳其与各国当受同等之待遇。

然而各国所提之对案，仍未脱战前之窠臼，谓在设立一新制度，足与外人以司法及行政之确实保障以前，决不能允许领判权之无条件消减，即为极力让步计，若欲外人在民事上或刑事上受土国法院之管理，则此等法院，至少在规定之某时期内，除关于不动产案件，及五十磅以下之鹜葛外，其法官之一部分，当由海牙国际永久法庭，从外人中选择之，交送土国任用，而土国大不谓然。

于是协约国复易一方案：提议先组织一五人委员会，此五人，均由土国政府任命，惟其中二人，须由土耳其之司法行政官中选择之，其余三人，须由海牙国际永久法庭之现任或候补法官中选择之。此委员会组成之后，即由该委员会推荐若干人，交送土国政府，聘为法律顾问，以备法院咨询，而土国仍不为所动。盖土国坚持其主张，非以无条件取消不可。而各国之野心，却一时未能遽死，实觉无转圜之余地，而洛桑会议遂中止矣（一九二三年二月五日）。

吾人于此时，有一点急应说明者，即在洛桑会议之前，苏俄已于一九二一年三月十六日，与土国订立条约，明白规定废除领判权，与一九一八年之奥约，同其直截痛快，土国人民，得此而倍加勇气，宜其一往直前，毫无顾忌也。

阅二月（一九二三年四月二十三日）洛桑会议重开，此时协约各国，已不如从前之强硬，故彼等重行提出之和约草案第二十六条，乃言："凡缔约国，均愿废除领判制度之关于入境，居留，纳税，及诉讼等项。"并言"同日所订关于此问题之专约，将与本约有同等之效力。"

惟此处所应注意者，即依上条第二项之规定，协约国虽赞成废除领判制度，然须俟洛桑条约批准后，方有效力。

而土耳其之意见则不然，谓领判制度，既属列强之单方行为，土耳其正可于一九一四年，单方宣告废除，今日之条约，不过承认其已往之事实而已。故土国对于上条，提出下列之修正："凡缔约国，对于在土领判制度之关于外人之入境、居留、纳税、诉讼、以及经济和财政制度，宣言皆已完全废止。"

此为双方争执最力之点。在协约国方面，雅不愿采纳土方之修正，因据彼等之见解,在《洛桑条约》未批准以前,在土之领判权,依然存在,若遽言已废,是不啻予该约以追溯既往之能力,且在实际上,将使许多判决,失其效力,因当时土政府虽声言废除,而各国领事,仍各行其是,继续接受诉讼故也。

最后,双方竟得拟定一彼此同意之条文,即一九二三年七月二十四日《洛桑条约》第二十八条是。该条约声言:"关于领判制度之一切事项,各缔约国,各对于其所关系之部分,承认其完全废除。"(此条文之简明老当,为今日欧洲法学家所推许。)

是在原则上,土耳其已使协约国无条件撤销其领判权,此为土耳其胜利之第一点。

又当时协约国,本欲强制土耳其接受下列之提议:由永久国际法庭从中立国中推选法律顾问若干人,交由土国政府聘用之,且定三项办法:(一)在君士坦丁堡(Constantinople)、斯密尔纳(Smyrne)、萨姆松(Samsoun)及阿丹纳(Adana)等法院,最少须有法律顾问一人;(二)在最后审法院中,此种法律顾问之人数,须较法官为多(以便表决时占多数);(三)上述诸地法院,若不得法律顾问之许可,不得逮捕外国人民,或搜查外人家宅。

土国代表,对于此项提议,极端反对,盖该代表等,深知关于任用法官,乃国家之主权,决不能受他国之限制,否则,国家即不能自主,而领判权虽废若存,实违背土国全体人民之愿望。协约国见计无所施,乃取消此项提议,此为土耳其胜利之第二点。

惟土国为敷衍协约国颜面计,表面上不能不略为周旋,在一九二三年七月二十四日所签之声明书中,承认各国得设立法律顾问,惟限定其权限:仅能(一)参与法制委员会之工作,(二)留心关于民事商务及刑事裁判,(三)接受或关于司法行政,或关于适用法律,或关于执行刑罚等不平之鸣,并得据情转达司法部而已。土人知此等顾问,有虚名而无实权,故乐许之。此为外交上避重就轻妙策,不意土代表竟优为之,此为土耳其胜利之第三点。

若然,除《洛桑条约》第十六条之规定外,土耳其之法权,绝不受其他之拘束矣。

今将此第十六条之内容,举示如下:"关于'人法案件'(en matière de statut personnel),除当事人已书面请求土国法院,依照彼等之本国法审理者外,对于缔约国人之不信奉回教者,惟其设在各该本国之法院,或其官厅,得有审判权。"而所谓"人法案件"者,即关于结婚、夫妻同居制度、离婚、别居、奁资、亲权、亲系、择继养子、人之能力、成年、监护、管理未成年或无能力者之财产、禁治产,以及有遗嘱或无遗嘱之动产继承、分产及清算等案件是也。至于土耳其之所以对于"人法案件"特别让步之理由,实因土耳其以此等案件,归于宗教法权,而不归于民事法院审理故也。

结 论

窃考领事裁判制度,破坏土耳其法权者已四百年,土人几费百年之心力,始得撤除之,推其所以获最后胜利之原因有三:(一)洛桑会议代表之得人。此次土国所派之洛桑会议代表团,均属外交长才,尤以其领袖伊斯麦特(Ismet Pacha)为最,彼不但意志坚定,态度从容,手段敏活,尤能洞烛协约国内部之同床异梦,而利用其弱点,使之无深固之团结,此实为伊斯麦特(Ismet Pacha)之第一层高妙工夫。即今日欧洲之大外交家,莫不赞许之。(二)全国舆论之赞助。当时报界,莫不大声疾呼,以作外交后盾,并认定以撤销领判权为恢复国家主权,完成国家独立,唯一要着,大有生死以之,宁为玉碎,不为瓦全之概。协约国方面,鉴于土耳其民气之激昂,恐不允土国之要求,对于己国在土人民,非徒无益,而又害之,故宁愿及时放弃,以免意外。(三)时机之成熟。自一九一四年九月,土国宣告废除领判权后,德奥俄三国,已先后以条约明认之,故当洛桑会议时,在土之领判制度,已如金瓯有缺,且自近年以来,法权独立之观念,深入人心,领判制度,从原则上着想,莫不认为毫无存在之理由,欧美法学家,多有坦然说明其弊害者。语曰:"千夫所指,无疾而死。"人既如此,至于制度,亦何独不然。

今我国当此竭力要求撤销领判权之际,虽从日本先例,用分国交涉之法,与土耳其之先以单方宣言,后以多边条约,以求一总解决者,其手续各不相同,而我国今日所处之情势,与一九二三年之土耳其,并无大差异,吾知读者此时所急欲知者,即昔年土耳其所以制胜之三大原因,我国今日果皆具备否乎?请一一解答如下:

(一)以言我国之外交领袖,当然不下于土,惟正在努力进行之际,不宜多事赞扬,惟望其临机应变,万一各关系国,故意拖延,在必要时,不妨用果断之方法以救济之,盖革命外交,须有革命之精神,不然,有时不免进退维谷也。

(二)至于我国之舆论,当亦能如土之慷慨激昂,唤醒全国人民,引起世界注意。此后希望全国报界,对于此问题,多刊专论,党部同志,极力宣传,教育团体,多方协助,竭吾全国才智,以撤消领判权为唯一目的。一面使外交当局,得民气为后盾,则在折冲之际,即仿佛觉有百万雄兵,整装待命,斯其勇气,遂不觉油然而生。一面使外人知我为不可侮,彼等方不作无谓之坚持,舆论之为用大矣哉,全国同胞,其速勉旃!

(三)以时机论,我国之撤消领判权,亦已到瓜熟蒂落时期,盖自巴黎和会请求废止于前,华府会议提议撤销于后,吾人之愿望,亦既遍闻于世界矣。况对于德奥俄,既已实行废除,去岁比、意、丹、葡、西五国,亦复相继允许取消,则今日领判权之在我国,其破碎支离之象,与一九二三年之在土耳其者无稍异。故外人对领判制度,在原则上已不复有人敢说其合理,今各国中之所以尚有迟疑不决者,殆因缺乏诚意所致耳。且彼等每以我国司法未改善,法律未颁布为借口,殊欠平允。盖自数年以来,我国通都大邑,为外人足迹所至者,关于司法之设备,皆有显著之进步,谓予不信,司法部之统计,可按覆也。且俄德人民,自受中国法院审判之后,并无表示不满意之处,足见中国之法院已不逊于欧美,较之领事裁判之弊端百出者,真不啻有天渊之别矣。至于法律一端,我国立法院已将《民法总则》颁布,今年内允将《民商法》完全制定,较之一九二三年之土耳其,对于修正法律,毫无端倪,至一九二六年二月,始得编成者,已大胜一筹矣。而当日各国对于土耳其,并不以此为要挟,何责土之宽若彼,而责我之严若此也。

虽然,外人对我之态度,常视我国人民能否团结为转移,使吾国同胞,果能一德一心,群赴此的,不撤销不中止,将见无难不破,无坚不摧,孔子曰:"求在我者也。"《易》曰:"君子以自强不息。"请以此二语为吾全国同胞勖。

土耳其对于交通及关税的新设施 *

颂 华

　　新土耳其有许多新的改革及设施，如收回领判权、改革旧文字、扩张交通事业、恢复关税自主权等等都值得我们注意，并且也都足供我们的参考。关于土耳其收回领判权的经过和改革旧文字的得失，本志在前已讨论过了。现在请再将其最近对于交通及关税自主方面新设施的要点，提出来略为说说。

　　据外报所传，土耳其的国会新近通过了一个重要的议案，决定将一万两千五百万元（美金）供开港造路之用，以促进其国内富源的开发。所聘任的技师，则为瑞典，德意志及其他的外人。所用的工人则都是本国的人，虽间有外国人，但为数是很少的。此外还有三个丹麦的公司亦承揽土国工务上的契约。所以土耳其开港、造路的事业虽用外人及外货，但在事实上却并不为任何一国的人所垄断。

　　土耳其在最近两年以内已经完成的新铁道，计长四百九十英里。预计于最近将来的五年以内还要添筑一千四百英里的铁道。土政府从瑞典厂家已经订购的机械计有五十座，铁道上的车子有一千辆。它希望于一九三〇年内能完成安西（Angora-Sivas）铁道，于一九三一年再以西伐斯（Sivas）为中心，沿黑海与地中海添筑铁道，与亚那德列亚（Anatolia）的西部相联结。在爱勒利（Erelia）地方有很丰的煤矿，只因交通不便，尚未开发。俟这一方面的铁道网完成后，则不但那里的煤矿可以动工采掘，即其他的富源亦可从事开发了。

　　土耳其南北两部的铁道网的建设，都是很费力的。因其北线，从安戈拉到爱勒利之间有崇山峻岭，以及沙漠地，非掘地道，无从建筑路线。至于南线则更难筑。因从费齐巴却（Fevzi-Pascha）到地尔琶克（Diarbekir）城，其间经过许多富于铜矿的地带，而其地多高山大河，除须掘通地道外，非加造许多桥梁不可。南线固甚难筑，惟已有一部分已经通车，其所用的车辆及机械是由瑞典供给的。

---

* 刊于《东方杂志》，一九二九年第二十六卷第二十二号。

近二年间，土耳其因苦旱以致农人歉收。所以政府又确定了开浚河流，促进水利的计划，使农业容易发展。闻此项计划须于十二年内方可完成。待完成之后则内地有许多广漠的地域，都有变为沃壤良田的可能了。此外，电话电线的建设，亦正从事扩充。政府对于这些建设事业，都能立定计划，努力促其实现，实在是很足令人佩服而艳羡的。

以上是新土耳其交通方面的新设施，现在请更端略述其对于关税自主方面怎样努力的情形。

土耳其关税的新税则是于今年十月一日起实行的。新税则的主要目的是在：(一)奖励本国的新兴工业；(二)保护本国现有的工业；(三)增加财政上的收入，并免除入超过多的不利。凯末尔于去年曾注意农业，故曾奖励国人垦荒。他于今年，则复注重工业，希望实行这新税则后，本国的工业，日新月盛，而国内的富源，也可因此逐步开发起来。从民生国计方面看，凯末尔这种设施确是大有裨益于其本国的。

土耳其关税的新税则实行后，所有外来的罐头食物——如鱼类、肉类、蔬果、果酱等罐头食物——的价格都要大增特增了，因为按照新税则，这些罐头食的税都加得很重。举个例来说，外来的罐头食物中的火腿一项，从前每百瓩征税二十五镑(土耳其的镑币)，现在则加至三百镑；每百瓩的罐头鱼类从前征税九镑，现在则加至九十镑；罐头果子及果酱，从前只征四十镑税现在则加至一百十一镑半了。他如牛酪，税亦增加。瑞士与荷兰等国都颇受其影响。此外对于丝及线织物的关税，现在亦增加得很多了。每百瓩的丝税已从三百二十镑增至一千零五十镑；袜与针黹品已从一百十二镑半增至五百六十镑。这于法德两国都颇不利。因法之丝及德之人造丝与针黹品向来有许多是销于土国的。我国亦产丝，恐亦要间接受点影响吧。

土国对于罐头食物及丝的关税加得很多，其目的是在保护其本国的农业、渔业和蚕业，那是很显明的。但土国同时对于外来的机器及农具却均免税。这又什么缘故呢？简言之，为的是要使本国人能充分去利用外国新式的生产工具，以发展其本国的实业。所以他姑不论，仅就上述情形看，我们已可看出土国自于关税自主后，其关税政策是注重在恤农与惠工的两点上面了。

我们敢信土耳其现行的交通、水利、关税政策，是于国计民生有益的，而且是值得我们注意和表扬的。不过回顾我们中国的情形又怎样呢？目前中国的民生可谓凋敝极了！方今东北边境的人民，因苏俄挑衅而流离失所者不知凡几，西北陕甘的人民则亦遭至惨至酷的饥馑。江浙号称富庶之区，而浙之温台、苏之六合等处,亦告灾荒。各地灾祸迭来,虽曰"天时"亦关"人事"。如果交通、水利等建设事宜,早像土耳其那样积极进行,则灾地民众的痛苦何致不易救济?而全国的民生亦何致这样贫困呢?这是谁也不能不为之慨叹的。"亡羊补牢,犹为未晚,"尚望贤明之当局,对于这些建设事宜赶快进行,庶几不致常常落人之后。至于关税,我国目前所行的税则,却亦不如土耳其远甚,无可讳言。中国现在关税的差级税是分以下七级:(甲)七点五;(乙)十;(丙)十二点五;(丁)十五;(戊)十七点五;(己)二十二点五;(庚)二十七点五。以货物的性质而定其差别。前四级以二点五进;后三级以五进。比较从前一律值百抽五,已稍进步。这是大家知道的。可是舶来品销行内地,向加子口半税及内地税。现在子口半税及内地税将取消,则实际上进口商所负的税,非但并不加重,有时反较从前为轻。其尤与国民经济有不良的影响的,莫如舶来的日用品,其进口税仍很轻微,不足以保护本国的实业,杜塞外货畅销内地的漏卮。此而不速改订,所谓关税自主,虚名而已,其于国计民生,何裨之有?我们所差堪自慰者,这种税则,原是过渡办法,实行期限,定为一年。一年之后,当然可再改订。但光阴荏苒,这种过渡办法,自本年二月一日实行以来,一年之期,转瞬将届。期满之后,又怎样办呢?好在国定税则委员会,想必已有改订合理的新税则的充分的准备,外交当局想必也有与列国重开谈判的决心,以达真正关税自主的目的。假使将目前过渡时期中的关税税则维持下去,那国内比较幼稚的实业,就仍旧很少发展的希望了。

新土耳其于革命成功后,需要建设之殷,与中国很有许多相似之点。而其足为中国目前所效法的事亦很多。这是国内有识者所公认的。可是我们也并不是说,土耳其的种种革新事业,件件事都好,没有一件是坏的。即如报载平讯,英国□比教授。新近在中国社会政治学会,讲演中国与土耳其之比较观时,也说到土耳其的弱点。现在我们摘录其所说的两点于下:

土耳其有一弱点,即其狄克推多凯末尔氏不能容与彼才力相等之人材,与彼共处。不将其放逐,即将其处死。斯为土耳其之一大不幸。

土耳其最近重大的改革为采用罗马字母。下令数星期,即着手实行。并非下一纸命令,即算了事而不实行。土耳其弃置其旧有之阿拉伯文,令后起青年,丧失国粹。此举之智否,尚不易下一断语。

所以我们对于土耳其的种种革新事业,择其优点效法,不善之点不要盲从,倒亦似乎是大家所宜深察的哩。

王孙末路中的废土耳其皇储[*]

鼎　新

　　土耳其自革命以后，苏丹推倒，皇储夫妇出亡匈京布达配斯脱以来，至今已经过十一个年头了，在这十一年之中，皇储夫妇俩的光景，是越弄越糟，有时甚至只好挺着肚皮挨饿。王孙末路如此可怜，较之我国爱新觉罗一家的末运，尤为难堪呢。

　　因为皇储出亡的时候，太过仓促，所以只能将价值五千万元的皇家资产，弃而不顾。尽其搜罗携走的现金，为数不过得两万五千余元，此外随身行李内算还有大宗的珍贵饰品，和一个价值连城的意大利古旧梵陬铃，他俩初到匈京的时候，赁定比利斯杜酒店作行宫。当时他的起居饮食，阔绰情形，还未失去东方皇子豪贵的色彩，但较之旧时，却已寒俭得多了。

　　起始时土皇储还抱着复位的痴想，以为掌握君士坦丁和安哥拉旧新两京政权的凯末尔，或者愿意让位与他，使他得回銮返驾，度土耳其苏丹的尊贵生活，所以他始终不减去咄咄逼人的帝皇气焰。他禁锢他的王妃蜜子在酒店中，不准自由行动，本人则日中临跑马场看赛马，晚上去逛最高等的俱乐部，过那浪漫的生活。当夕阳西下的时候，惯见他伴着二三个著名匈国舞姬同行。这样挥霍不久，他的现金，果然撒手一空，他乃开始变卖首饰，卖完了，又向他的亲弟纥甸王子告急，等到借贷无门，他才想法子，来节制日用。

　　可是他的生活虽然节制，他的行为却并不检点，他还是干他的风流事件。当他在夜总会里混迹的时候，他结识得舞姬博娜，与她发生了爱情，他用尽生平谄媚妇人的手段，引诱她，并向她求婚。博娜因贪着未来皇后的虚荣，终于允许了他的请求。

　　皇储就立刻设法领取结婚证书，用回教的规例与博娜结婚。博娜入门以后，蜜子自然立即失宠。而蜜子，原是一个饱受西方教育的女子，因愤愤于皇子的行

---

* 刊于《东方杂志》，一九二九年第二十六卷第二十二号。

为,乃也自己去找寻自己的快乐,也是天天聊群结队,往匈京剧院或游乐场所去散闷。只是,此时他俩的经济,已是枯窘万分,迫得从比利斯杜酒店迁出。博娜自然是即刻下堂求去,耐不得眼前的困苦了。

从此以后,皇储就在穷人区域内,租赁小房子三间,与蜜子同居。蜜子一人担任料理全家的事务。日中有空的时间,还要做些刺绣的工作,博回若干零用。

不久蜜子也受不了四方八面恶劣环境的压迫,而决意要离开她的丈夫,回土耳其去,图谋生计了。她向土国领事馆,请领回国护照,领事馆不特不与准许,反警告她说,她既是皇储的妻子,如果回国,生命必难幸免。她遭此拒绝,十分苦闷,回家后,竟用利刃割裂血管,实行自杀。当时幸有一位贩卖汽车的商人,名唤蓝岛的来访她,见她满身鲜血,昏倒在地,立即送她往医院救治,等蜜子伤口痊愈,将近出院的时候,蓝岛又去访她,给她一张伪造的土耳其的护照,并应许陪她同去。

虽然使用伪文件,有甚大的危险,蜜子仍收拾行装,不顾生死,她同了蓝岛一起回土耳其,到了土国国境,军队已得消息,正在严密检查。幸亏蜜子得与三位土国军官同车,彼此谈得投机,竟因他们的人情,而免查通过。可是她虽达到了回君士坦丁的目的。她总不能在土境久住。她逗留君士坦丁堡十天以后,又赶急搭船回返匈京了。

蜜子回匈京以后,她和皇储俩的生活费,更无法筹措。此时皇储又妙想天开,决意与蜜子宣告正式离婚,设法娶一个有钱的女子做妻室,以解决他的生活问题。他进行了许多时,果然得遂心愿,同一个匈国的富孀曼宪夫人结婚了。这位富孀之嫁皇太子,也是想有日得回土耳其做苏丹的正后的。一旦洞见内幕以后,她便不得不立刻与皇储离婚。

这一回皇太子,乃真的要替他生活问题着急了。他的手上,只剩得一个旧梵陋铃。这东西,是他父皇的赠品,本来不应该出卖的。但这时也顾不得许多,只好出卖了。蜜子离婚后的景况,也是十分不好。幸有匈京日报的记者名波士燕的因为注意土耳其宫闱的秘史,再三与蜜子商量,合作一本小说,定名叫作东方面幕内的欲望与痛苦。这一本书,销路不错,蜜子也得了相当的利益。

再过了一年,皇储夫妇两人的生活,依然没有什么进展。皇储卖去梵亚铃所得的钱,剩余无多,蜜子从著书所赚来的利益,也已用完。她少不得再须做些刺绣的工夫,有时也问皇太子求助。此时皇太子,反念起她的旧日恩情,虽自己手上极紧,也尽力顾她。他们两人因屡次感受着人生的困苦,而彼此了解,恢复起从前夫妻的关系了。

　　近来皇太子的境遇越弄越不像样,无论什么下贱的工作,他都愿意去干。最后竟投入加利尼咖啡馆,充当音乐团的领袖。蜜子同时也在匈京日报社找得一个位置,每日替报馆写一段土耳其秘史。当她一到了下午六句钟,离开办事处的时候,正是她的丈夫,起首在对面加利尼咖啡馆音乐团内,奏第一部的音乐。他俩到现在反成了患难相依的好伴侣了。

土耳其新国会选举*

明　养

　　土耳其虽然是一个共和国,有政党,有国会,有总统,但一切的施政权力全是握在所谓总统也者的凯末尔一人手中。因为是一个共和国的关系,即使有拥总统之名而行狄克推多之实的凯末尔独揽大权,也不能不照例的举行国会选举,再由国会举行总统的选举,在这样情形下所举行的选举当然只是一种把戏而已。

　　在四月二十四日土耳其又玩了这样一次的把戏!

　　是在三月四日,凯末尔总统下了一道澄清全国政治令,令国民大会(Grand National Assembly)于五日解散,新选举于四月间举行,日期以后公布,凯末尔并声明说,此次解散国会,举行新选是因为应公众澄清政治之普遍要求,彼虽以独裁资格统治土耳其,但不得不承认公众请求政治改革之严重要求云。

　　在述总选举前,我们先一观察土耳其的政党形势。严格的说,土耳其是没有政党政治可言的,因为除了凯末尔所御用的国民党外,实际上是没有其他政党了。在一九二四年曾有所谓进步党的组织,以前首相罗甫(Rauf Bey)为领袖,但不久即为政府借口危害政府安全而解散了。到了去年前驻法大使费什(Ali Fethy Bey)回国组织自由共和党,以与欧洲列强及人民积极合作,改良法制,言论自由,减轻赋税,全国人民有普选权,欢迎外国资本家在土投资为政纲,一时赞助者颇众,情形非常乐观,即独裁的凯末尔总统亦表示同情,谓"二党对峙,定能巩固国内共和主义,并大有助于国民政治上与社会上结构之发展"。凯末尔之所以赞成新党的组织,实有重大原因,盖土耳其自洛桑会议后,民主国基虽稍稳固,惟战后国家元气大伤,百政待举,对外贸易不振,古尔特人(Kurd)时常叛变,财政困难已达极点。同时在国际上之地位,亦颇低下。但土国数年来在国民党专政下,政局并无甚改善。所以凯末尔想利用这新成立的政党以谋国内政治的改进,并非真正有意扶植民主的势力。故后来不及数月,新党便重被凯

---

　　* 刊于《东方杂志》,一九三一年第二十八卷第十一号。

末尔解散了。这因为费什自组织自由共和党后，到处去宣传鼓励，人民因受狄克推多压迫已久，都奋起欢迎新党，以致时常发生过激的暴动，触犯凯末尔的愤怒，于是成立不满数月的新党，又在他的铁腕下寿终正寝，而回复到先前一党专政的局面了。

因为土耳其的政党情形如此，所以四月二十四日的选举仍然是国民党完全包办，反对党方面虽留有三十席，而其候选人之当选者则仅有二十名，其余席次均归国民党所得。这因为应选议员由凯末尔所指派，而选举会又全系民党份子所组成者。新国会既全系民党包办，故于五月四日国会开会时，凯末尔当然当选总统，这也是他第三次的连任总统了。

土耳其虽继这次的选举，但其后的行政方针，当无甚变动，因为一切权力都仍然操在凯末尔及在其卵翼下之国民党的手中。不过新国会议员的权力以后恐不能再如以前一样的大。所有议员的月费已由政府决定，由五十磅减为三十五磅，当凯末尔与于解散国会时，虽曾宣言是为澄清吏治，但这不过是说说而已，故这次选举并不是选举，而是一种选举的把戏！

土耳其之新经济建设及其经济富源

——为土耳其民主国成立十周纪念而作 *

周 新

一 引论

土耳其在未革命前,他们国内政治的腐败,外国的欺凌,和我们清代末季衰弱的状况正像是一对难兄难弟,一九一八年土耳其以战败国的资格与协约国订结了摩德洛司休战条约,就使奥托曼帝国陷于分裂的状态,随着协约国军队又占领了君士坦丁堡和伊斯米海峡,一九二〇—二一年间,希腊接连的占领了士麦拿和安那都里亚西部。一九二〇年《色佛尔条约》——这个条约在凯末尔的国民议会是始终没有承认的——且把堂堂奥托曼帝国的苏丹一降而为君士坦丁堡的市长。少年土耳其党大部领袖都被监禁。塔雷脱、安佛尔和琪曼尔一班人则都出走,整个军队就完全分裂了。这时凯末尔正在内地荒漠的安那都里亚,在这样的一个混乱的状态中,就使他自己也失却自信力了,他曾在国民议会前宣言,只有将他以前向美国提议过的把整个土耳其改为一个委任统治地,付之实行了。这是一九一九年九月的时事,那时土耳其的地位就是这样危险的。

一九二一年九月希腊在萨卡里亚河的失败和一九二二年在士麦拿的溃退造成了土耳其国家复兴的一个转机点。这时凯末尔的国民政府虽然已经成立二载,但因连年的战争,就使他们在经济建设方面,无暇顾及,直至一九二三年七月二十四日《洛桑和约》签字之后,他们就觉得战事既已结束,所以就应从事内部的改革。因此凯末尔政府决定根据下面几条原则, 创制一种新的经济政策:一、排除外国的经济势力,资本投入本国的实业,因为他们很明白这种外国的经济势力,往往足以引起政治上的干涉。对于这点,他们曾颁布了许多法律,强制所有在土耳其设立的外国商号,都须改用土耳其的文字,并且发音也得完全

* 刊于《东方杂志》,一九三三年第三十卷第十九号。

是土耳其语言的,此外所有外国资本合股的实业至少须有本国资本在百分之五十以上。二、尽量开发本国的富源,绝不求助于欧洲工业的国家,除建筑道路及其他大工程,为本国资力所不能完全负担的当作例外。三、编制预算,减缩政府的用途,节省滥费。四、清偿外债。五、含有国际性的输出品,如烟草,由国家经营,开掘矿产,须受政府的监督。同时又通过了一种特殊的工业方策,使本国或外国的制造商输入机械,一概豁免赋税,并且把必需的原料在铁道上的运费减低至百分之三十。重要的工业在最初十年内完全免税,或至少把赋税减低,使可以得到贸易上的便利。此外政府还提出了一笔款预计土金二亿四千万磅,作为这个经济建设的经费,以一亿磅用于农业与整顿水道,九千四百万磅用于铁道,四千六百万磅用于海港。

并为监视他们经济建设的实施和提出必要的改革起见,他们又在安哥拉组织一个最高经济会议 (Supreme Economic Couneil),以金融托拉斯的主席纽罗拉·埃赛博士(Dr Nurulla Esat)为秘书长。

上面已经说过在凯末尔政府经济建设中有一条原则是清偿外债。外债是奥托曼帝国赐给新土耳其的一笔最大的遗产,同时也就是土耳其经济建设中的一个最大障碍。享有最大债权的是法国,她在哈密德时期中所投于土耳其国家和地方借款以及私人企业中的总计共有七十亿金法郎。其次的是英国,比利时和纽西兰。德国和奥国的债款则在欧战之后,由凡尔赛条约的强迫,转让给协约国了。

关于这些外债,债权和债务双方曾经过了热烈的协议,直至一九二八年六月二十三日才由巴黎息券协约 (Paris Conpon Agreement)——此协约在一九二八年十二月十二日由安哥拉国民会议所批准决定延至一九三〇年起分期偿付。但是在这个协约上所写出的数目并不是奥托曼帝国公债的全部,而是由一九二五年四月洛桑条约推算出的正式仲裁员估定的全数的一部分。他们把这债务依照下面的计划分配于以前属于奥托曼帝国的各国(这个计划在一九二八年十一月三十日批准)[①]。

这样一来,土耳其分担的债务减剩土金八千二百万磅,因此在他们的经济建设中也就减少了不少负担。这不能不说是土耳其外交的成功,同时也可说是新经济建设中的一个最大成功。

------

① 一九一二年十月十七日前借款百分率:土耳其六十二点二五,巴尔干国家二十一点二四,阿拉伯国家十八点五一;一九一二年十月十七日前借款百分率:土耳其七十六点五四,巴尔干国家零点七一,阿拉伯国家二十二点七五。

本年十月二十九日正是土耳其民主国宣告成立的十周纪念,现在且把他们十年来的经济建设情形及其经济富源分述于后。

二 实业

银行是实业界里的一个最大的金融流通机关,一个国家实业兴旺与否可以由银行资产周转率的多寡为定,同时一国家银行的增添也可以表示一国家经济的旺盛,反之一国家银行倒闭的数目多,就可以表现了一国家经济的衰落。

土耳其在苏丹的时代,虽然已经有了所谓银行的制度,但那时的银行是非常幼稚的,其中有两家是比较重要的。一家是最老的著名的奥托曼银行,这是一家外国银行,在一八六三年二月得到创设权的,并且还享有相当的治外法权,其有效期至一九三五年三月十六日。他的名义资本总额为一千万英镑。其次要的是安格列柯银行(Zcerant Baukasy),创立于一八九〇年,但是他是直至国民议会创办了一种农业合作社的制度之后才得到他的地位。他的公称资本总额为土金三千万磅(二千一百万磅是实缴的)现有分行三百家,有男女职员二千余。

自从新经济建设开始之后,他们又曾在总统的庇护之下,以土金五百万镑的资本创办了一个国家经济建设银行(Ish Baukasy),他就代替了以前的奥托曼银行的地位,得到了保管公款的权利。

此外还有二个在新经济建设开始后成立的银行,也是非常重要的。一家是工矿银行(Sarant ve Medin Baukasy),有资本金土金六百万镑,成立于一九二五年四月十九日。另一家是抵押信托银行(Emlak ve Eytam Baukasy),有资本金土金二千万磅。后者是由一九二六年五月二十二日的法律成立的,他的业务特别注重于 Vakf(褫夺公权者)的被没收的土地不动产,以及 Eytam(孤儿)的信托事业。

土耳其现有二十余家纯粹国立银行,总计有资本土金七千万磅,他们在一九二七年的损益表上共得纯利土金三百万磅。其他私立的银行合计七十余家。这些银行的货币政策一向都是非常健全的,发行纸币都有极严格的限制。

据正式的统计年报,在一九二八年初在土耳其政府中注册的有限公司如下表(略)①。

我们虽然可以看到外国的商号依旧很多,他们的经济势力显然还非常雄厚,但他们都有极严格的拘束的,除了前面已经说过的外国商号须改用土耳其

---

① 此处的表格,作者是根据"正式的统计年报"即一九二八年的数据,但出入较大,无法核对,故略去原表。

文字,有外国资本合股的实业至少须有本国资本在百分之五十以上外,同时还订立了一种法律,任何外国商号要求在土耳其取得设立权的,在谈判之前,须先以资本的百分之七点五存入土耳其的国立银行里,合同签字之后,再存入百分之七点五,这百分之十五的资本作为执行合同义务的保证。这种立法的用意,完全是在排斥一些资本不健全的外国商号的。其后一九二七年六月国会又通过了一条法令,创办了一种国家再保险(re-insurance)的垄断事业,不论本国或外国的保险公司都须以他们的危险事业百分之五十向它实行再保险。这样,一般没有切实保证的外国商人就没有机会从博斯破鲁斯混入了。

下面的几种垄断事业也使国家的收入得到一笔极大进款的。一九二八年这些垄断事业的岁入总额如下表:(以土金百万磅为单位)

烟草	盐	糖(一九三〇年放弃)	石油(一九三〇年放弃)	火柴	酒精	火药	邮政与电报
二十二	十	五	五	二	五	一	七

同年国际贸易入超土金四千五百万磅。

项目	进出口货物	业务	利息及各项利润	外货私人转账	外货政府私人转账	资本输出及输入	合计
借方	二百五十九点七	五点三	八点三	七点二	三点一	–	二百八十三点六
贷方	二百零九	九点八	零点七	四点四	五点三	九点四	二百三十八点六

因此我们可以在他们政府的预算案里发现了一个极好的现象:

年次	经常费	岁入	不足	余剩
一九二五	十八万三千九百三十三	十五万三千零四十七	三万零八百八十六	–
一九二八	二十万七千一百一十一	二十万七千一百七十三	–	七十二
一九三一	十八万	十八万		

一九二八年的情形比了一九二五年的显然好多了。虽然一九三一年又见到了一个突然的陷落,但那是不能免的,并且是暂时的,因为自从一九三〇年后,政府又开始加上了一笔偿债的负担了。所以在这一个暂时的、不免的陷落之后,我们依旧还可以看到一种更进一步的恢复哩。

三　农业

土耳其国民经济所依旧赖着的最大富源有二：一是农业，一是矿产。

土耳其原本就像我们中国样的也是一个农业国。在欧战以前他们开发这种土壤富源的方法，是非常老式的，从这些土地上所得到的收获，往往是不能和他们的广大的可耕种地的面积互相吻合的。

土耳其的农业可分为三类，第一类是供给人民食粮的谷物。第二类是一些值钱的生产品，如烟草、棉、雅片、小亚细亚的无花果和葡萄干、甘草根、喀那利葡萄酒等的种植。第三类包括牧牛、养羊以及羊毛和皮的生产品。政府为促进在这一方面的发展起见，且曾引用了一种完全新式的地产制，并且还设立了许多富有经验的农业站，在这里面陈列了许多本国各地的牧畜展览品，同时还奖励合作社和其他互助社的设立以防止盘剥重利的以及投机者的压迫和榨取。

目今土耳其土地面积共有七十六亿二千七百三十六万启罗米达，但是在这个面积里只有百分之三十一现在耕种着的，其余百分之十九是森林地，百分之三十六是牧畜地，百分之十二是多石区，约有百分之二是池沼和卑湿的土壤。

至于现在耕种的面积中，其百分之九十二是种植禾谷的，而只有百之三是用作生产蔬菜的。

一九二八年的主要农业生产物如下：

小麦	大麦	玉蜀黍	黑麦	燕麦
二百八十二万六千吨	一百六十万吨	四十二万七千吨	三十一万八千吨	一十二万五千吨

此外棉、菽豆每年产额为七万五千—十万吨，荚豆、马铃薯、茄和粟约五万吨余。葱、米、芝麻和豌豆的收获约二万—四万吨。其较次要者为扁豆和胡麻子，其产额为八百万吨。

至于主要出口品的生产则有葡萄六万吨，无花果二万七千吨，壳果五万二千吨，橄榄、亚麻、大麻、烟草和雅片六十万吨。

烟草是土耳其的一种主要出口品，种植烟草的农人在土耳其约在十万以上。出产烟草品质最佳的区域当推黑海边上的萨姆逊(Samsum)、巴弗拉(Bafra)、达拉波松(Trobizond)，土麦拿和麻马拉海则达不及萨姆逊地位的重要，并且现在在萨姆逊还造好了一条铁道，特别为输出烟草用的。

在奥托曼帝国时代有一个专以管理烟草的种植出售、和输出的土耳其烟草局(Régre)，但它实际的功用却仅在盘剥重利。因此就使种植的人不复有意增加产额了，并且扩充烟草的种植是受烟草局的限制的。在另一方面，虽然在烟草局存在的三十年中，在政府官吏和烟草恶棍间的争斗中，被害的人数不下四万人，但私运的事件，却终不能完全压制住。

一九二五年二月二十五日国民议会以垄断事业行政部代替了烟草局。垄断事业行政部的成绩真是出人意料的。一九二四年时，烟草局售出烟草四百万吨，价值近土金一千万磅只在二年之后，垄断业行政部售出了九百万吨，值土金三千万磅。一九二八年，在烟草一项国家所得纯利为土金二千二百万磅。约一百万英镑，同时烟草局在三十年中只付给了政府土金一百五十万磅。

垄断事业行政部现有烟草工厂十家，约有工人四千名，一百五十万其中三分之二是女人。

种植无花果的主要中心地为西部安那都里亚，一九二七年产二万八千吨。就在这个区域里也出产了极多葡萄和葡萄干一九二七年产四万八千吨。

橄榄和橄榄油是士麦拿的出口货，它的品质和其他地中海的产品是相等的。那里现有工厂二千左右，雇工人一万五千名，年产橄榄约十六万三千吨，橄榄油三万吨。

橡实是安那都里亚的一种土产。它们在欧洲的制革厂是非常有用的；它的产额每年约三万五千吨。

棉丝和亚麻是政府所特别注意到的，政府曾化了很多力量在帮助它生产的增加。麦塞因(Mesina)区是特别适于种棉的，在一九二八年出产五百磅捆的棉花十四万捆，一九三一年的产额差不多超出了二十万捆。

畜牧对于东土耳其的复兴已经有了极大贡献的。下面是一九二七年的统计：

马	三十一万四千	纯种马	十七万五千
角牛	七百万	水牛	六十七万三千
骆驼	七万五千	驴	一百一十万
绵羊	一千万	山羊	六百九十万
安哥拉山羊	二百五十万		

四 矿产

农业在土耳其的经济中固然是一个永久的支撑物，但小亚细亚的矿产富源也是非常足以吸引外国资本的。西部安那都里亚丰多的灰色金宝藏，阿尔罕那

(Arghana)的铜矿和黑海边上藏戈达克(Zonguldak)和及达(Djidde)附近的煤田——是整个地中海盆地的最大的煤田——都是在政府的铁道计划中受到特别注意的。虽然土耳其的发动机的数量现在已经不断地增加了,可是他们所消费的煤却依旧还是从英国输入的。因为黑海的煤并不是一等的货色,但如果再加一番功夫在这些煤矿中提炼一下,当然是不会没有一些好燃料的。

至于其他矿产盐是应该受到特别注意的。欧战之前,盐的生产是由公债行政部管理着的。海盐是士麦拿附近的产物,湖盐是安哥拉南康尼亚干燥平原上的产物,石盐是安那都里亚东部的产物。现在石盐的产额每年计一万三千吨,海盐和湖盐计十六万吨,一九二八年为二十三万九千吨。

其他矿产尚有银铅(siver-lead)水银、锑、锰和硼酸矿(boracite)。

土耳其最著名的矿产是石油。当一九二二——二三年洛桑会议的时候,因为这一项石油的矿产还曾引起了国际上许多的纷争。地质学家曾花费了许多精力从事探发在东安那都里亚麻苏尔和美索不达米亚一带山里的油田,但是因为现在世界其他各地煤油生产的过剩,在国际金融界中已经显出对于开发伊拉克煤油富源的裹足但如果到了高加索的石油产量不能满足摩托化的苏俄的用途时,也许伊拉克和安那都里亚的石油,就会引起一般国际投资者的注意了。

五　铁道

在凯末尔政府成立的初年,土耳其境内的铁道是非常缺乏的,除了从巴格达到安哥拉主线和士麦拿线等铁道外,就没有旁的铁道了。并且巴格达的极长一段和汉志(Hedjei)铁道全线又在伊拉克和叙里亚委任统治地成立之后完全失去了。

那时的巴格达铁道从君士坦丁堡港口海达帕沙(Haydar Pasha)出发经过伊斯米、埃斯吉希罕(Eseishchir)亚富荣加拉罕萨(Afyon Karahisar)和康尼亚而至乌鲁吉希拉(Ulukishla)和亚坦那(Adana)。现在在这条线上从麦塞因起连上了一条支线(国有的)南至菲齐帕莎(Fevzipasha)而入叙利亚委任统治地境内;经阿勒波(Aloppo)复入土耳其境内而接于尼西平(Nuseybin)于是这条铁道又走进了摩苏尔境内。从尼西平到克库克(Korkuk)——四百三十一启罗米达——有一条暂时的汽车道,旅客可以从这条路上转到巴格达和巴斯拉(Basrah)。

安那都里亚特别快车通常备有膳车一节,卧车二节,其中设备的安适和欧洲的火车几无分别。并且抵达安哥拉时也是从不脱车的,另一条从斯坦波尔到亚坦那的都拉斯(Taurus)特别快车现已直接通至埃及。据最近火车时刻表的规定,安娜都里亚特别快车每天下午七时离海达帕沙,于第二天早晨九时抵安哥拉。都拉斯特别快车每周开行三次,在星期三下午四时离海达帕沙,星期五上午七时抵叙里亚的阿勒波。旅客可以在星期日下午十时三十分抵开罗(Cairo),或在星期二上午七时抵波斯海峡的巴斯拉其中自拉耶克 (Rayak) 至卑勒脱(Beyrut)的七十五启罗米达须坐汽车。

现在安哥拉线又从凯萨里(Kayseri)造起了一条支线通至西伐斯(Sivas)从西伐斯又有一条支线通至黑海的萨姆逊埠,这条路已在去年通车了。

土耳其内阁又曾拨款土金五千五百万磅从事把这条路线延长至埃尔斯仑(Erzerum)全长五百三十启罗米达,以连接俄之高加索铁道线。并且还通一条支线深入库次登(Kurdestan)。更把凯塞里和巴格达线的乌鲁吉斯拉连接起来,全线计长一百七十三启罗米达,据说这条线也已在去年秋天完成了。另外一条支线从菲齐帕沙到地亚皮加(Diarbekir)经过马拉希(Marash)马拉底亚(Matatya)和阿尔罕那——安那都里亚的铜矿区。这条线全长四百启罗米达,一九三一年三月时,车已通至马拉底亚,现在大概全线都已完成了。这条支线功用可以把安哥拉和黑海北岸的煤矿区连接起来,且可便于开发安那都里亚北部的卡斯太曼尼(Kastamuni)森林。

士麦拿是地中海的商业中心区,那里在旧土耳其时代就已是一个大铁道系统的终点,现在它就当着苏基亚(Sokia)、埃吉提尔(Egerdir)和坦尼士里(Denizli)农产的中心,并且直接连接了巴格达线的亚富荣(经过亚拉希罕),还有卧车可以直达安哥拉这一路线, 英国的资本占其大半, 同时还有一条从巴列开萨(Balikesir)到麻马拉海本特马(Penderma)的铁道线是法国资本的。从巴列到萨开还有一条支线经过有名的瓷器中心的库太希亚(Kutahia),通过安那都里亚的灰色金矿区,而接巴格达线的塔夫与里(Tavshanli),此线已在一九三一年一月二十四日通车了。

六　公路

至于筑路,国会曾通过了特种法律,规定了一种造路的计划。计划中的汽车路全长五千启罗米达,需经费土金六千二百万磅。全盘计划分配如下。[①]

---

① 编者说明:此处删除了公里里程全盘计划分配表,因为其中地名译名和数据难以核对。

所有建筑这几条公路的经费从国家预算案中提出土金三千九百万磅，其余二千三百万磅则由征取筑路税凑成。在征取筑路税的时期中，以所得税收百分之五十存入农业银行；每研税人负担土金八磅，每月月终，由银行和财政部及公务部将账目结算一次。

七　海港

土耳其在革命后所余剩的领土是小亚细亚的一个半岛，他的边疆，十分之七是临海的，所以海港的建筑对于土耳其的经济建设是非常重要的，因此安哥拉政府就会设定了一个建筑和改善海港的计划，并拨款土金四千九百万磅作为海港建设的经费。

在这个计划中预计最先完成的有黑海滨岸的萨姆逊和埃兰格列(Eregli)口岸；估计萨姆逊口岸的建筑费为土金一千三百万磅。埃兰格列口岸的建筑费为土金一千万磅。萨姆逊的功用在输出从西伐斯铁道运来的沿线各区的农产品和矿产。并且他也是一个烟草的大中心，每年在这里装船的烟草计二千五百吨。所以这个港口的完成是非常急需的。在黑海滨上其次重要的海港是埃兰格列，他是安哥拉飞里奥斯铁道线的终点。

伊尼波列(Ineboli)亚玛斯拉(Amaasra)和达拉波松等港尚在建筑中，那里都有着新式海墙、埠头和堆栈的设备。

麦塞因是安那都里亚南岸的一个最重要的商业中心。他是阿尔罕那矿区铜产和联结麦塞因到亚坦那之间各线所经过各区农产品的出口。

八　结论

最后，我们在前面已经说过，在土耳其经济建设中有一条原则是减缩政府的用途，这一点他们也切实地做到了。下表是土耳其民国一九三一一三二年的预算案：

单位：百万土镑

项目	国民议会	总统	内阁总理	国会	财政部赔款	债务	海关	内务部	外交部	邮政与电报	公安	宪兵
金额	二点四	零点七	零点八	零点三	十二点三	二十六点五	四点二	四点一	三点一	五点一	四点二	八点七

项目	康健	文化	教育	司法	公务	经济	国防	兵工厂	海军	航空	土地测量	其他	总计
金额	三点七	零点五	六点六	七点四	二十六点四	八点五	四十四	三点四	七点九	三点五	一点一	一点一	一百八十六点五八

一九二九—三〇年的预算总计为土金二亿二千零四十万磅，而一九三二—三三年预算总计为土金一亿四千五百万磅，从这几个数字的表示，政府用途的减缩，是很显然了。

同时从这几个数字的表示，以及前面各节所述的土耳其的经济建设，我们可以看到在欧战后几乎陷于全国分裂的土耳其，至今经过了十年的功夫，他们国内的社会，政治状况已逐渐的走上轨道了。近东的病夫经过了这一次的革命，已经把他的病态逐渐的赶跑了。反顾我们自己，我们一向是被称为远东病夫的。我们革命的发生比近东病夫的革命还早十来年，但是因为历年政治的未上轨道，社会状况的不安定，经济的建设更是谈不到。所有的一些铁道，海港等的经济建设，大概还是前清时代遗下的一些功绩。近几年来，国难日深，全国形势，几乎和协约军队占领君士坦丁堡时的近东病夫相若，但比了以苏丹降为君士坦丁堡市长的状况却是强多了。可是土耳其在这样的危机中，不到十年，已使列强不敢正视，那么我们远东病夫要在现在的情形中，求得一个翻身的日子，也不远呢。

土耳其的国防与外交 *

沙　生

素来受人家轻视的土耳其,只用十年的功夫,已经将旧的一副脸相改换了。将一个暮气沉沉的民族,变得有那么青春的气概,于是"病夫"的头衔只好让给我们中国了。世界上再也没有人,对于土耳其光明的前途会加以怀疑的。土耳其进步的迅速,实使帝国主义者发抖。

这个功劳,自然大半要归到土耳其大总统凯玛尔将军身上去。我们的应该佩服凯玛尔将军决不是因为他是个独裁者。独裁政治并不是什么新奇的东西。这种"朕即国家"的政治方式几乎完全占了人类的整个历史,民主政治才不过是一二百年来的产物。我们的佩服,也并不因他是个名将,能够打着胜仗。更不是赞成他用顶危险的方法,以军权来支配政治,这条路,只有他伟大的人格与天才,才有目前的成功。我们的佩服他,最少有两点:他的远大的眼光与至公无私的态度,由于前者他才能够在土耳其垂亡的时候用百折不挠的精神,打退帝国主义者的侵略,并用一种彻底的现代化计划,使土耳其于最短的时间内赶上欧洲。由于后者他才配得上"以身作则"实行军人政治,虽然也只有他才是个例外。

年来欧人对于土耳其的另眼相看,报纸上时常登载关于新土耳其的消息,这并不是偶然的。土耳其现代化的努力,恐怕除了苏俄以外,非任何国家所能及。由政治、军事、经济一直到了教育、文化,甚至于宗教,都厉行现代化的计划。这就是说,土耳其的政治上了轨道。军队已有了最新式的设备,经济的基础渐渐稳固,教育采取最新的教育制度。新的文化已在土耳其诞生了。他们是连本国的文字都抛弃了来采用拉丁文字母的。于是凡足以妨碍现代化的旧制度、旧习惯,他们都不惜以全力铲除之。连根深蒂固的回教也渐渐发生整个的动摇。

土耳其是已经再生的了。此日举国上下充满着"新生"的力,走上无限光明的前途。因为世界是进步的,他们丝毫不留恋"过去",他们知道旧的文化抵抗不

* 刊于《东方杂志》,一九三四年第三十一卷第二十号。

住帝国主义者的枪炮,他们明白只有向新的,现代的方面,努力建设,才是整个民族的生路。

因此土耳其不但在国内做到统一的地步,而且更进一步,希望对外关系常处于和平的状态中,来让他好作建设的工作,这是一种很显然的事实。可是我们又别误会,以为土耳其人也会那么"天真",嘴里喊着和平,真的连手里的枪杆都不要。相反的,他们正用全力在扩充军备。他们的民族的自觉与国防的观念已经普遍地深入民间。他们已经变成一个不可轻侮的民族了。惟其如此,才能够保障他们的安全与和平。

当土耳其革命十周年纪念的时候,凯玛尔总统对各国外交界来宾演说。中间有一句:"……我们的外交政策唯一的目的,就是和平,就是我们的民族能够在和平中进步。和平是各民族的幸福之创造者……"这倒是实在的话,并不单纯是外交词令。因为,土耳其的确需要和平。

可是一按地理,土耳其却又处于战神的怀抱中,所以将来能否避免战祸,这还是一个问题。巴尔干半岛问题,已经引起了上次的世界大战,此再看各方形势,新战祸又在酝酿之中。世界大战前土耳其是处于英、德、法、俄、旧奥匈帝国等宰割之下,中间尤其英、德两国争斗更烈。处于这种复杂的形势下,单维持中立,就不是一件容易的事情。虽然,我们可以相信的,土耳其人民一定会用铁一样的决心与勇气去保护他们的国家的。

这里叙述土耳其的国防准备,可以分为两部分,先解释土耳其与各国间的外交关系,然后说明土耳其本身的国防实力。

土耳其与苏俄

苏俄是土耳其的老朋友,土耳其的解放,得到苏俄的助力不少。在一九二一年苏俄已正式承认土耳其了。那时候别的国家恐怕连这个念头都没有想到。土耳其是利用苏俄以谋自己的独立,苏俄是利用土耳其以对抗英国的进攻。这种友好关系一直维持到现在。当土耳其革命十周年纪念时,苏俄代表团是格外受到极热烈的欢迎的。这是值得注意的,苏俄代表团并不是通常的外交人员,而是由军事委员长红军总司令伏洛希罗夫领导之下,随从有著名骑兵将军布金尼。虽然外交次长加纳罕也在内,但他不过是个配角。这次拜访的意义,是含有军事性质的,最少,土俄两国军事当局有携手来解决达打尼尔海峡问题的倾向。

果然,去年秋天土耳其就向国联提出,取消限制土耳其在该海峡内设置军备的条约。而让土耳其自由建筑要塞以保障和平。自然此事是先得到苏俄的同意并赞助的。

在长度六百余公里而两岸又多山峦的达打尼尔海峡，为黑海与地中海上唯一的交通要路。在军事上的意义，不独可以保障土耳其的安全，而对于苏俄在黑海上的安全也有极重要的作用。假如土耳其有坚固的武备在此海峡上，那么列强要由黑海进攻苏俄，必须先取得土耳其的同意。所以两方在此点上相互谅解极易于成立。月来土耳其已将此要求正式通告各国了。英法等国虽想阻止，但形势所趋，土耳其最后一定会达到目的的。

土耳其民国十周国庆纪念之感想 *

王善赏

今天的讲题，是土耳其十周国庆纪念之感想。因为土耳其是现代新兴的国家，有许多地方，可资我们借镜，所以国人多喜欢研究，尤其是军界的同志们，更喜欢研究土国革命的成功，和军事的胜利。况且土国自一九二三年十月廿九日成立民主国，到今年一九三三年十月二十九日恰巧是十年，在目前来说，时间的过程是很新近，而事情之经过又极饶兴味，极有意义，所以特别提出来，同诸位讨论，至于所说的话，有不到的，或是过火的，还请指教原谅。

先就个人方面对于土耳其政治外交的兴趣来说。鄙人于民国十二年由清华学校毕业，被派赴美留学。当时所研究的是政治外交，特别注意于领事裁判权问题。因为中国所受不平等条约的束缚，就是以关税协定同领事裁判权之害为最烈，所以个人认为须加特别研究。一则希望我国在不久的将来能够达到关税自主与取消领事裁判权之目的，再则希望个人能贡献其一得之愚，以尽国民一份子之责任。彼时土耳其正在努力取消领事裁判权和一切不平等条约，与我国之目的，是一样的。就在那年七月廿四日，土耳其竟能得到圆满结果，而跻国家于真正平等之地位。此后过了三个月零五天，又成立民主国。所以当时鄙人对于土耳其复兴的过程，极饶兴趣，加以研究。回国后，在燕京大学及厦门大学服务，亦开一课程，专讲近东与国际政治的问题，以促起我国青年之注意及见贤思齐的志趣。

现在我国内忧外患，煎逼而来，对于土国复兴的前因后果，尤增观摩之感，所以今日的讨论拟分古代近代和现代三个时期来说：

（……古代、近代土耳其历史从略……）

第三说到现代：这次世界大战的惨酷，在人类历史上是空前未有的。参战的国家卅有余！作战的兵士在六千万以上！经过四年的血战，死亡者六七百万！残

---

* 摘录自王善赏一九三三年所作演讲，单行本出版于一九三四年，开封扶群印刷所印制。

害者不计其数！惨矣！一九一八年八月以后，"同盟国"粮食缺乏，筋疲力竭。九月布加利亚乞降，十月卅日土军亦屈服求和。休战条件甚为苛刻！翌年四月赴巴黎和会之希腊代表 Venizelos 氏声称：Smyrna 和 Aidin 两城秩序不宁，希腊将取相当应付手段。五月十四日希腊军队竟搭英美法三国的船渡爱琴海，在斯密拿(Smyrna)登岸，强占该城！希腊如此胆大妄为，固然令人发指；而英法美竟与希腊狼狈为奸，助纣为虐，更是令人齿冷。斯密拿是土耳其的经济中心，如我国的上海一样；而惨变发生的时间又恰是在五月。诸君知道我国的国耻在五月内是特别的多，如五七、五九、五卅等等。说到此处，不免为之下同情之泪了！

土耳其人听到这个恶耗，群情愤激，举国若狂！"疾风知劲草，板荡识诚臣。"众人之中，有一位艰险不避，威武不屈的大丈夫，就在这生死存亡之秋，挺出身来，肩起重任，领导着被压迫的民众，披坚执锐，奋斗到底，创就了可泣、可歌、可钦、可佩的事业！这人是谁？就是后来一连三次当选为土耳其民国之总统，名震全球的凯马儿(Kemal)！此人于一八八〇年生于巴尔干半岛的沙落泥加城(Salonika)，廿二岁毕业于君士但丁堡之军事大学，初露头角于一九〇九年在君堡平定反革命的乱事，一举成名于一九一五年在加利波利半岛战败英法的联军。一九一八年十月土耳其政府既然休战乞降，英雄无用武之地，执掌政权者忌才畏事，将凯马儿派到小亚细亚作陆军检阅使，他于一九一九年五月十九日到三生城(Samusun)；他感觉环境的恶劣，土耳其苏丹与教皇之制已成强弩之末，不能有为，非创造新国家，建设代表人民之政府，决不能号召全国民众，共同奋斗，御侮图存。……

……（一九二〇年）四月廿三日议定基本组织法二十三条，成立国民议会政府。斯时也，凯马儿以新练之国民军，当坚甲利兵，且有英国海军为后援之希腊军队，不无螳臂当车之感。六七月间，屡战屡败。岂知"福无双至，祸不单行"！是年八月十日土皇代表又受协约国的压迫，在 Sèvres 签订失地丧权为土耳其国民所万不能忍受的条约！至此土耳其国民益加忿怒，纷纷投军，而白克儿将军(Colonel Bekir Samy)亦义愤填胸，叛弃土皇，率兵士一万人投国民军，请缨杀敌。于是凯马儿一面集合新军，再接再厉，抵抗希腊，一面否认土皇统治下之政府，及其所订之约。他们的抵抗，不是贴标语的呐喊，而是三年的血战！结果竟能"背水作阵，绝处逢生"。把已失的土地克复一部，所丧失的主权大体收回！这种经验告诉我们：日本占领我们东北四省，虽已两年，我们仍旧是不可灰心的！我们真要收回失地，断不是"与虎谋皮"，"摇尾乞怜"，而可成功，亦不是"隔岸观火"，"摇旗呐喊"所能奏效的！当九一八国难两周纪念，鄙人曾对河大同学讲过：

"欧战之后土耳其的国都,同重要的商埠,曾被敌人占领。然土耳其国民能继续努力,举国奋斗,不出三四年,果然收回失地,前雪国耻!我们只要努力奋斗,始终不懈,二年不能收复,继之以三年四年,终有收复的一天。总之,吾人一息尚存,即应奋斗到底!"

还有一层,要请诸位注意:土耳其的胜利,不仅在于军事,而亦得力于外交;因为外交和军事是同等的重要;无外交则兵力单,无军备则外交弱。二者相辅而行,不但是缺一不可,只要外交军事不能一致,不能合作,就不能抵御外侮的。我们看土耳其过去的成功,便知他的军事外交是双方兼进的。不过鄙人对于军事是门外汉,关于土希血战时的作战计划,运筹帷幄的军机秘密,亦不知悉,所以今日谈话不敢妄置一辞,还请诸君原谅。假如诸位官佐有知其内情的,或得有良好资料可供研究的,尚请加以指教为幸。至于外交一方,鄙人学识虽极浅薄,而数年来在英法德文的书籍文件杂志报章中,还搜得一些资料,敢就所知,略举数端,与诸君讨论。

(一)土耳其国民党在外交方面的第一个工作,就是毅然决然的发表宣言:不承认君主政府所签订之 Sèvres 条约;最主要的理由:是因为没有得民众之同意,不能发生效力。其用意及其所持之理由,与我们始终否认二十一条之目的亦有相似之处。

(二)土耳其经此宣言之后,除以武力抵抗希腊和英法意的侵略外,又在外交方面大作功夫。一面结纳附近的小国,一面离间英法意诸大国;一方在莫斯科活动,结纳"与国",一方在伦敦活动,乘虚捣隙,离间敌人。一九二一年三月一日土代表在莫斯科与阿富汗缔结同盟之约,又在同月十二日与俄国订立互不侵犯条约。两约既成,土之国势一振。其时英国为调停土希战争,在伦敦召集会议,磋商和局。土代表在议场上表示强硬的态度,不肯屈服。此次议和虽无结果,而土代表在议场外,则异常灵敏圆活,竟于三月九日与法国代表议成秘密协定草案,重要之款如:双方停止敌对行为,法军撤出西利西亚;土耳其国民政府得法国承认等。又于同月十二日与意代表议成秘密协定,规定土意关系,及意在近东撤兵事项。同年六月法派代表 Bouillon 到安哥乐接洽复交事项,又于十月二十日在安哥乐正式签法土协定。于同月十三日土耳其复与高加索三民主国(亚美尼亚、亚塞尔拜然及乔治亚)订约即所谓 Treaty of Kars 者是也。此约既订,土耳其与上述三国在高加索边界之纠纷肃清矣。翌年一月二日土耳其又与乌克兰订友好条约。意法撤兵,俄乌携手,高加索之纠纷已除,阿富汗之同盟缔定,英乃孤掌难鸣。因此土得以全力应付希腊,而获最后军事上之胜利。终于一九二二年九月九日克复斯密拿(Smyrna)，更于十月十一日在牡丹泥芽(Mudania)与希腊签订停战条约焉。

（三）战争既告结束，乃有一九二二年十二月至一九二三年二月之洛桑会议。列强希望过奢，土代表终不让步，所以在二月四日英国代表寇松(Curzon)悻悻而去。会议中止。到四月再开第二次会议于洛桑。列强知土耳其国民气盛，其代表亦具有决心，势不可侮，乃不得不虚心下气，适可而止，终于七月二十四日签订 Lausanne 条约。土耳其虽然未能完全收复失地，但是不平等条约已经完全废除，在国际社会中已经享有真正的自由平等了。诸君要注意：这个洛桑条约实在具有多方面的重大意义。在土耳其人看来，此约是外交史上最光荣的一页；在被压迫的民族看来，此约是兴奋神经的强心针；在侵略主义的国家看来，此约是痛彻心脾的当头棒！

（四）洛桑会议后土耳其的外交政策为之一变。简言之，尽力保持和平，缔结互不侵犯条约，不偏不党的对各国维持友好关系。因为不平等条约的束缚既已解除，所最需要的当然是：获得安定，以谋改进其政治组织及经济生活，而一苏血战后的喘息。因此与邻国敦睦邦交，便是上策。……

（五）土耳其自一四五三年占领君士但丁堡以后，在巴尔干半岛上，一向占着很重要的地位。洛桑会议后土耳其的大部分领土固然是在亚洲，但是在欧洲之东南角，还有一部领土。近几年内意法两国会因争夺巴尔干半岛的优势而成为对敌。巴尔干各国也因种种之关系而时起纷扰。在此种复杂的国际关系下，凯马尔目光四射，事事留心，本友好中立之方针，持磊落光明的态度，以与各国周旋。一九二八年土耳其与意大利签订友好中立的条约，这是洛桑会议后该国第一次与西欧大陆强国缔约。意大利会用种种方法，劝诱土耳其参加建立布加利亚、土耳其、希腊三角联盟以抗南斯拉夫和法国。但凯马尔却只愿与意、希、布三国联欢，而不愿对法国表示恶意。一九三〇年土耳其又与希腊签订友好条约。十年来两国间的仇恨渐渐消泯。"化干戈为玉帛"，此之谓乎？……

诸君，往事已矣，来者可追，我们看土耳其复兴的过程，当更坚定了我们复地救国的信念。但是真要成功，决不是政府或人民一方努力所能做到的，亦不是军事外交单独抵抗所能奏功的，必须要政府人民一德一心，再接再厉，军事外交双方并进，百折不挠，才能步着土耳其的后尘，而达到成功的途径。鄙人忝执教鞭，敢劝学界人士，时时服膺着北宋范文正的两句话："先天下之忧而忧，后天下之乐而乐。"敬请诸位官佐，亦敦勉军界政界中同志，时时服膺着南宋岳武穆的两句话："不惜死""不爱钱"。

土耳其要求海峡地带恢复军备 *

仲　足

在德国进兵莱茵声中，土耳其又以国联行政院理事资格，向国联提出废弃《洛桑条约》中所规定鞑靼尼尔海峡等地不设防条款的要求了，这不仅是德国废弃《罗加诺条约》的反响，却还有它由来已久的原因。

鞑靼尼尔海峡介于欧亚两洲之间，把握着从黑海到地中海的门户，和东面的卜斯波鲁斯海峡联结起来，也正是黑海唯一的大门，军事上和商业上的重要，概可想见。因此，在东地中海和黑海上的国际纠纷中，这个地带向来是争持的焦点。当奥托曼帝国盛时，它的地域横跨欧亚非三洲，鞑靼尼尔海峡就是帝国中心的联锁。到了十九世纪下半期，奥托曼帝国开始崩溃，各帝国主义者在近东的剧烈斗争，简直全是以鞑靼尼尔和卜斯波鲁斯海峡为对象的。欧战以后，英法意在巴黎订结《色佛尔条约》，把这地带辟做国际共管区域。但不久土耳其革命崛起，否认此约，于是又发生了战争。英帝国以希腊做工具，进攻安哥拉。可是战争结果却是土耳其获得了胜利，这样便于一九二三年七月在洛桑订立和约，规定土耳其得恢复《色佛尔条约》中的一部分失地，并且取消了这两海峡的国际共管，不过在这一带的边界上，却划定了一个不设军备的区域。在鞑靼尼尔和卜斯波鲁斯海峡两岸，各划出二十公里的地带，不准设置军备，在这两峡中间的玛摩拉海中的各岛都限制军备。在当时，土耳其自然只有忍痛接受。

十三年来，土耳其的国势骎骎日上，她脱离了半殖民地的地位，把一切的不平等条约都取消了。对于消灭这不平等条约的最后痕迹的要求，自然日见迫切。在一九三三年的国际裁军会议中，土外长鲁舒第曾提出恢复鞑靼尼尔海峡等地军备的要求，但是毫无结果。去年四月，德国宣布恢复征兵制后，鲁舒第又把这要求向国联行政院提出，罗马尼亚、希腊和南斯拉夫等国且允予援助，结果仍未通过。自意阿战争爆发后，英意希腊都纷纷在地中海领有的岛屿上扩充军备，此

---

* 刊于《东方杂志》，一九三六年第三十三卷第八号。

于土耳其这个名义上领有的海峡，自然又是一种严重的威胁，因此他们把鞑靼尼尔和卜斯波鲁斯海峡的安全，看得更为重要，这次便趁着德国进兵莱茵的机会，又毅然重申前请了。

国联行政院虽尚未把这个申请提付讨论，但各国的态度，却可想见大概：苏联和法国当能加以赞助，意国便不可靠。英国则似将表示坚决的反对，因为解放后的土耳其已和欧战前的土耳其不同。她现在已成为近东的一个主要和平势力了。她一面是近东弱小民族的领导者，一面又是苏联密切的联盟国。如果土耳其的要求实现，那就无异给苏联黑海东岸以一屏障，使反苏联的海军，不能长驱东进。所以大战前的英国是赞成土耳其在海峡设防，以截断帝俄舰队的南下，在今日，她却又主张解除海峡军备，深恐成为苏联东部的屏障了。但我们应注意的则是土耳其这次要求恢复设防和德国要求恢复设防截然不同，最显著的就是在于它含有着巩固和平阵线作用的这一点。

新兴土耳其之工业——土耳其的五年计划 *

刘渭平　译

一向被称为"近东病夫"的土耳其，最近这十余年来，在凯末尔(Mustafa Kemel Ataturk)大总统领导之下，已经一步步走向新兴国家的路上。土耳其的复兴是立足于国粹主义、现世主义和工业立国主义三大原则之上。在目前土耳其一切制度改革中间最基本而重要的，是经济上的改革。土耳其已经从一个纯粹靠着土地的农立国，而趋向于一个利用机器的工业国。她步着苏俄的后尘，也创制了一个所谓复兴土耳其的五年计划。

本文的目的，也只想对于这个五年计划的概念、目的、方法，以及为土耳其经济所立足的自然资源等问题，加以简略的介绍。

土耳其共和国的前身——渥托门帝国(Ottoman Empire)，是一个中世纪的政治的社会的和经济的农业国，整个国家的基础，是建立在农业经济之上。更因为自由贸易政策的结果，那时候的渥托门帝国已经成为西欧诸国的经济殖民地了。但是在欧战以后尤其是在一九二二年打退那有英国作背景的希腊军，以及一九二三年在凯末尔统治下建立了共和政体之后，土耳其已经决心在政治独立之外，同时再求经济上的独立。这样就造成了土耳其对外商业政策和国内工业制度的根本的变转，而树立了土耳其复兴的基础。

照政府的宣言，这个新的政治组织，是一个共和的、国粹的、人民的、国家的、现世的，以及革命的政治组织。

纵令《洛桑条约》限制了土耳其在一九二九年以前作任何变更税率的举动，但是在一九二九年以后，土耳其终于获得充分的自由权，而进入于另一个新阶段。那时土耳其的工业，是很有限的。全国只有几个寥寥可数的小工业而已。

依照一九二七年的统计，全国工厂只有六万五千二百四十五家。工人只有二十五万七千人。雇有工人百名以上的工厂，只有三家。五十名以上的有三百二

---

* 刊于《东方杂志》，一九三七年第三十四卷第三号，节译自 *Turkey goes Industrial*。

十一家。这些工厂中所用的马力,总计不过十六万五千马力而已。

同样根据一九二七年的统计,那一年中,工业上所用的原料,仅二亿三千二百六十六万六千镑。生产额仅四亿三千二百七十四万镑。(均指土耳其镑而言,每一土耳其镑,约合美金八角。)在这些工业中,农业、金属工业、纤维工业和木材工业约占百分之九十三以上,但此后一九二三年到一九三三年这十年间,可称为土耳其新兴工业的跃进时代。这个时代里面,产生了不少新的工业,如纤维工业、士敏土工业、皮革工业、制糖工业、糖果工业以及木材建筑工业等等。那时土耳其的输入品中,百分之八十三是工业制品,输出的百分之九十五是兽畜及农产物等等。

我们现在要谈到五年计划了。一九二九年六月八日土耳其政府议会通过了最初的保护关税法案。这个法案的目的,特别注重在谋纤维工业及制糖工业的振兴。这是土耳其的经济国家主义的开始。目的在振兴国内工业和平衡国际贸易,且谋国家经济的自立。虽然不到一九三三年,土耳其已经采用了计划经济的制度。这个五年计划,是在一九三四年一月九日宣布。同年六月十四日实行。

到了一九三三年,个人企业是被压下了,在新经济计划之下,只注重于国家资本主义。因他们认为政府对于国家经济的干涉,在欲使全国工业化的情形之下,是绝对必需的。

这个五年计划的目的是:

> 决心使土耳其成为一个独立国家的真意,就是要把她做成一个经济独立和完整的组织单位。为了求这种经济改造的实现。对于那些不适当的财源,国家现在是必需采取有效的、迅速的,和这种经济发展所必要的一切处置。为了要抵抗那行将来袭的世界经济潮流,和维持国家资源,保护国家经济的缘故,这种大规模计划是绝对必需的。

由此可见土耳其五年计划中,工业建设的目的,是绝对的以国家利益为前提。一切重要工业都归国营,以限制私人资本的任意使用。土耳其这种国家工业的用意有二:

(一) 在国内替原料找一个市场,使土耳其工业成为土耳其农业的一条出路。

(二) 使土耳其农夫相信那个必要的制造出产品。

这样,土耳其真会成为一个完全的经济组织。假使没有一九二九年和以后那几年世界不景气的侵袭,土耳其的工业发展真会依着她那所谓"原来程序"而走去。国家资本主义的目的，就在防止一切工业发展的阻碍，还有一个原因，就是要由国家本身去建立那些从国家利益立场上看去是必须开发的工业，以及那些个人资本所不能胜任的工业。这种办法，和苏俄两次五年计划的意义是一样的。就是把一切重要工业都收为国有、国营。这种办法的重大意义，除上述者外，还有国防上的功用。

一九三五年五月，土耳其唯一的政党——国民党在土耳其定下了一个可视为有更广大的社会及经济目的的计划，就当时的工业而发表下列的宣言：

> 凡是以使国家工业化为目的而建立的国家的或个人的工业，都应该遵守一个共同的计划。这种国家计划，就是要使全国成为一个工业的组合。任何工业上的协定，不应仅偏重于全国的某一部，应同时顾及经济的因素，而使之普遍于全国。政府并将组织价格统制。…… 我们并将注意于劳力的合理化。借划一货价以抵抗消费者的托辣斯或卡德儿(Cartel)均在禁止之列。但以合理化为目的的协定，则在例外。

对于劳动问题的声明如下：

> 任何经济企业，都应与国家劳力及公共利益相调和。……劳动者和雇用者双方相互关系，应该依照劳动法而调整。劳资冲突，应依和解方式处置。再不然，就由国家的和解仲裁人处理。罢工和停闭工厂都应禁止。在这种主义的组织之下，国粹主义的土耳其工人，是很兴奋的享受着这种权利和生活。

这种统制，不仅用于工业，对于农业，也是如此的。土耳其农夫可以借到最轻利息的借款，而成为充分的土地所有者。他们是不许有怠工行为的。

> 开发我们地下的富藏，利用水力，统制森林，等等，都是我们重要工作之一。使土耳其全国电气化，是发展祖国计划中的一个重要节目。为了要确定我们这一类财富的价值和数量，我们须继续调查研究的工作。……我们要努力于奖励、改良、增加生产，饲养家畜和促进畜牧事业。

在五年计划下，土耳其的工业，可以分为下列各部：

一、纤维工业(绵、麻、毛)

二、金属工业(铁、煤、骸碳(Coke 及其附产品),铜、硫黄)

三、制纸及赛璐珞工业(纸、硬纸板、人造丝)

四、制陶工业(瓶、玻璃、瓷器)

五、化学工业(硫酸、氯、重碳酸钠、磷酸盐)

在五年计划实行程序中,所预备投资的数目,只是一个平常的数目而已。用途的分配如下:(原表从略)。

从这表中可以见出,投资最多的是绵丝纺织工业,其次就是铁工业。由此也就能知道这两种是土耳其的主要工业了。

不用说,要实行这样伟大的一个经济计划时,流动资金的来源,是非常重要的。土耳其政府为了要实行这五年计划, 当一九三三年六月三日, 在阿加拉(Aukara)地方,设了一个特别银行(Sümer Bank)。这家银行,和一九二四年设立的土耳其银行(Türkiye Is Bankasi)同样负这种金融指导的责任。尤其是前者,更是重要。因为它是特设的,依照公司条例,这家银行——也就是国立公司,应该建立这种工业的经济基础,并且要统制、指导和计划生产品的分配,同时还要代国家做大规模私人企业的信托者。这家银行是土耳其最大的工业银行。事实上,它还像一个国家的计划委员会。它的基本资本金本是二千万土耳其镑,但后来政府把它的流动资本金加到六千二百万镑。同时在五年计划施行的时期中,还要每年分六百万镑给它。在这家银行设立不久之后,就有几个工厂渡让了给它。并且它在十一家主要企业中间,可为资本的分配。它在几个主要城市里,也都辖有商店,以出售它工厂里的出产品。

这家银行最初的活动,是从纺织和造纸工业先开始的。最早的纺织工厂,是在一九三四年设于开依塞里(Kayseri)。一九三四年又设立第二个工厂于爱尔格里(Eregli)。后来在那斯里(Nazilli)又设立了第三个工厂。其后,第四个算是最后的一个了。加上在巴克哥(Bakirköy)的那一个纺织厂,一共是五个,都属于特别银行(Sümer Bank)之下。希望能够出产百分之八十土耳其所消费的棉织物。

开依塞里的纺织厂,可以说是全欧洲最大、最新式、最摩登工厂里面的一个。

这家工厂有三万三千个纺纱绽,和一千一百个自动纺纱绽。每年可以产布三千万米突尺,所用原料是土耳其的棉花,每年消费五百六十万启罗格兰姆。

那斯里的工厂里,有纺纱绽二万五千个,每年产布达一千七百万米突,爱尔格里的工厂,每年能产布七百万米突。这些工厂所出产的布匹,已经能充分供给土耳其全国的需要。

其次,我们再看土耳其的制纸工业(制纸和硬纸板)。在依司米脱(Izmit)的纸厂,是最大的了。每年土耳其所需要的纸,百分之五十八是这家工厂所出产的。

那个特别设立的银行(Sümer Bank),在一九三五年定下了发展和组织铁工业的基金。这对于国家经济和国防,都是非常重要和有意义。

还有那一个上面说过的重要的银行——土耳其银行(Türkiye Is Bankasi)或称事务银行在全国工业化的财政方面,是居于一个主要的地位。它在一九二四年创立的时候,只有资本金一百万土耳其镑,但是现在已增到五百万镑。这家银行,是由国民党中有超越地位的党员所管理着。具体一点说,也就是他们的私银行。它在一九二八年设立了土耳其第一个制糖厂。当这银行设立的时候,就特别注重于国家开矿工业,尤其是煤矿。一九二六年在松加罗达(Zonguldak)地方设立了一个土耳其煤矿公司,资本一百万土耳其镑。其后在柯斯路(Kozlu)又设了一家煤矿公司,资本起初是五十万土镑,到一九二九年却已增加到三百万土镑了。

第三个银行是麦基银行(Merkez Bank),或称中央发行银行。专管土耳其镑值和折扣率的决定,和货币流通的节制,并且还负国家财政运用的责任。所以它在土耳其经济生活里,是居于一个很重要的地位。目前它的资本,有一亿六千万土镑。

以上这三家银行,就支配着大部分土耳其的经济。

这就是土耳其五年计划大概的情形,这就是它的目的和方针。但是这个计划最后成败所系的基本的自然资源,又是怎么一个情形呢?

土耳其人口共有一千五百万,土地面积是二十九万四千平方英里。其中有二十八万五千平方英里是在亚洲,这一点,我们也应加以注意。土耳其本来是个富有矿产的国家,并且是世界上出产铬(Chrome)和金刚砂(Emery)最多的国家。她所蕴藏的金和铜,在有史以前,已经就开发了。黑海岸的松加罗达克(Zonguldak)是近东产煤最富的地方。一九二三年的产额,不过是五十九万七千吨,但是一九三四年的产额,已激增到二百二十八万八千吨。此外爱罗古里(Eregli)、柯司罗(Kozlu),以及珂玛司拉(Amasra)等地方,都是产煤区。

除煤以外,银的产量最多,主要的产银区,是在爱其恩(Aegean),每年产额达八千吨。

其次就是铬、金刚砂、锰、褐煤[(Lignite)Boracite]和铅等。在一九三四年份,它们的产额是十二万吨。

硫黄也很重要。现在年产不过三千五百吨,但照五年计划,年产可达一百五十万吨以上。东部地方(Vilayets)的铜也很多,例如尔格尼(Ergani)每年可以产

196

铜一万五千至二万吨。此外铁和煤油都不少。

五年计划的目的,就在根本开发这些天然资源。最近这个计划,是注重于国营铁工业的建设。希望能出产生铁、钢块、熟铁、铁丝等等。骸碳(coke)工业也有很重要的发展。一九三三年骸碳的消费量,已经增加到七万吨。每年的增加率,也已经从八千而增至一万了。在这五年计划中,铜也居于一个主要的地位,虽然这几年来,铜的每年平均价格,不过到了二百五十万土镑,但是不久每年铜的出产量可以到二万四千吨。硫黄现在每年只出产三千五百吨,可是不久,希望能增加到一百五十万吨。

土耳其也是一个富于农产和森林的国家,最近这几年来农业和畜牧业差不多已成为全国唯一的事业。情形有如下表:

土地	适宜于耕作的土地	有价值的森林带	牧场
面积(单位百阿亩Hectare)	二千三百一十五万七千三百	一千万	二千七百万

上表第一类耕作地中,有百分之九十以上,是用以栽植谷类的。其中小麦和大麦约占百分之八十五。土耳其的烟草出产也很重要。植棉事业也一天天在发达。植棉业的中心是在阿塔那(Adana)和伊士密罗(Izmir)。

土耳其也是一个重要的水果出产地,每年输出最多的果子,是干葡萄、无花果、橄榄和落花生等。五年计划对于这些果子的质和量,都要加以改进。

在五年计划下,所造成一切显著的进步,是没有问题的了。尤其是纺织和制糖这两种工业更有特殊的进展。一九三四年,土耳其向苏俄借了一笔八百万的款子,二十年不取利息。这是土耳其第一次的外债。这项借款,使纺织业从苏俄买进了大批的机器,增加了大量的生产。至于砂糖生产,土耳其已经差不多能够自给自足了。

一九三五年十二月,土耳其经济部长巴夏氏(Djelal Bayar)发表一个正式的宣言。从这宣言里,我们可以看出这已经有相当成功的国家的情形。他说:

> 土耳其的经济生命,是活动而有力的。无论在那里,都能看见那些有建设的、基特尔的和国家的毅力与意志的,具体的证明。我们的经济计划,是受制于动的、冒险的与变化的原则之下。我们的方法,是建于科学的、技术的和绝对实验过的基础之上,那些想要逐年增加我们生产能力的原则,同时还应附上一个条件,就是出产品的质地固然要好,价格也要低廉。

一九三五年葡萄的产额,增加得非常快,竟达八万吨,比一九三四年增加百分之六十。无花果产额是三万二千吨,比以前增加百分之十五。落花生产额七万六千吨,比一九三四年增加百分之五十。烟草在一九三二年的产量是一千八百万启罗格兰姆,但是到一九三五年就增加到三千八百万启罗格兰姆。

在工业计划下所设立,而目前正在开办中的工厂,有下面这些:

(一)在巴沙巴西(Pasabahçe)的开米司玻璃厂(Camis Glass Factory),这厂已加以扩大;(二)在松加罗达(Zonguldak)的无烟煤镕炉,也已加以扩充;(三)在巴克哥(Bakirköy)的棉织厂,这厂已增加纺纱绽一万支;(四)依司巴达(Isparta)的香水工厂;(五)开西伯罗(Ketçiburlu)的硫黄工厂;(六)海棉制造厂。

下面这些是正在建设中的企业:

(一)益士密(Izmit)的造纸厂,这厂将加以扩大;(二)爱尔格里(Eregli)的纺织厂;(三)那斯里(Nazilli)的棉织厂;(四)勃沙(Bursa)的毛织厂;(五)甘姆列克(Gemlik)的人造丝工厂。

下列这些,是将要设立的工厂:

(一)马拉亚(Malatya)的棉织厂;(二)铁厂;(三)电气工厂;(四)水泥厂;(五)麻织厂;(六)赛璐珞厂;(七)瓷器厂。

有些附属的扩大办法,也已计划好了。在乌萨克(Usak)的炼糖厂,将改良到每天能够炼去八百五十吨的甜菜。此外在乌萨克附近,要再办一个工厂,希望它能从糖水里提出糖来。据一九三五年的宣言,这些计划的百分之三十,已经成功了。

这些工业的资本是三千六百万土镑。它们的出产品,价值三千七百万土镑。一九二四年,在国家银行里的资本,只有一千九百二十七万七千四百八十四土镑,但是现在已增到一亿六千万土镑了。就这一点,很可以看出土耳其经济发展的状况来。

纵使土耳其的经济国家主义,是有很强的固性的;可是国外贸易的逐渐增加,也可以看作进步的表现。此外还有一个特点,就是铁路和公路的建筑,这也是全国工业化工作里面的一部分。到一九三五年底为止,国家所造铁路的总哩数,是六千零七十六启罗米突。预备在一九三六年到一九四〇年间所造的铁路,将有七千零九十二启罗米突。用作建筑铁路的经费,已经超过了二万万土镑。除了一小部分的以外,所有铁路,都是属于国家的。从一九二八年以后,用为建筑公路的经费,已有五千万土镑。现在,土耳其已经有三万启罗米突左右良好的道路了。

从这篇短短的文章里,很可以看出土耳其现在已经安下了一个新工业社会的基础。无疑的，土耳其将仍为一个以农业为主的国家，但是从那已经安下的基础上，和已经做了那么多的发展成绩上看来，将来工业和农业是有同样的重要。尤其这种计划经济的发展，是在国家资本主义之下，而不是在社会主义之下的。去观察一个国家统制工业的发展，和一个似乎是个人主义的农民的关系，该是一件有趣的事吧。

其实一个真正的计划经济，是否能够在产业资本主义制度下实行，很是一个问题的。当那工业化计划的范围，加以必要限制的时候，它的结果，势必及于很远的地方去，不仅是土耳其，而将是整个的近东。土耳其已经是经济的变成了一个摩登的国家——她的基本组织已经彻底的改变了。同时另外一个逐渐而革兴的本性，也在改变着：这就是智力上的和精神上的转变。但这不过是才在开始而已。

举足轻重的土耳其[*]

徐同邺

自从希特勒在近东用兵,伊拉克及叙利亚立即变成战场,只有土耳其尚未卷入漩涡,亦未受德军的攻袭,这并非土耳其有什么却敌的法门,而是她有与众不同的立场。穷本溯源,过去的土耳其帝国也曾煊赫灿烂过一时,但并不是民族意识的产物,而是土耳其或奥托曼帝国的苏丹(土耳其国王)凭武力征服的。土耳其人原来是一种游牧民族,从中部亚洲侵入小亚细亚。在十六世纪,由小亚细亚扩展到东南欧,西部亚洲,甚至北部非洲。到了十八世纪,她在欧非两洲的领土逐渐缩小,至一九一一年完全绝迹。土耳其帝国的所以迟至十八世纪才解体,并不是因为她本身有何活力,而是欧洲列强间不能和衷共济,使土耳其帝国得以苟延残喘。

土耳其一向被人目为东亚病夫,列强都想宰割这只肥羊,她的许多主要敌国中有:(一)俄国,垂涎博施福乐海峡并及君士坦丁(现称伊士坦堡),在阿米尼亚一边,尤其受到俄国的压迫;(二)英国,夺去了阿拉伯省,连巴力斯坦及摩苏尔亦在内,借以保护经过苏彝士运河的海路,并获得经过美索不达米亚而去印度的陆路,及监视俄国南进;(三)法国,自十字军以还,自居基督教徒保护人的地位,并夺去中叙利亚;(四)意大利,她曾把土耳其人的加利波里及小亚细亚沿西南岸的岛屿夺去,并需索小亚细亚整个西南部在另一方面,则德国自十九世纪以来,逐渐以土耳其置于她的翼护下,她在土耳其所造的铁路成为伊士坦堡与巴格达间的惟一陆地联系,希望能在经济上开发土耳其境内的资源。

一九一四年的土耳其,比现在大得多,除伊士坦堡那一边的三角地带外,还包括下列部分:小亚细亚连阿米尼亚在内,叙利亚及美索不达米亚和阿拉伯。

小亚细亚是多山地带,众山环绕中也有干燥的高原,山脉由东而西,逐渐平复,成为海角及盆地,以达爱琴海。所以从西面攻取此地带较之南或北为易。从

* 刊于《东方杂志》,一九四一年第三十八卷第十六号。

东面尚不难接近,缘俄土边疆除天然分界线外,有高地横贯其间。

一九一四年第一次世界大战爆发,土耳其人觉到在外交上的进退两难。主张瓜分土耳其的,是联军,想维持她存在的,是中央军。但土耳其的领土几乎完全为联军势力所包围,中央军远在欧陆,在军事上的联络无法建成。如果土耳其加入联军,除了被剥削虽不致被瓜分外,一定是无所获的;如果加入中央军,她就要独当其冲,因为两条铁路线,一条经过贝尔致拉特(Belgrade)、一条经过康斯坦扎,都在敌人手中,所以德国给她的帮助只有金钱和私运的器材及少数人员。土耳其明明知道德国所处地位的困难,但她在协约国方面既毫无想头,所以在一九一四年十月二十九日宣布加入中央军。

她在第一次世界大战的失败,本在意料之中,因为在战略上,她有种种的不利,她的作战资源及指挥人员既全靠德国供给,又因国内交通线的零落,使军事行动,尤其重炮及军需的转运,虚靡时日。一切步枪、子弹、制服、筑壕工具、钢盔、煤,甚至谷均须从柏林运至君士坦丁,然后再分发各战场,在各项军需运达前线之先,须不断的从火车、轮船、牛车、驮骡装上卸下,大部军火在中途即被阿拉伯兵或土匪劫去。沿途土匪如毛,据一九一七年十二月统计,土匪人数多至三十万以上。

大战告终,土耳其成为战败国,除割地赔款外,复被迫将达达尼尔海峡及博施福乐海峡改为自由通航的中立地带,撤除两岸军事设备,成立国际海峡委员会,由协约国舰队负责管理。海峡长约六十公里,宽不足三公里,两岸崇山峻岭,地势异常险要,苏俄舰队南进,必须由黑海经海峡而出地中海,且为奥托曼帝国时代欧亚两洲的联锁。土耳其决不能容其生命线受制于他国,经竭力反对后,达达尼尔海峡在名义上仍归土耳其管领。此时土耳其国民军崛起,将希腊军逐出土境,协约国自愿让步,于一九二三年七月二十四日在罗桑(Lausanne)签约,规定接近欧洲疆域之地带,划为非武装区,计达达尼尔海峡及博施福乐海峡各划出十五公里为不设防地带,并规定马尔马拉海及爱琴海中岛屿均划为非武装区,此外将若干岛屿划归英希意三国。惟在君士坦丁可以驻扎卫戍队。此约于一九三六年七月二十日因另订新约而废止,土耳其在海峡重行武装。

土耳其共和国现有领土计仅二十九万四千四百一十六方哩,湖沼不计在内,在欧洲者约九千二百五十七方哩。人口一千七百八十二万九千二百一十四人。小亚细亚之雨量较多,故可耕地亦较广,以西部为最,居民以土耳其人为主体,故该地成为土耳其中心。在生产方面可以达到自给地步,农产品计一九三八年产小麦四百二十七万零二百六十二公顷,大麦二百四十万四千七百四十二公吨，烟草五万三千一百零三公吨，橄榄油三万三千七百五十九公吨，无花果三万四千公吨，葡萄干七万五千公吨，棉花六万六千公吨，鸦片二百五十一公吨，榛实三万零八百四十一公吨。矿产计一九三七年产铬一万二千一百一十五公吨，银铅二百三十万六千八百六十九公吨，锌矿石十一万六千三百九十七公吨，锰矿石四百八十三公吨，锑矿石二十七公吨，硼砂八千五百六十三公吨。畜牧计一九三八年底有羊二千三百一十三万八千四百五十头，普通山羊一千一百三十二万九千二百四十一头，安果拉羊四百九十四万五千三百五十一头，牛九百三十一万零九百六十六头，驴一百四十八万九千六百九十九头，马九十六万四千二百四十五头，骆驼十一万三千八百九十五头，骡七万一千四百四十五头，水牛八十八万五千一百一十七头。在国外贸易方面为出超国，一九三九年入口货价值一亿一千八百二十四万八千九百三十四土耳其镑，出口货价值一亿二千七百三十八万八千九百九十七土耳其镑。

铁路及公路尚称发达，但铁路并不充分集中于首都，西部以士麦那(Smyrna)为中心，系自成一系，在第一次世界大战时毫无用处，中部虽确以伊士坦堡为起点，但其一臂仅至安果拉为止，未通至挨尔斯伦(Erzerum)，该处为第一次世界大战时与俄国交战之中心。一九三九年铁路全长达四千五百七十八英里，其中四千一百七十四英里为国有，公路达五千九百八十七英里。

基于地理及民族性的畸形，国民感情天然的趋于分崩离析，土耳其军官及政府高级人员一向轻视阿拉伯人、古的斯坦人(Kurd)、希腊人、阿米尼亚人，把他们当作劣等民族看待。事实上，希腊人及阿米尼亚人的懦怯，阿拉伯人及古的斯坦人的自私自利，确乎不堪为忠勇爱国之土耳其人相比拟。故土耳其军队只有真正土耳其人能忠于其职，其他种人均不可靠，阿拉伯人尤不可靠。古的斯坦人甚至拒绝服兵役。土耳其兵能镇定作战，抛弃布尔乔亚或农民意识，阿拉伯人则常常伺隙逃跑，他们完全着眼在商业上，只顾个人的利润。

土耳其兵役法规定的兵役期为步兵十八个月，骑炮空二年，海军三年，以二十岁入役，四十六岁免役。陆军方面现有十一个军团，辖二十三个步兵师、一个装甲旅、三个骑兵师、七个要塞指挥区。步兵配备毛瑟枪，炮兵配备七五毫野战炮及十点五及十二□榴弹炮。现有实力约计军官二万人，士兵十七万四千人。

在海军方面现有巡洋舰三艘，炮艇二艘，扫雷舰三艘，驱逐舰四艘，潜水艇六艘，鱼雷艇三艘，布雷船四艘，测量船一艘，补给船一艘，运兵拖船一艘，运煤船一艘，运油船一艘。海军人员计有军官八百人，士兵四千人。

至于空军系归参谋本部主管，而受国防部长的节制，在国防部长之下设空军司令一员,对国防部长负空军之完全责任。现有飞行军官学校一所,机械学校一所,第一线军用机约三百七十架,现役飞行员四百五十人,军士八千人。教练机有高萨及高德隆,军用机旧式者有苏波马林"沙斯安浦敦",柯梯斯"霍克"单座战斗机,布莱盖双座轰炸兼巡逻机。新式者计有白利斯托"白伦罕",美国马丁轰炸机,德国亨克尔中型轰炸机。第二十四及二十五中队即系配备白利斯托"白伦罕"者。

复兴土耳其者为牧童出身的凯末尔,任土耳其共和国第一任总统,于一九三八年十一月九日逝世,由总理伊斯米(Ismet Inönü)继任总统,伊斯米曾任总理十二年之久,一切均继承凯末尔的遗志办理,土耳其立国的精神是恢复过去奥托曼帝国时代的领土和光荣,我们能认清此点,那么对于公未来的动向,就可以思过半了。

第二次大战中的土耳其 *

陈钟浩

土耳其领土横跨欧亚两洲,纵绾黑海地中海之通路。地势重要,为兵家所必争。一举一动,富有国际意义。此次大战以来,德国希图利用土耳其,借以实行"东进",重温柏林至巴格达之旧梦。英国欲争取土耳其,借以屏蔽巴勒斯坦、伊拉克、从远距离保障苏彝士运河,侧面进击巴尔干。苏联图拉拢土耳其,借以严守博达海峡,保障苏联之黑海领土,避免土国成为反苏之阶梯。列强外交,在中东不断活动,国际情势,继续演变。土耳其处置得宜,明哲自保,对友与敌,看得很清楚。一切行动有分寸。它所以在动荡局势中,至今能维持独立自主的地位。它的外交,大约可分为几个段落。

一、从一九三九年九月(欧战爆发)至一九四〇年六月(法国乞和),为土耳其完全倾向同盟国时期。其时德国全力,应付西欧,尚未顾及东方。昂哥拉政府未雨绸缪,与英法在十月十九日订约,相约在英军援助希腊罗马尼亚,及地中海发生战争时,予同盟国以协助。在条约中,对苏保留余地。及至意大利在一九四〇年六月十日参战,土耳其以苏联维持东地中海和平,不愿激怒苏联,所以仍守中立未援英作战,未几法国失败,英法土协定中的一个签字国已无形退出。惟土耳其仍信守他的诺言,继续与英维持友好。

二、一九四〇年六月至一九四一年三月(德军入保),为土耳其睦邻自卫时期。德国征服法国后渐次东进,德国势力,逼进黑海沿岸,土耳其除表面申明不忘对英条约义务外,并与苏联恢复友好。一九四一年三月二十四日,苏联重申不侵义务,允许土耳其被迫作战时,恪守中立,并表示谅解。土耳其在德国大举侵巴尔干之际,与苏恢复友谊,以图和缓德国东进的形势。

三、从一九四一年三月至同年六月十八日(德土订约)为土耳其和缓德自保时期;一九四一年春季以后,南希失败,英希联军,在四月底退出大陆。德既占巴

---

* 刊于《东方杂志》,一九四三年第三十九卷第二号。

尔干,控制东地中海岛屿,英国力战强敌,苏联仍持警戒态度,未有积极行动,土耳其免为南希之续,乃和缓德国的东进,德土条约,一时对英国似有不利影响,惟土耳其仍申明忠于英土盟约,并否认德军假道进攻中东的企图。

四、从一九四一年六月十八日至现在,为土耳其信守盟约继续中立时期。苏德战事发生,在国际政治上为一大关键。直接间接,都影响土耳其的政策。下列事实使土耳其饱经事变,洞明大势,态度益趋坚定。而下列事实,尤利于土耳其的中立自保:

一、英国形势,较前巩固,德国暂无进攻英国近东属地的可能。反之英国在击败维琪法军后,势力伸张到叙利亚,逼近土耳其的南围。二、苏联重返反侵略的营垒,他与英协定,共同作战,不单独与德言和。苏英势力的会合,收复了甚至超过了法国失败前英法同盟的形势。三、伊拉克、伊朗参加联合国营垒,加强民主国声势。防止轴心东进,德日会师的阴谋。四、巴格达铁道从土耳其京城至巴格达一段,在一九四〇年已由英人筑成,便利伊土间的连系,增加英土中间的贸易关系。五、威尔基访土,保证对土适用租借法,以物资供给土国。五、苏联反攻胜利及北非轴心的溃败,使土耳其在同盟国胜利的信念加强。这一贯事实,协助之英苏对土外交的成功。英苏为要获得土耳其信赖,一九四一年八月十日两国联合向土提出保证,要点有二:一、两国政府对土属各海峡决无侵犯之意向或要求。并申明严守蒙得娄条约。二、英苏两国政府准备严格尊重土耳其主权。第一点声明两国对土的善意,第二点说明英苏愿以全力保护土国独立,在英国这是重申一九三九年十月条约上的义务,在苏联这是对土三月二十四日申明以后进一步表现。此举对土耳其领土又加一层保障。无怪土人在默认中表示欣慰。最后本年二月初,英首相丘吉尔在卡萨布兰卡会议后,访问土耳其,与土当局在亚达那(Adana)举行以"巩固土耳其一般防御安全"为目标的会议,获得美满结果。如此进一步加强英土关系,安定中东局势,消极的杜止轴心东进的企图,积极的展开盟军中东进击轴心的门户。今后土耳其在可能范围内,仍将坚守中立,维持各方友谊。一旦遭遇侵略,准备以实力保障民族自由与独立。

美国进行援助希腊土耳其 *

　　三月十二日美国杜鲁门总统向国会提出贷款四亿援助希腊和土耳其的要求，使动荡中的西方民主国家和苏联之间的关系，愈加趋于微妙。

　　早在二月底，英国外交部方面即透露消息，称英、美正在华盛顿举行会议，谈判继续履行英国对希腊之经济及军事上义务问题。二十七日白宫举行机密外交会议，杜鲁门总统曾面告国会中民主共和两党领袖，以英国由于国内经济困窘，不能再继续肩负援助希腊、土耳其的重任，为防止苏联势力之向外扩张和维持东地中海的均势，美国必须挺身而出，对希、土予以直接援助。三月三日国务卿马歇尔曾出席众院拨款委员会，讨论英国呼吁援助希腊之要求，不过内容保持秘密。同日希腊向美国提出紧急呼吁，要求：（一）予希腊以财政及其他援助，俾希腊可立即购买布匹、粮食、燃料及种籽等物；（二）协助军政机关，使之确保希腊之安全；（三）协助希腊国家人民，达到自给自足；（四）美国派遣有经验之行政经济及技术人员，协助希腊之建设。

　　三月十日杜鲁门总统邀请国会领袖至白宫，讨论英国减少驻希腊军队后，美国所拟进行之援助办法。十二日杜鲁门出席国会两院特别联席会议，发表重要外交政策演说如次：

　　　　主席、议长、各位议员，今日世界已面临严重局势。使余有出席参众两院联席会议之必要。美国之外交政策及国内安全均休戚有关。目前局势中之一面余愿诸君考虑，且予以决定者乃希腊与土耳其问题。美国已接获希腊政府之紧急经济援助要求。目前在希腊之美国经济代表团所提出之初步报告，与美国驻希大使之报告，已证实希腊政府之声明中所谓，倘欲使希腊成为自由国家，则经济援助绝对需要一点，确系实情。余不信美国人民及议

---

* 刊于《东方杂志》，一九四六年第四十三卷第七号，摘录自《现代史料》，作者、译者不详。

会对于希腊政府之要求将置若罔闻。

希腊并非富裕之国，自然资源之缺乏使其人民不得不辛勤工作，方能收支相抵。自一九四〇年以来，此一勤劳爱好和平之国家即遭遇敌人之侵略及占领，同时发生残酷之内战。当解放军进入希腊时，发现德人撤退时，已将希腊之铁路，港口设备交通线以及商船等破坏殆尽。村镇之被焚毁者达一千处以上。孩童中有百分之八十五患有肺病。家禽牲畜等几已绝迹。人民之储蓄已为通货膨胀所吞灭。由于此种凄惨之景象，少数之黩武者得以利用民众之穷困而造成政治上之紊乱，此种紊乱使希腊之经济至今无法复原。时至今日，希腊已无款项以购取人民最低生存所需之进口货物。处于此种情形之下，希腊人民无法从事建设问题。希腊亟需获得经济财政之援助，俾能购取食物布匹燃料及种籽等物。类此皆为人民生存不可或缺之物品，亦仅可向国外获得之。希腊必须获得援助，俾能使恢复国内治安所需之物品得以进口。希腊政府亦要求美国有经验之管理人员，经济专家以及技术人员之协助，得使给予希腊之经济及其他帮助能确切用于产生稳定而自给自足之经济，以及改进希腊之公共行政。

希腊国家之生存，今日受到数千武装人员恐怖活动之威胁，此等武装人员，在共产党徒领导之下，在若干据点，尤其沿北部边界，向政府挑战。联合国安全理事会所委派之委员会，目下正在调查希腊北部之纷扰情形，以及沿希腊与阿尔巴尼亚、保加利亚及南斯拉夫一带，破坏疆界之事。同时，希腊政府无力应付局势，希腊陆军人数既少，配备又穷劣，欲恢复政府在希腊领土内之权威，必需供应与配备。

希腊欲成为自给自尊之民主国，必须获得帮助。美国必须供给此种帮助。吾人固已予希腊以若干种类之救济及经济协助，但此尚嫌不足。民主之希腊，除乞援于美国外，别无其他国家可向求助。除美国外，别无他国愿意及有能力对民主之希腊政府，予以必要之支持。

曾一度援希的英国政府，三月三十一日以后已不能再事给以金融或经济上的援助。英国深感其自身对于世界若干地区（包括希腊在内）之义务，必须减轻或清算。

我人曾考虑到联合国援助希腊解决危机的问题。然而形势至为紧急，需要即速的行动，联合国及其有关机构，当不能给以所需要的某种协助。

希腊曾要求我人援助俾使该国能有效利用我人所能给予之金融或其他援助，并改善其行政设施。此乃值得提起之事。最重要者，厥为我人监督我人援希金钱之用途。务使每一金元之耗费，均有助于希腊自力更生，并协助其建立一发扬民生之经济。

世无绝对完善之政府，民主政府的主要德性在于缺点之显而易见，且能在民主的进程中加以指出并改正的。希腊政府并非完善的，但却可代表希腊议会百分之八十五人士，希腊议会乃于去年选举中选出组成者。观察家(包括美国)咸认为那次大选，颇能表达希腊的民意。

希腊政府向在混乱与极端主义之环境中施政，希腊政府之措施多有错误。本回之协助，其意并非谓美国同情希腊政府过去与将来之一切措施。吾人在过去与目前均谴责右派或左派极端性质之措施。吾人过去已劝告宽容，目下仍劝告宽容。

希腊之邻国土耳其，亦值得吾人之注意。

作为一个独立而经济健全之国家，土耳其之前途，对于世界爱好自由之人民，其重要不下于希腊之前途。土耳其今日所处之环境，与希腊大不相同。土耳其幸免于希腊所遭遇之灾害。战时英、美两国曾以物质之援助供给土耳其，然土耳其目下仍需吾人之支持。

自战争以来，土耳其曾向英、美乞求经济之援助，以便实行其维持国家完整所必需之近代化。土耳其之完整，实为维持中东秩序所不可少者。

英政府已通知吾人，谓英国因其自身之困难，已不能再事以金融或经济上之援助给与土耳其。如希腊然，若土耳其需要援助，美国亦应供应之。吾人实系惟一能予以是种援助之国家。

美国援助希腊及土耳其自有广泛之困难在，余完全体认此项事实，此刻余即拟与诸位讨论此项困难。

美外交政策之一大目标，为创设若干条件，在此种条件下，吾人及其他各国当能创造一种免受压迫之生活方式。是乃对德日战争之基本问题。此等企图强迫他国采纳其一己意志之国家，亦即我人所已战胜之国家。

为确保各国之和平发展并免受压迫，美国已负起建立联合国之领导职责，联合国之宗旨，厥为促使各会员国均能获致永久自由独立。吾人不能实现吾人之目标，除非吾人愿协助自由之人民维持其政府及国家完整并反对任何助长独裁政权之侵犯性运动。换言之，此点亦即承认：加诸自由人民之独裁政权，无论其为直接或间接侵略，均足以贻害国际和平及美国之安全。

世界上反对极权统治之国家与人民甚多，但迩来颇多极权政权统治适加诸其身。美国政府曾屡次抗议在波兰、罗马尼亚、保加利亚等国破坏《雅尔达协定》之种种威胁压迫行为。余亦必须申述，在若干其他国家，亦有类似情事发生。

在目前世界历史中，几乎所有国家必在二种生活方式中挑选一种。此种选择，往往不能十分自由。

一种方式乃基于多数人之愿望，表现于自由制度，代议式政府，自由选举，个人自由之保障，言论自由、宗教自由，以及免于政治压迫之自由。另一种方式乃基于少数人之愿望，以强制加诸多数人。此全赖于恐怖、压迫报纸统制、无线电统制、圈定式选举、以及个人自由之压制。

余相信美国之政策，端在支持自由之民族以抵抗少数武装份子或外来压力之征服企图。余相信吾人必须协助自由民族依照其自己之方式造成其本身之命运。

余相信吾人之援助应在经济与财政方面着手，此为促使经济安定与政治上轨之先决条件。

世界并非静止不动，而现状亦非神圣不可变易者。但吾人不能容许违反联合国宪章之变更现状。如政治渗入一类之狡猾手段。美国在协助自由与独立国家维持其自由之时，将使联合国宪章之原则发生效力。

吾人只需一观地图，即明了希腊国家之生存与完整极为重要。希腊若果沦入少数武装份子控制之下，则对于其邻国土耳其，势将发生严重之直接影响，甚至可能引起整个中东之混乱。

但希腊万一消失其独立国家之地位，则欧洲各国均将蒙受重大之影响。此等国家之人民现正在重大困难中为维持其自由与独立而奋斗，一方面尚在修理战争中所受之损害。

此等国家，对强力之征袭，挣扎已久。彼等曾作重大牺牲，以赢得胜利。今日若将丧失胜利之果，殊为无法形容之悲剧。自由制度之摧毁，独立之丧失，不仅对彼等有所危害，对整个世界而言，亦复如是。此一命运，将迅速影响及其他确保自由独立而挣扎之邻国，使彼命运亦成为沮丧失望与可能之失败。

在此千钧一发之际，吾人苟不能援助希、土二国，则其影响之深远，将不仅限于东方，且将波及西方。

吾人必须立即采取决定性行动。

以是余在此向国会建议：请求批准于一九四八年六月三十日前畀予希、土二国四亿元之贷款援助。在作此项贷款请求时，余曾考虑及在三亿五千万美元救济金中可能拨为对希援助最大之数目。此乃前此余请求国会批准之款项，其目的在于防免曾受战争破坏各国之饥馑与苦难。

贷款之外，余请求国会批准派遣美国公务与军事人员前往希、土二国，以协助该国等复兴，并督导美国供给之金融上与物质上援助之用途。盖以此乃该国等之请求也。余建议国会同时授权吾人教导并训练选拔前赴希、土二国之工作人员。

最后，余吁请国会授与权力，俾国会之可能拨款，能获最迅速与有效之使用，以便供应急切需要之商品，供应品及设备。

此外，为达成本文告所缕述之各项目标，吾人若需要其他款项及权力，余将即速晓告国会。

在此方面，政府之执行及立法机构必须合作一致。

吾人所趋之途径至为严重，若非其另一途径更为严重，则本人决不致提出此项建议。

为争取世界大战之胜利，美国会贡献三千四百一十亿美元。此为对于世界自由及世界和平之投资。

余所建议对希腊与土耳其之援助，所费不过稍多于此种投资千分之一而已。吾人应保护此项投资，并确保此项投资之不虚掷，此仅为普通常识而已。

极权政权之种籽，受困苦与缺乏之培养。此等种籽，在贫穷与争斗之劣土中蔓延及生长。当人民要求改善生活之希望消失之时，极权政权之种籽即达完全成熟之时期。吾人必须使人民此种希望，保持存在。

世界各地自由民族，均期望吾人之支持，以维持彼等之自由。吾人若果畏缩不前，则吾人可能危害世界之和平，而必然将危及吾人本身之福利。

余深信国会将以极大之勇气，负起此种责任。

这篇演说立刻引起重大反响、在美国国内拥护与反对的声浪都可以听到，众院外交委员会主席伊东(Charles A. Eaton)宣称："吾人现必须在奴隶与自由间选择一者作为世界新文明之基础，从而接受其应负之责任。余将拥护总统之贷款建议，自无疑义。"参议院议长范登堡(Arthur H. Vendenburg)称："此举并非一单独事件，而可象征全世界或将被迫推行之一般政策。苏联势力与西方民主国家发生冲突场所不仅希腊一国，欧洲其他部分均尝有之，东方如朝鲜等地亦然。"反之孤立派人则对总统演词，斥为煽动战争。前任商务部长华莱士于十三日演说,称:"我人之所遭遇者并非希腊危机,实为美国危机。余以美国公民资格反对给予民主与足食的土耳其贷款,反对给予希腊贷款,直至全国性的希腊政府成立及确保美国之贷款用于希腊人民福利事业为止。"这可以代表美国自由主义者的观感。

在国外我国官方曾有同情报示。英国方面独立派之《泰姆士报》与保守党之《每电闻报》皆予以无保留之拥护,反之自由党之《每日快报》则引以为忧,工党之《每日导报》视该项演说为"对苏联之率直挑战"。希腊与土耳其都有满意的表示,希腊外长蔡尔达理斯(Constantin Tsaldaris)致电杜鲁门,称为"正如具有历史性之军备租借法案,为联合国最后胜利之起点,阁下今日之演词,亦将具有同等之决定性"。土耳其政界人士认为杜鲁门总统允在经济上及军事上援助土国,不啻即为予土以领土保证,其影响足以使土耳其成为西方民主国家对付苏联在中东势力膨胀之前哨。苏联十四日《消息报》的社论,对美总统演说作旗鼓相当的答复:

尽人皆知,杜氏已经向美国国会进言了,要一下子认可两件"好事":使希腊免于内部的紊乱,为土耳其的"现代化"而用钱,硬说土耳其的继续生存就依靠着这个呢。

尽人皆知,直到今天一向做希腊的真正主人的,是英国军事当局。英国人没有能够为苦难深重的希腊带来她理应带来的和平。希腊人民被投进新的苦难,饥馑与贫困的深渊。

美总统向国会的演说把这些自然发生的问题都绝对地混过去了。不批评英国的实践,因为美国自己正要步英国的后尘呢。

杜鲁门总统没有计及国际机构,也没有计及希腊的主权。希腊的主权与独立,必将成为这种对希腊特别"保护"下的最初的牺牲品。苦难深重的希腊人民,面向着这样的前一个"主人"——"英国"——由另一个"主人"——美国——来代替了。

美国要援助土耳其所用的论证,是以土耳其领土的完整感受威胁作为根据的。美国的"援助"分明是要使这个国家也处于美国的控制之下。

美国的若干评论家们也很公开地承认这一点,例如纽约时报评述杜鲁门总统对国会的演说时,就以十分夸张的字句宣布"美国负责"的时代到来了。然而,问题是:这一种垄断独占的"美国负责"云云,不过是进行扩张计划的一种烟幕而已。

《消息报》引用美国参议员泰勒(Senator Taylor)、约翰生(Edwin Johnson)、裴柏(Claud Pepper)及许多其他卓越的美国政治领袖们的批评,在结语中称:我们目击到美国又干预他国的内政了。然而,在新的历史环境中行动的美国领袖们,不能不计及殖民家们和死硬派政客们的老手段,已经过时,注定了要失败的。

杜鲁门演说的主要脆弱性,便在这里。

十五日真理报的社论,亦有同样的反对表示。

美国国会于十三日开始考虑杜鲁门总统请求以四亿美元援助希、土两国一案,参院外交委员会召集秘密会议,由代理国务卿阿契逊(Acheson)与其他政府官员共同讨论立法行动,以制定总统所请求之援助。十四日众院外交委员会举行秘密会议,听取代理国务卿阿契逊及海军陆军部长等陈述意见。十八日众院外交委员会主席伊东在众院正式提出援助希、土法案,要求立即讨论给予总统广泛权力,依据草案此项权力包括:

(1)以贷款、赊货及补助金等方式给予财政上之援助;

(2)派遣文官协助希腊、土耳其;

(3)指定一定数目之军人以顾问资格担任工作;

(4)供给物资,服务及情报;

(5)训练希腊、土耳其两国人员。

国务卿阿契逊于二十日在众院外交委员会提供补充意见,后并向记者说明,美国对华政策,决不违反美国在地中海所当采取之政策。

参议院民主党领袖巴克莱(Alben Barkley)于二十二日招待记者时谈称,预料美国拨款四亿美元援助希、土两国之法案,于三月三十一日英国停止该二国经济援助以前,尚不能通过。杜鲁门总统之援助法案届时尚不及提付参议院讨论。如果在三月底之前美国必须援助希、土两国,则复兴财政公司或将贷予紧急借款。

二十二日美国国务院发表有关希腊及土耳其之报告,其中指责苏联对希、土两国发动神经战,并企图取得控制并防御土国海峡之特权。关于希腊之报告,表示相信英军之驻在希腊,为防止南斯拉夫、阿尔巴尼亚及保加利亚三国政府采取侵略行动之主要因素,复日美国认为若英国与希腊得成立协定,以塞浦鲁斯岛(Cyprus)并入希腊,则美国愿予赞成。美国赞成由希腊保持一九三九年之国界,但反对希腊要求取得阿尔巴尼亚之北埃比鲁斯省(Epirus),不过如果希腊向外长会议提出此一要求，美国并不反对。美国并赞成以杜特卡尼西群岛（Dodeanese）让与希腊，但反对变更希、保国界。此等问题，当于轴心附庸国和约生效后决定。

报告书复透露美国已开始与希腊谈判友好、商务及航海条约，并已知照英、希两国，反对英国建议之设立希腊商务社团计划。美国认为根据一九四二年之英、美协定而实行之希腊军事占领，对希腊具有稳定的效用。美国最近已向希政府建议扩大政府基础，容纳不论是否参加本届议会之各希腊忠实政党，但企图破坏希腊独立之极左派，及拒绝与真正自由分子合作之右翼反动派，则主张予以摈弃于政府之外。

报告书复透露近数月来驻希英军数额大减，已不复能被视为作战部队之组织，英军驻希人数，不久将减至六千人，故英军驻希仅具政治上及心理上之效果，对于防止南、保、阿三国侵略希腊一点，或有相当效用。该南、保、阿三国，对希腊均具恶感，并有土地野心。由于希腊军力之单薄，故希腊之北邻三国，不论单独行动或独立行动，若无国际上之顾忌，均不难夺占希腊之一部分土地。若南、保、阿三国之军队侵入希腊而与英军发生冲突，则政治局势必致更趋严重。

报告书继曰：美国认为希腊之国民解放阵线，并不足以代表民主的希腊，且觉希腊共产党及其附属团体，实为对希腊国家之严重威胁。共党控制之武装部队一万三千名，实力殊与缺乏训练，待遇恶劣之希腊政府军不相上下。

报告书最后复表示：美国对于因希腊与其北邻间之困难而产生之安全问题，深为关切。美国认为此一安全问题，与美国本身之安全问题，亦具有基本关系。

关于土耳其之报告有谓：土国自觉对于苏联已陷入极困难之地位，苏、土紧张关系，迄今未趋松弛。苏联继续企图享受控制并防卫土国海峡之特权，乃使修改蒙德娄公约之谈判限于僵局。苏联对于土国东北部之若干军略要地，具有野心，土国深盼能使国家恢复政治常态，开始军队之复员，及国民经济之复兴，然其全国人民团结一致，莫不力主反抗外侮，深信中东土地之完整及国家之独立，为世界和平所必要。美国以金融放款给予土国，足以保证其主权或领土完整之免受威胁。

报告书于述及海峡问题时谓：土国坚决反对任何足以侵害土国海峡主权之条约修正，然苏联则似已决定参加该区之控制及防务。关于苏联之要求卡尔斯区（Kars）及阿达汉省（Ardahan），美国认为无论在历史上或法律上均不足以证明其要求之合理。苏联之目标，在保护高加索油田区之安全，取得波斯湾之出海口，并压迫土国使成立迎合苏联心理之土国政权。

报告书复谓:乔其亚苏维埃共和国,对土耳其东部土地之要求,并无种族上之理由可言,且乔其亚之要求,并牵涉今日整个苏联与中东之关系。

报告书之经济部份谓:土国必须保有巨额军队,其军费支出超过全国全部收入之半,故其经济状况殊为困难。土国与苏联之贸易几已全部停顿,美国已成土国之最好主顾,同时亦为其供应之主要来源。

英国方面对于援助希腊问题,在十四日下院中亦有激烈的辩论,最后通过拨款一千九百万镑援助希腊,其中一千八百万镑补助希腊军费,一百万镑用以采办民用物品购赠希腊。

歧路上的土耳其 *

全之胥　译

　　自从美国通过援助希土法案以后，土耳其显然已投入西方世界的怀抱之中，它今后可能成为西方与苏联正面冲突的场所之一。本文虽仅为概略的叙述，但足以帮助我们了解苏土两国之间的心理紧张关系。原文作者为《纽约时报星期周刊》特派赴希腊土耳其的采访记者，原文载于四月二十七日《纽约时报星期周刊》。

　　土耳其正处于世界的歧途上。由它所保卫的狭窄海面，海波洗刷着东方及西方各国的海岸。（土耳其欧洲部分与亚洲部分，中间隔着一个狭海玛麦拉海（Sea of Marmara），玛麦拉海的东西两端，即为著名的鞑靼尼尔和博斯普拉斯海峡，隔断了属于西方势力范围的地中海和在苏联控制之下的黑海——译者注。）如把地图一看，在土耳其以南，为伊朗、印度的富源，以西为地中海各国。它同时是防止苏联再度向西扩张的关口，也是西方世界的前卫。土耳其虽是东方国家，但一世代来都受西方的指引。战争和战争的威胁，阻碍了它的进步，但人民保持自由以及享受自治的希望或决心，并未因而减淡。

　　土耳其的前首都伊斯坦布尔（Istanbul），曾为巴占庭帝国与旧苏丹的首府。在当地，一个人在呼吸之间，在视听之下，都可感受体会出基督教与回教两种文明的结合。现代化的商店，陈列着电气冰箱和无线电，而那些老式小店，老板和主顾们仍照历代相传的老规矩，作讨价还价的买卖。

　　这是一个对照极为强烈有时很悲惨的国家。凯末尔为了避免伊斯坦布尔之容易受外力的影响，所以择定安加拉为新土耳其的首都。安加拉是现代化的，不过缺乏色调或特色，它是现代土耳其的招牌。但在忙碌扰攘的官僚群之上，另外一个社区包括公务员农民工人，他们的情形，比较更能代表全国一般的生活情

---

* 刊于《东方杂志》，一九四六年第四十三卷第十二号。

况。在一个很少人旅行光顾的山上，数以千计的屋舍，都是用泥土筑成的，连最低限度的卫生设备和便利都付阙如。

还有其他明显的对照。例如全国的耕地不多，但却有大片的土地荒芜不治。到处都可以看到在休耕状态之下的田地，原因是缺乏播种耕垦和收获的劳力。田地耕作，大部分由妇女担任，男子们都应征入伍去了。而大部分的劳作，沿用历世相传的老方法，因而使情形更为恶劣。

土耳其的人口约为一千八百万人，其中服兵役的青年约为七十五万人。这是一个极沉重的负担。但它对于周围邻国的存心，常不胜惴惴疑惧。在欧洲方面，与保加里利边境相接，长达二百公里，在亚洲的边境长约六百公里，必须小心戒备，以防苏联的侵犯。

对苏联的恐惧，是很真实的。因此之故，土耳其军队中最精良的第三军，都散布于东北与苏联相邻的卡尔思(Kars)和阿达罕(Ardahan)。在那一个区域，有一个通过厄齐勒姆(Erzerum)的高原，常为侵入土境的传统通径。土耳其的第二军防守鞑靼尼尔海峡一带，第一军则驻在塞拉斯(Thrace)，以防任何由保加利亚或由苏联所发动的变乱。在国内到处都可以看见兵士，在大部分地域，尤其海峡一带，都是禁止进入的要塞区域。一到晚上，海峡的上空，仍照射着探照灯光。

俄土关系的紧张，并不是一件新事情。自一六七七年迄今，土耳其对俄作战过十三次。所以普通的土耳其人，都把与俄国不免一战，看做当然的事。反之，对于与美国或英国作战，便抱震栗的态度。在第二次大战中，普通土耳其人之逡巡不愿接受与德一战的观念，即因为德国在第一次大战中，曾为土国对俄作战的盟邦。

现在扰乱土俄两国关系的，有两个大问题：鞑靼尼尔海峡和卡尔思·阿达罕区地位问题。根据消息灵通方面的土耳其人的报道，苏联自一九三九年起，便要求参与海峡的管制。那时英法曾派代表团赴莫斯科，希望和苏联缔结反德的军事同盟，代表团离开莫斯科后，缔约的谈判随之破裂。反之，里宾特洛甫(Ribbentrop)却和苏联订立了一个互不侵犯条约，使希特勒得放心向侵略的路径横冲直撞。照土耳其人的说法，自苏联第一次要求修订《蒙特娄公约》(Montreux Convention)以来，压力继续不断，到了战事结束，苏联方面收回卡尔斯·阿达罕区和共管鞑靼尼尔海峡的运动，日益扩大，其压力已到最高峰。照土耳其人说，这种运动，甚至曾假手于苏联势力支配下的各国，由这种国家用外交的方式，向土国提出劝告，表示只有彻底改组土耳其政府，才能改善苏土两国的关系。

所有以上种种，自然都有其国内的反响。土耳其固然因在第二次大战中保

216

守中立沾惠不浅,但在战争结束,各国相继裁减军备之时,却仍旧保持继续动员,未免难以为继。可是即在战后,土耳其以储备粮食甚丰,高价出售,使之在世界市场上卖出多于购入,因之去年乃有优势的贸易平衡。

根据美国专家的估计,如果利用现代的机械和方法,土耳其的农矿和工业生产,可以增加一倍。但关于机械公路及公路方面的资本投资,所需极巨,非政府或国内金融界所能供应。然而过去土耳其的政策,一向反对国外的投资。政府不仅管制各种工业经营,而且迄今为止对于国内通货,有极严格的管制,使要从国内取得的利润移往国外,即使非不可能,亦极困难。不过现在内阁总理柏格(Recap Peker)已宣称,今后将鼓励国外的投资,将给予提取利润以种种的便利。

土耳其的革命,紧接于俄国革命之后,根据革命元勋凯末尔的说法,只有政府以强力干涉,才可以打破世纪相传的封建僵局。凯末尔推翻了回王制度,实行政教分离,废止一切旧式的宗教征象。凯末尔也认为一党专政,是可以成功的,因之他不许任何的反对。他计划到了最后才实行民主。在他生前,他把所能找得到的第一流技术、行政和教育人材,请来担任政府的职位。他所实行的是独裁制,不过这种制度在许多方面,具有为民求利的和进步的性质。自从他去世以后,他的一党因独揽大权,不免营私舞弊,任用私人,排除异己,忽略本身的责任。同时公众的不满和反对,随而增加。政府认清为防止出乱子使民气有所宣泄起见,乃于去年授权成立了一个反对党。

时至今日,反对党已成为一种不容忽视的力量。柏格一向追从凯末尔,本人是一个很干练的政治人物,对于反对势力,抱抚慰和妥协的态度。一方面说,土耳其绝不是一个民主国家或自由之土;但另一方面,如果美国能机警地和周到地予以劝告,则似乎也不必费多大的功夫,就可以达到这个目标。

在美国讨论对土贷款一万万美元时,土耳其的反对党仍保持缄默。但在最近的补缺选举中,反对党拒绝参加,而且暗示将退出议会,以事实向世界表明土耳其仍是一党专政的国家。

土耳其之需要援助以及为美国利益计,应该予以援助,都是没有问题的。为配备土军和使土军机械化计,所需的款项也许就需要现有贷款数的二倍或三倍。不过如以一万万元用于公路、铁路及交通工具的改善,其足以加强土耳其的战略地位,也许比供应大量的坦克车或铁甲车,还要有力些。目前土耳其的交通情况十分恶劣,照美国观察者的意见,如欲完成动员,将需要三个月的时期。

单是财政的援助,也许就足以阻止苏联的再事扩张,但土耳其人却抱不同的见解。照他们看来,苏联正在向外扩张之中,只有武力才能予以制止。他们坦白的期待战争,而且自从杜鲁门总统宣布阻止苏联扩张的政策以后,他们更比以前昌言无忌。他们的报纸和政治人物,公开的攻击苏联,所以目前所有的危险,不单是苏联可能诉诸战争的行动,并且还有更大的危险,土耳其自己可能造成事变,因而引起战争。

最近反对党的报纸《民主报》(Democrasi)评述美国舰队的访问土耳其,称这一种访问并非"礼聘"性质,而是"作继续的战争演习"。报上又续称,"这种演习可以保持和平"。这类的评述,相当代表整个土耳其报界的评论。

土耳其同时是一个关口和一个前哨。西方世界对于苏联在中东方面的用心,诚然有惴惴不安的理由,但不要忘记,苏联对西方世界之抱持戒惧的态度,也并非无的放矢。苏联的大油港巴屯(Batum),密接土耳其的边境,在那一带,土国机场密布,显然超过土国本国民航及军用飞机所需要的程度。在这种情形下,苏联之怀疑这些机场究竟将供那一国的飞机使用,以及为什么要建筑这些机场,岂非很自然的么?

译名对照表

首列为文章发表时采用的译名,括号内为修正译名。

阿白特耳·汉密	Abdul Hamid Ⅱ	[阿卜杜·哈米德二世]
阿勒特尔·汉密特	Abdul Hamid Ⅱ	[阿卜杜·哈米德二世]
阿卜都哈美	Abdul Hamid Ⅱ	[阿卜杜·哈米德二世]
阿卜杜哈美	Abdul Hamid Ⅱ	[阿卜杜·哈米德二世]
阿布多·哈密特	Abdul Hamid Ⅱ	[阿卜杜·哈米德二世]
阿才培疆	Azerbaijan	[阿塞拜疆]
阿才倍疆	Azerbaijan	[阿塞拜疆]
阿付腊底斯	Euphrates	[幼发拉底河]
阿剌伯	Arab	[阿拉伯]
阿枚烈柴	Ahmed Riza	[艾哈迈德·里扎]
阿美尼亚	Armenia	[亚美尼亚]
阿纳讬利	Anatolia	[安纳托利亚]
阿托曼	Ottoman	[奥斯曼]
埃尔斯伦	Erzurum	[埃尔祖鲁姆]
挨尔斯伦	Erzurum	[埃尔祖鲁姆]
爱尔格里	Erelli	[埃雷利]
爱其恩	Aegean	[爱琴海]
爱斯开希黑	Eskisehir	[埃斯基谢希尔]
安西	Angora–Sivas	[安哥拉-锡瓦斯]
巴力斯坦	Palestine	[巴勒斯坦]
巴屯	Batumi	[巴统]
包斯弗路斯海口	Bosphorus	[博斯普鲁斯海峡]
贝尔致拉特	Belgrade	[贝尔格莱德]
贝格达	Baghdad	[巴格达]

俾思麦	Bismarck	[俾斯麦]
波斯福禄士	Bosphorus	[博斯普鲁斯海峡]
玻斯颇洛	Bosphorus	[博斯普鲁斯海峡]
伯爵勃区秃尔特氏	Count Berchtold	[伯克托尔德伯爵]
勃沙	Bursa	[布尔萨]
勃牙利	Bulgaria	[保加利亚]
博施福乐斯海峡	Bosphorus	[博斯普鲁斯海峡]
卜斯波鲁斯海峡	Bosphorus	[博斯普鲁斯海峡]
布达配斯脱	Budapest	[布达佩斯]
布加利亚	Bulgaria	[保加利亚]
撒崇	Samsun	[萨姆松]
达打尼尔	Dardanelles	[达达尼尔海峡]
达旦奈尔海峡	Dardanelles	[达达尼尔海峡]
达唐尼尔士海口	Dardanelles	[达达尼尔海峡]
答腊斯	Thrace	[色雷斯]
鞑靼尼尔海峡	Dardanelles	[达达尼尔海峡]
大买司寇	Damascus	[大马士革]
大尼里	Dardanelles	[达达尼尔海峡]
叨勒斯山	Taurus	[陶鲁斯山]
的里波利	Tripoli	[的黎波里]
底格里	Tigris	[底格里斯河]
地尔琶城	Diyarbakir	[迪亚巴克尔]
第师列利	Disraeli	[迪斯累利]
俄迭萨	Odessa	[敖德萨]
厄齐勒姆	Erzurum	[埃尔祖鲁姆]
厄斯启瑟耳城	Eskisehir	[埃斯基谢希尔]
儿尔札纲领	Erzurum Program	[埃尔祖鲁姆纲领]
番历特	Ferid	[费立德]
飞狄南第一	Ferdinand I	[斐狄南一世]
甘姆列克	Gemlik	[盖姆利克]
葛兰武氏	Robert Graves	[罗伯特·格雷夫斯]
葛列史顿哈能	Gulistan Hanum	[格利斯坦·哈努姆]

巩加利	Koum-Kali [库姆卡莱]
孤尼亚	Konya [科尼亚]
古的斯人	Kurds [库尔德人]
古的斯坦人	Kurds [库尔德人]
哈立代哈能	Khalid Hanum [哈立德·哈努姆]
哈美	Abdul Hamid II [阿卜杜·哈米德二世]
哈莫勒德	Hamlet [哈姆雷特]
海吉阿的尔氏	Hadji Adilbey [哈德吉·阿迪尔贝伊]
海玛麦拉海	Marmara Sea [马尔马拉海]
赫塞哥维那	Herzegovina [黑塞哥维纳]
赫塞维那	Herzegovina [黑塞哥维纳]
黑尔哥维那	Herzegovina [黑塞哥维纳]
加利波里	Gallipoli [加里波利]
居柏罗岛	Cyprus [塞浦路斯岛]
君士旦丁	Constantinopolis [君士坦丁堡,即今伊斯坦布尔]
君士坦丁	Constantinopolis [君士坦丁堡,即今伊斯坦布尔]
凯玛尔	Kemal [凯末尔]
凯马儿	Kemal [凯末尔]
考尔士	Kars [卡尔斯]
克萨克斯坦	Kasakastan [哈萨克斯坦]
哩	mile [英里]
烈柴多斐	Rian Tewfik [里安·陶菲克]
罗桑	Lausanne [洛桑]
罗突斯	Rhodes [罗德斯岛]
马基顿	Macedonia [马其顿]
马里才	Maritsa [马里乍河]
马莫拉	Marmara [马尔马拉海]
马其顿尼亚	Macedonia [马其顿]
玛尔塔	Malta [马耳他]
麦玛拉	Marmara [马尔马拉海]
美索波达米亚	Mesopotamia [美索不达米亚]
蒙特娄公约	Montreux Convention [蒙特勒公约]

蒙特尼格罗	Montenegro	[黑山]
米德哈忒	Midhat Pasha	[米德哈特·帕夏]
米索波达米亚	Mesopotamia	[美索不达米亚]
谟罕默德	Muhammad	[穆罕默德]
摩汉末德	Muhammad	[穆罕默德]
摩塞尔	Mosul	[摩苏尔]
牡丹泥芽	Mudanya	[穆达尼亚]
那斯里	Nazilli	[纳济利]
欧直罗恩省	Erzurum	[埃尔祖鲁姆]
泼林斯登大学	Princeton University	[普林斯顿大学]
颇斯福拉斯	Bosporus	[博斯普鲁斯海峡]
婆雪华氏	Bussios Effendine	[布希奥斯·埃芬丁]
启罗格兰姆	Kilogram	[千克]
启罗米达	Kilometer	[千米]
启罗米突	Kilometer	[千米]
粁	Kilometer	[千米]
瓩	Kilowatt	[千瓦]
乾尼那	Jenina	[杰尼纳]
乾希氏	Jahid Bey	[贾希德·贝伊]
邱立考夫氏	Charykoff	[查里克夫]
撒但匿	Sardinia	[撒丁尼亚]
撒罗尼加	Thessaloniki	[萨洛尼卡]
萨罗尼加	Thessaloniki	[萨洛尼卡]
萨沙诺氏	Sassonow	[萨索诺夫]
塞拉约佛	Sarajevo	[萨拉热窝]
塞罗尼加省	Thessaloniki	[萨洛尼卡]
赛德氏	Said Pasha	[赛义德·帕夏]
三生城	Samsun	[萨姆松]
沙罗尼克	Thessaloniki	[萨洛尼卡]
沙落尼加城	Thessaloniki	[萨洛尼卡]
少年土耳其党	Young Turkey	[青年土耳其党人]
圣司提反那	San Stefano	[圣斯蒂法诺]

圣斯答夫诺	San Stefano	[圣斯蒂法诺]
史古塔里	Scutari	[斯库塔里]
斯密拿	Smyrna	[士麦那]
斯密那	Smyrna	[士麦那]
斯密纳	Smyrna	[士麦那]
松加罗达克	Zonguldak	[宗古尔达克]
松家罗达	Zonguldak	[宗古尔达克]
苏彝士	the Suez	[苏伊士]
他大尼里	Dardanelles	[达达尼尔海峡]
他大尼利	Dardanelles	[达达尼尔海峡]
特别银行	Sümer Bank	[苏美尔银行]
统一进步股	The Committee of Union and Progress	[团结与进步委员会]
袜拉几	Wallachia	[瓦拉几亚]
渥托门	Ottoman	[奥斯曼]
乌斯曼	Othman	[奥斯曼]
西巴士多巴	Sevastopol	[塞瓦斯托波尔]
西伐斯	Sivas	[锡瓦斯]
西威斯	Sivas	[锡瓦斯]
希孚格脱	Chevket	[谢夫凯特]
夏利法	Sharia Law	[伊斯兰教法]
贤迪才皇朝	Yildiz Palace	[耶尔德兹宫]
显克斯配	Shakespeare	[莎士比亚]
叙里亚	Syrian	[叙利亚]
雪华士	Siwas	[锡瓦斯]
亚伯都·哈密德	Abdul Hamid II	[阿卜杜·哈米德二世]
亚布都·哈密特	Abdul Hamid II	[阿卜杜·哈米德二世]
亚得里诺波尔	Adrianople	[阿德里安堡]
亚尔巴尼亚	Albania	[阿尔巴尼亚]
亚拉波	Aleppo	[阿勒颇]
亚剌伯	Arab	[阿拉伯]
亚那德列亚	Anatolia	[安纳托利亚]
雁门	Yemen	[也门]

耶连该撒	Julius Caesar ［朱利乌斯·凯撒］
叶尔迪皇宫	Yildiz Palace ［耶尔德兹宫］
伊靳海	Aegean ［爱琴海］
伊斯美氏	Ismet Enonu ［伊斯麦特·伊诺努］
伊斯米	Ismet Enonu ［伊斯麦特·伊诺努］
意斯曼	Ismail Pasha ［伊斯玛仪·帕夏］